面会交流と養育費の実務と展望

子どもの幸せのために

棚村 政行 編著

日本加除出版株式会社

はしがき

　2011年5月に，民法766条の改正があり，「父母が協議上の離婚をするときは，子の監護をすべき者，父又は母と子との面会及びその他の交流，子の監護に要する費用（養育費）の分担その他の子の監護について必要な事項は，その協議で定める」とされ，明文で，面会交流や監護費用（養育費）についての取決めができることとされた。また，2012年4月1日から，民法766条の改正法は施行され，これに伴い，離婚届書の右下に，面会交流と養育費についての取決めの有無をチェックする欄が設けられた。さらには，2012年4月から，厚生労働省の母子自立支援事業の一環として，児童扶養手当受給相当のひとり親については，面会交流支援活動費の補助が得られることになり，同年5月から東京都のひとり親家庭支援センター「はあと」が面会交流支援事業を開始した。2013年1月からは，家事審判法を改正して，利用者の利便性の向上や手続的地位の保障，子の福祉への配慮等を柱にした家事事件手続法も施行された。

　ところで，面会交流や養育費の問題は，父母の間で離婚をする際に，離婚の取引材料にされたり，無視されたり，真剣な話合いがなされなかったりすることが少なくないために，今回の民法766条の改正でも，父母による取決めをできるかぎり促進し，子どもの最善の利益になるようにしっかりと取り決めてほしいとの願いから改正がなされたものであった。

　そこで，上記のような新しい動きをも十分に踏まえたうえで，本書は，親の離婚や別居に伴う面会交流と養育費の問題を取り上げて，まさに第一線で活躍する実務家，研究者の緊密な連携と協力のもとに，この問題を比較法的な視座も入れながら，理論的実務的にも多角的総合的に検討した共同研究の成果であると言ってよい。

　本書の特色としては，まず第1に，離婚や別居に伴う子どもの問題について，理論的実務的にも最前線で活躍する弁護士，裁判官，民間機関のエキスパート，研究者，行政担当者など現在の最高水準のメンバーが集まって共同執筆をしたものであることがあげられよう。第2に，面会交流と養育費，親権・監護権の指定変更，家庭裁判所の実務について，家事事件手

はしがき

続法での新たな運用や実務を踏まえながら，これまでの理論や実務の到達点を振り返り，今後の理論や実務のあり方を綿密に展望しようとしている点も特色としてあげられる。第3に，実際に民間機関で，面会交流の支援に当たり，また養育費の相談支援事業に関わり，さらに当事者に身近な自治体として，面会交流や養育費の行政的な支援に携わっている立場から，法制度や社会的支援のあり方を見直すという点でも，特筆に値する試みである。第4に，とくにアメリカ，イギリス，フランス，ドイツ，スウェーデン，オーストラリア，韓国などの諸外国での面会交流と養育費をめぐる法制度や社会的支援の仕組み，現状と課題について，最新の動向や情報をコンパクトにまとめている点も大変に参考になる。日本の今後のシステム改革や運用の改善に資するところ大であろう。

本書は，面会交流と養育費を中心として，離婚や別居に伴い父母の間での紛争に関わる弁護士，調停委員，裁判官などの実務家はもとより，法曹を目指そうとする法科大学院の学生や広く子どもの問題に関わることを志す，法，社会福祉，教育，心理などを学ぶ学生のみなさん，子どもの問題を現に抱えている当事者のみなさんにも，広く読んでいただけるように，できるだけ平易で，具体的な事例を盛り込んだ解説を心掛けた。

最後に，お忙しい中，本書の執筆を快くお引き受けくださり，早期に原稿を書き上げ，最高水準の内容のものとしてくださった執筆者の先生方に対して，心より御礼を申し上げたい。また，本書が出来上がるについては，企画・編集・校正・印刷の各段階で，日本加除出版の増田淳子さんの温かい励ましと助言があって，これに支えられてようやく刊行までこぎつけた。この場をお借りして，あらためて御礼を申し上げたい。本書が，できるかぎり多くの皆様に読み継がれ，子どもの幸せや子どもの利益が最優先される社会や法制度，実務の運用への転換が図られるきっかけになれば，執筆者一同にとっても，これに勝る喜びはない。

2013年4月

早稲田大学法学学術院教授

棚 村 政 行

面会交流と養育費の実務と展望
── 子どもの幸せのために ──

はしがき ─────────────────────────── i

第1章　面会交流と養育費にかかる民法の一部改正の経緯と概要

第1　面会交流と養育費にかかる民法の一部改正の背景と経緯 ── 2

1　民法の一部改正の経緯 ……………………………………… 2
2　民法766条の一部改正の概要 ……………………………… 4
3　面会交流と養育費の明文化の背景 ………………………… 5

第2　面会交流の実情と当事者支援のニーズ ─────── 8

1　面会交流をめぐる当事者アンケートの結果 ……………… 8
2　家庭裁判所調査官に対するヒヤリング結果からみた実情と留意点 ……………………………………………………… 9
3　面会交流をめぐる理論・実務上の問題点と課題 ………12
　⑴　面会交流の意義・目的・基本的なスタンスの取り方　12
　⑵　面会交流の権利性　13
　⑶　面会交流と親権・監護権との関係（共同親権の導入との関係）　14
　⑷　面会交流と養育費との関係　14
　⑸　面会交流の判断基準・許否基準（拒否・制限される事由）──とくにDV・ストーカー・暴力，子の連れ去り（フレンドリー・ペアレント），片親疎外，再婚や養子縁組との関係　15
　⑹　面会交流の回数・方法・場所等の決定　16
　⑺　面会交流の実施──第三者の仲介・連絡調整・付添い　16

(8)　面会交流の不履行の場合の履行勧告，間接強制，損害賠償，親権者の変更等　*17*
　　(9)　試行的面会交流　*17*
　4　諸外国での親権・監護法制と面会交流支援の現状と動向 ……*18*
　5　面会交流に関する今後の課題 ………………………………*21*

第3　養育費の実情と今後の課題 ――――――――――― 23

　1　養育費相談からみた実情 ………………………………………*23*
　2　家族の問題に対する総合支援センターの設置の必要性 ……*24*
　3　養育費の履行確保と既存の制度の運用上の工夫 ……………*26*
　4　私的扶養と公的扶助との相互関係の明確化 …………………*28*
　5　協議離婚と子に関する合意形成の実質化 ……………………*28*
　6　養育費の決定・履行確保・面会交流や子育て支援との関係 …*30*
　7　養育費についての問題点と課題 ………………………………*32*

第2章　家事事件手続における運用の実務

第1　家庭裁判所における面会交流及び養育費をめぐる事件の実務 ――――――――――――――――――――― 36

　1　面会交流をめぐる事件の実務 …………………………………*37*
　　(1)　面会交流事件の基本的考え方　*37*
　　(2)　面会交流調停事件の運営　*38*
　　　ア　調停進行の枠組み　*38*
　　　イ　調停委員会による第1回調停期日における当事者からの事情聴取　*39*
　　　ウ　面会交流を禁止又は制限すべき事由の有無　*40*
　　　エ　面会交流の実施に向けた調整の在り方　*43*
　　　オ　子の意思の把握と考慮　*45*
　　　カ　調査官の活用　*47*
　　　キ　調停案の提示と調停条項の作成　*49*
　　(3)　審判移行後の審理の在り方　*50*

　　　　ア　審判事件の審理の枠組み　50
　　　　イ　事実の調査と当事者からの陳述の聴取　51
　　　　ウ　子の意思の把握と考慮　51
　　　　エ　審判又は再度の付調停　52
　　(4)　夫婦関係調整（離婚）調停事件において面会交流の取決めを行う場合　52
　　　　ア　離婚調停における面会交流についての事情聴取　53
　　　　イ　離婚調停における面会交流の実施に向けた調整　54
　　　　ウ　面会交流を禁止又は制限すべき事由がある場合の進行方針　55
　　　　エ　離婚調停における子の意思の把握と考慮　55
　　　　オ　離婚調停における調査官調査の活用　55
　　　　カ　離婚調停の成否と面会交流の取扱い　56
　2　養育費をめぐる事件の実務 …………………………57
　　(1)　養育費についての基本的考え方　57
　　(2)　離婚調停における養育費の取決めの実情　57
　　　　ア　養育費の算定方法　57
　　　　イ　調停進行の枠組み　58
　　(3)　別表第2事件としての養育費調停事件について　60
　　　　ア　養育費の増額や減額が求められた場合の事情聴取　60
　　　　イ　金額の試算と合意に向けた調整　61
　　　　ウ　調停が不成立となった場合　61
　　(4)　養育費審判事件における審理の在り方　62
　　(5)　養育費と面会交流の関係について　62

第2　弁護士からみた面会交流実務の実情と留意点 ── 64

　1　はじめに ………………………………………………64
　　(1)　面会交流等に関する事件数の変化　65
　　(2)　面会交流に関する紛争内容の変化　65
　　(3)　面会交流をめぐる実務の変化　65
　2　面会交流に関する紛争は，どのような形で生じているか ………67
　　(1)　離婚を前提とした別居中における面会交流に関する紛争の実情と特徴　68
　　　　ア　子どもの心理　68

　　　　イ　同居親の心理　69
　　　　ウ　非同居親の心理　69
　　(2)　離婚後の面会交流に関する紛争の特徴　69
　　　　ア　合意があるにもかかわらず面会交流が途絶えているケース　70
　　　　イ　離婚に際して夫婦間で面会交流に関する合意がなされておらず，離婚後に面会交流の話合いがなされる場合　70
　3　面会交流紛争の解決に向けた弁護士実務の現状（総論）………71
　　(1)　離婚を前提とした別居中における面会交流の場合　71
　　　　ア　面会交流をどのようにして開始するか　71
　　　　イ　当事者間で任意に実施できない場合──家庭裁判所の調停と試行的面会交流の活用　72
　　　　ウ　家庭裁判所における試行的面会交流も困難な場合──家裁調査官調査の有効性　74
　　　　エ　別居中の面会交流を実施する上でのポイント──初期対応のポイント　75
　　(2)　離婚後の面会交流紛争の場合　76
　4　弁護士による当事者対応の例………………………………………77
　　　事例1　小学生の子どもについて別居中の面会交流が成功した例　78
　　　事例2　幼稚園の子どもについて面会交流が中断してしまった例　81
　　　事例3　離婚後の親の再婚によって面会交流が中断した例　83
　　　　　◇　非同居親の再婚のケース　83
　　　　　◇　同居親が再婚したケース　84
　　　事例4　DV等，夫婦間の婚姻中における長期にわたる葛藤の影響で面会交流の実施までに長期のプロセスを要した事例　85
　5　家事事件手続法において面会交流紛争の解決はどのように変化することが予想されるか………………………………………88
　　(1)　子どもの意向の尊重に関する手続──子どもの意向尊重の具体的方法とその意義　88
　　(2)　子ども手続代理人制度の概要とその役割　89
　　　　ア　子どもの手続代理人とは　89
　　　　イ　面会交流をめぐる紛争における具体的な活動のイメージ　90
　6　子どもの面会交流を含めた離婚関連紛争の解決手続の今後の在り方について…………………………………………………91

(1)　紛争が膠着状態になる前の早い段階から相談できる窓口が必要　92
　(2)　当事者に必要な情報をわかりやすく提供することが重要　92
　(3)　当事者を継続的に支援できる体制も必要　93
　(4)　別居中の支援が極めて重要　93

第3　弁護士からみた養育費実務の実情と課題　94

1　はじめに　94
2　養育費の合意・調停・審判・判決　95
　(1)　合意がなされない現実　95
　(2)　養育費請求の法的根拠・方法　98
　(3)　養育費の審判前の保全処分　99
　(4)　父母による養育費不請求の合意や低額の合意　99
　(5)　私的な養育費合意の不履行の場合の請求方法　100
　(6)　調停不成立・調停に代わる審判　101
　(7)　離婚訴訟への附帯申立て　102
　(8)　口頭や黙示の合意　102
　(9)　公正証書と調停調書の比較　103
　(10)　定期金債権と一括払い　104
　(11)　養子縁組と養育費　105
　(12)　父子関係の不存在と養育費　106
　(13)　祖父母などの義務　106
　(14)　養育費の始期　107
　(15)　養育費の終期――未成熟子　108
　(16)　養育費と面会交流の関係――対価関係にはない　109
3　養育費の額　110
　(1)　生活保持義務　110
　(2)　算定表と実務の変化　111
　(3)　算定表の基本的な仕組み　112
　(4)　標準的算定方式　113
　(5)　収入の認定方法　114

　　　　ア　収入の認定　*114*
　　　　イ　収入が不明の場合　*115*
　　　　ウ　稼働していない場合　*115*
　　　　エ　自営の収入について　*116*
　　　　オ　その他の収入　*116*
　　(6)　算定表により求めることができない場合の計算　*116*
　　　　ア　算定表を超える収入のある場合　*117*
　　　　イ　4人以上の子がいる場合　*117*
　　　　ウ　義務者の再婚配偶者が稼働せず義務者に扶養されている場合　*117*
　　　　エ　父母が複数の子（きょうだい）を分け合って監護している場合　*118*
　　　　オ　義務者が，再婚配偶者との間の子や養子を扶養している場合　*118*
　　　　カ　義務者が，離婚していないのに，内縁の妻や縁組をしていない配偶者の連れ子を扶養している場合　*118*
　　(7)　特別な事情　*118*
　　　　ア　特別な事情についての考え方　*118*
　　　　イ　住居費用　*119*
　　　　ウ　教育費（私学費用・塾費用）　*121*
　　　　エ　特別事情を緩やかに　*122*
　　(8)　算定表の問題点　*123*
　　　　ア　養育費額が低い　*123*
　　　　イ　算定の対象となる基礎収入の割合が低すぎる　*123*
　　　　ウ　公租公課などの改訂が反映されていない　*124*
　　　　エ　職業費が高い　*124*
　　　　オ　特別経費を標準化することの問題　*124*
　　　　カ　教育費の加算に消極的である　*124*
　　　　キ　生活費指数につき，15歳未満と15歳以上の差がありすぎる　*124*
　　　　ク　生活保護との関係について考慮されていない　*124*
　　(9)　増減請求　*125*
　4　取立て・執行　………………………………………………*126*
　　(1)　交　渉　*126*
　　(2)　履行勧告・履行命令　*126*
　　　　ア　調査及び記録の閲覧・謄写　*127*
　　　　イ　銀行調査の方法　*127*

(3)　直接強制執行　128
　　ア　将来給付の差押え　*129*
　　イ　差押禁止範囲の変更　*129*
　　ウ　財産開示制度　*130*
　(4)　間接強制執行　130
5　まとめ ………………………………………………………………… 131

第4　弁護士からみた親権者・監護者の指定・変更の実務の実情 ─────── 132

1　はじめに ……………………………………………………………… 132
　(1)　面会交流・養育費と親権者・監護権者　132
　(2)　親権者・監護権者の指定・変更の実情　132
　(3)　類型と実体法　133
　　ア　親権者の指定　*133*
　　イ　親権者の変更　*133*
　　ウ　監護者の指定　*134*
　　エ　監護者の変更　*134*
　(4)　子の利益最優先原則　134
　(5)　所　感　134
2　実務における流れ …………………………………………………… 135
　(1)　民法改正と新手続法による実務における変更と影響　135
　　ア　改正民法766条の影響　*135*
　　イ　親権規定の一部改正　*136*
　　ウ　家事事件手続法による変更と影響　*136*
　　エ　家事調停・別表第2の家事審判に関する変更と影響　*138*
　　オ　運用について　*138*
　(2)　親権者・監護者の指定・変更の基準，判断要素について　139
　(3)　子連れ別居と親権者・監護者指定　141
　(4)　第三者の監護者指定，親権・監護権の分属　143
　　ア　第三者（祖父母）の監護者指定　*143*
　　イ　親権・監護権の分属　*143*
　(5)　手続選択　144

　　　　ア　保全について　*144*
　　　　イ　父母の合意による解決　*145*
　　3　事例紹介から ……………………………………………… *145*
　　　　事例1　二親間の高葛藤事例　*146*
　　　　事例2　身体的DV事例　*147*
　　　　事例3　精神的虐待事例　*149*
　　　　事例4　父が面会交流を拒絶した事例　*151*
　　　　事例5　面会交流継続の中で親権譲歩があった事例　*153*
　　　　事例6　祖父母の関わりと親権紛争　*154*
　　　　事例7　子どもが日本から連れ去られた事例　*156*
　　　　事例8　親権者変更の事例　*157*
　　4　共同監護，充実した面会交流事例 ……………………… *158*
　　　　事例1・2　*158*
　　5　小括に代えて ……………………………………………… *159*
　　　(1)　新手続法と子――子の手続代理人への期待　*159*
　　　(2)　民法と子――親権制度全般の早期見直しへの期待　*160*
　　　(3)　弁護士の父母当事者対応　*160*

第3章　民間・行政の支援の現場から

第1　FPICによる面会交流援助 ────────── *162*

　　1　はじめに ……………………………………………………… *162*
　　2　FPICにおける具体的援助の流れ ………………………… *163*
　　　(1)　事前相談　*163*
　　　(2)　当事者合意の成文化　*163*
　　　(3)　申込書の提出　*164*
　　　(4)　具体的な援助の実施――援助の三本柱　*164*
　　　　ア　ペアレンティング　*164*
　　　　イ　子どもの心の代理人　*166*
　　　　ウ　実施場面への関与　*167*
　　　(5)　自立への展望　*168*

3　面会交流の合意形成及び実施の際の留意事項 …………… 168
　　(1)　援助の要・不要ケースを混同した，議論の混乱に巻き込
　　　　まれない　168
　　(2)　子どもの意見・意向を聴く者の責任　170
　　(3)　子どもが主人公であるための面会交流にはルールが必要
　　　　である　171
　4　援助の困難事例 …………………………………………………… 172
　　(1)　親の課題　172
　　(2)　子どもの課題　173
　　(3)　手続上の課題　174
　5　推奨事例 …………………………………………………………… 174
　　(1)　すべての事例に援助は役立つ　174
　　(2)　面会させたいのに，父母が顔を合わせられない事例　175
　　(3)　祖父母の介入でこじれた事例　175
　6　今後への展望 ……………………………………………………… 176
　　(1)　ニーズの増加に対応した援助の多様化，役割分担　176
　　(2)　ステップファミリーは面会交流の牽引車　176
　　(3)　面会交流に対する公的援助の充実への期待　177

第2　養育費相談支援センターの取組 ── 178

　1　養育費確保の実情と相談態勢 …………………………………… 178
　　(1)　統計にみる養育費支払いの実情　178
　　(2)　相談態勢　181
　　　ア　相談窓口（母子自立支援員と母子家庭等就業・自立支援セ
　　　　ンター）　181
　　　イ　相談窓口の利用状況　182
　　　ウ　相談以外の支援制度　183
　2　養育費相談支援センターにおける相談内容 ………………… 184
　　(1)　相談統計　184
　　(2)　アンケート結果　186
　3　相談内容の特徴と問題点 ………………………………………… 188

- (1) 請求手続に関する相談　188
- (2) 再婚に関する相談　188
- (3) 養育費算定に関する相談　189
- (4) 履行確保・強制執行　190
- (5) 調停・審判に関する相談　191

4 当事者支援の在り方と制度的課題 …………………………… 192
- (1) ニーズの掘り起こし　192
- (2) 自治体の窓口相談と司法のギャップ　193
- (3) 養育費確保に関する制度的整備　193
- (4) 養育費の意義についての幅広いコンセンサスの形成　194

第3　東京都の取組～東京都ひとり親家庭支援センター「はあと」での支援～ ── 195

1　東京都のひとり親家庭の現状と問題点 …………………………… 195
- (1) 東京都のひとり親家庭の概要　195
- (2) ひとり親家庭への行政の支援策　196
  - ア　就業支援　*196*
  - イ　相談支援の整備　*196*
  - ウ　子育て支援・生活の場の整備　*196*
  - エ　経済的な基盤　*197*
- (3) 離婚家庭が抱える問題点　197
- (4) 養育費・面会交流の実態　197

2　東京都による面会交流支援事業開始の経緯と現状 ………… 198
- (1) 支援拠点としての「東京都ひとり親家庭支援センターはあと」　198
- (2) 相談の状況　198
- (3) 国による面会交流支援の事業化　199
- (4) 東京都の事業化の検討　200
- (5) 東京都の面会交流支援事業の実施方法　200
- (6) 面会交流支援事業の現状　202
- (7) 支援を通じて把握できたこと　202

ア　交流頻度の現実性　202
　　　イ　介入支援の必要な対象者　203
　　　ウ　住所要件の設定　203
　(8)　インテークを行うセンター相談員の実感　203
　(9)　支援件数の背景　205
　　　ア　離婚時の取決め　205
　　　イ　事業対象者の要件　205
3　東京都の事業における支援団体（FPIC）の関与 …………206
　(1)　FPICの位置づけ　206
　(2)　FPICの関与と課題　206
4　行政の当事者支援と司法・民間支援との棲み分けと課題 ……207
　(1)　養育費・面会交流の実効性担保に向けて　207
　(2)　他自治体での実施の可能性　207
5　行政事業と民間団体の連携の広がりの可能性と課題 …………208
　(1)　連携可能な民間団体の現状と育成　208
　(2)　利用できる面会交流の実施場所の確保　209
　(3)　面会交流支援事業の実施主体と地域　209
6　今後の課題と展望 ……………………………………………210
　(1)　離婚に当たっての親教育　210
　(2)　各種専門機関の連携・ネットワーク　210
　(3)　コア人材の育成　211
　(4)　面会交流支援事業の全国的な情報共有・連携　211
　(5)　面会交流支援への期待　212

第4章　制度の運用と展望──諸外国の制度・取組に学ぶ　～面会交流～

第1　アメリカにおける面会交流支援～カリフォルニア州ロサンゼルス郡での取組～ ──────────────214

　1　面会交流及び面会交流支援の位置づけ …………………………214
　2　養育計画を作成・合意するための支援 …………………………215

3 面会交流を実施するための支援 …………………………………… 220
4 おわりに ……………………………………………………………… 223

第2 イギリスにおける交流権と子ども交流センター（child contact centre） ──── 224

1 はじめに ……………………………………………………………… 224
2 イギリスにおける離婚と交流をめぐる紛争の状況 ……………… 225
  (1) 子どもの交流権の概要　225
  (2) 交流をめぐる離婚手続の概要　226
  (3) 特別手続と子どもの処遇について（undefended case）　227
  (4) 離婚訴訟手続と子どもの処遇（defended case）　229
  (5) 交流をめぐる手続　231
3 非同居親との交流の実施体制 ……………………………………… 231
  (1) 交流実施における問題　231
  (2) 子ども交流センター全国協会（National Association of Child Contact Centres）の概要　232
    ア　沿　革　232
    イ　全国協会と各地方の組織と活動　233
  (3) 交流支援体制の現状　234
  (4) 交流センターの役割と特色　234
    ア　「支援を受ける交流（supported contact）」　234
    イ　「監督のもとでの交流（supervised contact）」　234
    ウ　「監督のもとでの交流と評価（supervised contact and assessment）」　235
    エ　「間接交流（indirect contact）」　235
    オ　「交流への同行（escorted contact）」　235
    カ　「情報提供交流（life story/identity contact）」　236
    キ　「引渡支援（handover）」　236
  (5) 非同居親への交流支援と交流センターの原則　236
  (6) 交流支援活動に関する手続など　236
4 むすび ………………………………………………………………… 237

第3　フランスにおける面会交流制度 ──── 239

1　はじめに ……………………………………………… 239
2　面会交流の法的枠組み ……………………………… 240
3　面会交流を実現するための仕組み ………………… 241
　(1)　合意形成援助　241
　(2)　家族事件裁判官による実効性の確保　242
　(3)　アストラント　243
　(4)　刑事罰　243
4　面会交流センターによる面会交流援助 …………… 244
　(1)　面会交流センター　244
　(2)　援助主体　245
　(3)　被援助者　246
　(4)　援助内容　246
　(5)　援助結果　248
　(6)　司法機関との関係　248
5　むすびに ……………………………………………… 250

第4　ドイツにおける面会交流制度 ──── 252

1　はじめに ……………………………………………… 252
2　面会交流に関する民法の規定 ……………………… 253
　(1)　交流権者の範囲　253
　(2)　家庭裁判所の交流決定の権限　254
　(3)　交流支援　254
　(4)　交流保護　255
3　児童ならびに少年援助法（社会法典第8編）による交流支援 ……………………………………………… 256
　(1)　父母間の自主的な合意形成のための相談援助　256
　(2)　少年局の決定による交流支援（Umgangsbegleitung）　256
　(3)　裁判所の交流決定と交流支援命令　257
4　家事事件ならびに非訟事件手続に関する手続法（FamFG）

の交流に関する規定 ………………………………………………… 258
　　(1) 優先かつ迅速な手続の保障（FamFG155条）　258
　　(2) 裁判外の合意を目指す家庭裁判所の努力（FamFG156条）　258
　　(3) 交流実行のための裁判所の仲介（FamFG165条）　259
　　(4) 直接強制力の行使可能性（FamFG90条）　259
　5　民間団体による交流支援実務 ………………………………………… 259
　　(1) 相談者の背景　259
　　(2) 裁判所が交流支援を決定した場合　260
　　(3) 交流保護との関係　260
　　(4) 費用負担　260
　　(5) 交流支援の方法　260
　　(6) 支援者の態度　261
　　(7) 支援者の専門領域　261
　　(8) 子の意思の評価　262
　6　交流保護の裁判例 …………………………………………………… 262
　　(1) 2009年以前　262
　　(2) 2009年の改正後の判例　263
　7　むすび ………………………………………………………………… 263

第5　韓国における面会交流制度 ───────────── 265

　1　はじめに ……………………………………………………………… 265
　2　面会交流の立法趣旨・改正までの経緯 …………………………… 266
　　(1) 立法趣旨　266
　　(2) 改正の経緯　267
　　　ア　子の権利主体性　*267*
　　　イ　実施上の問題点　*268*
　3　現行の面会交流の概要と運用 ……………………………………… 270
　　(1) 現行の面会交流の概要　270
　　(2) 面会交流の決定方法　271
　　(3) 面会交流の制限・排除　272
　　(4) 子の居所の変更と面会交流　274

4　結びに代えて ……………………………………………… 275

第5章　制度の運用と展望——諸外国の制度・取組に学ぶ　〜養育費〜

第1　アメリカにおける養育費制度 ——————— 278
　　1　基本的な仕組み ………………………………………… 278
　　2　制度の主な内容 ………………………………………… 279
　　　(1)　非同居親の捜索　279
　　　(2)　養育費命令の確定　280
　　　(3)　養育費の徴収　281
　　3　実　績 …………………………………………………… 282
　　4　まとめ …………………………………………………… 283

第2　イギリスにおける養育費制度 ——————— 284
　　1　基本的な仕組み ………………………………………… 284
　　2　制度の主な内容 ………………………………………… 285
　　　(1)　養育費の取決め　285
　　　(2)　養育費の徴収　287
　　3　実　績 …………………………………………………… 288
　　4　まとめ …………………………………………………… 289

第3　オーストラリアにおける養育費制度 ——————— 290
　　1　基本的な仕組み ………………………………………… 290
　　2　制度の主な内容 ………………………………………… 291
　　　(1)　養育費の査定　291
　　　(2)　養育費の徴収　293
　　3　実　績 …………………………………………………… 294
　　4　まとめ …………………………………………………… 295

目　次

第4　スウェーデンにおける養育費制度 ── 296

1　基本的な仕組み ……………………………………… 296
2　制度の主な内容 ……………………………………… 297
　(1)　非同居親に養育費の不払いがある場合　297
　(2)　非同居親が最低養育費を支払えない場合　298
　(3)　共同監護の場合　298
3　実　績 ………………………………………………… 299
4　まとめ ………………………………………………… 301

第5　韓国における養育費制度 ── 302

1　基本的な仕組み ……………………………………… 302
2　韓国における養育費支払いの実情 ………………… 302
3　養育費の履行確保のための制度 …………………… 304
　(1)　民法上の履行確保制度　304
　(2)　家事訴訟法上の履行確保制度　304
　　ア　罰則の強化　304
　　イ　直接支払命令制度　305
　　ウ　担保提供命令・一時金支払制度　305
　　エ　財産明示・財産照会制度　306
4　韓国の養育費算定基準表 …………………………… 307
　(1)　養育費算定基準表　307
　(2)　算定方法の概観　308
5　若干のまとめ ………………………………………… 309

あとがき ──────────────────── 311

凡　例

1. 文中に掲げる法令・裁判例等については，次のように略記した。

【法　令】
(民)………… 民法
(旧家審)…… 旧家事審判法
(民訴)……… 民事訴訟法
(民執)……… 民事執行法
(人訴)……… 人事訴訟法
(戸)………… 戸籍法
(入管)……… 出入国管理及び難民認定法
(DV防止)…… 配偶者からの暴力の防止及び被害者の保護に関する法律
(家事)………… 家事事件手続法
(旧家審規)…… 旧家事審判規則
(民保)………… 民事保全法
(通則法)……… 法の適用に関する通則法
(人訴規)……… 人事訴訟規則
(国)…………… 国籍法

【判　例】
・最判平成23年3月18日家月63巻9号58頁
　→　最高裁判所第三小法廷平成23年3月18日判決・家庭裁判月報第63巻第9号58頁
・札幌高決昭和43年12月19日家月21巻4号139頁
　→　札幌高等裁判所昭和43年12月19日決定・家庭裁判月報第21巻第4号139頁
・神戸家姫路支審平成12年9月4日家月53巻2号151頁
　→　神戸家庭裁判所姫路支部平成12年9月4日審判・家庭裁判月報第53巻第2号151頁

【出　典】
民　集………… 最高裁判所民事判例集
判　タ………… 判例タイムズ
ジュリ………… ジュリスト
法　時………… 法律時報
家　月………… 家庭裁判月報
判　時………… 判例時報
戸　時………… 戸籍時報
ケ　研………… ケース研究

2. 本書執筆に際し参考にした文献は，本文中注記等で随時掲げた。そのうち，とくに以下の文献については，下記の略号を用いて示した。
・飛澤・一問一答　→　飛澤知行『一問一答 平成23年民法等の一部改正―児童虐待防止に向けた親権制度の見直し』(商事法務，2011年)
・面会交流調査報告書　→　棚村政行ほか『親子の面会交流を実現するための制度等に関する調査報告書』(商事法務，2011年)
・養育費制度問題研究報告　→　養育費相談支援センター『養育費確保の推進に関する制度的諸問題―平成23年度養育費の確保に関する制度問題研究報告』(2012年)
・秋武　→　秋武憲一『離婚調停』(日本加除出版，2011年)
・松本　→　松本哲泓「婚姻費用分担事件の審理―手続と裁判例の検討」(家月62巻11号1頁(2010年))
・飛澤・戸時689号　→　飛澤知行「児童虐待防止のための親権制度の見直しについて―平成23年民法等の一部改正」(戸時689号1頁(2012年))
・算定表提案　→　『簡易迅速な養育費等の算定を目指して―養育費・婚姻費用の算定方式と算定表の提案―』(判タ1111号特別綴込冊子(2003年))
・新大系②　→　野田愛子・梶村太市編『新家族法実務大系』第2巻(新日本法規出版，2011年)

xix

執筆者紹介

〔編著者〕

棚村 政行（たなむら まさゆき）　早稲田大学法学学術院教授・弁護士

〔執筆者〕　　　　　　　　　　　　　　　　　　　　　　　　　（※執筆順）

第1章

第1～3　棚村 政行（たなむら まさゆき）　早稲田大学法学学術院教授・弁護士

第2章

第1　関根 澄子（せきね すみこ）　裁判官

第2　片山登志子（かたやま としこ）　弁護士

第3　榊原富士子（さかきばら ふじこ）　弁護士・早稲田大学大学院法務研究科教授

第4　山田 攝子（やまだ せつこ）　弁護士

第3章

第1　山口惠美子（やまぐち えみこ）　公益社団法人家庭問題情報センター常任理事・面会交流事業部長／臨床心理士

第2　鶴岡 健一（つるおか けんいち）　公益社団法人家庭問題情報センター内・養育費相談支援センター長

第3　田村 陽子（たむら ようこ）　東京都福祉保健局高齢社会対策部施設支援課施設運営係長（執筆時，同局少子社会対策部育成支援課ひとり親福祉係長）

第4章

第1　原田 綾子（はらだ あやこ）　名古屋大学大学院法学研究科准教授

第2　南方 暁（みなみかた さとし）　新潟大学法学部教授

第3　色川 豪一（いろかわ ひでかず）　京都学園大学法学部講師

第4　髙橋由紀子（たかはし ゆきこ）　帝京大学法学部教授

第5　金 亮完（キム ヤンワン）　山梨学院大学大学院法務研究科准教授

第5章

第1～4　下夷 美幸（しもえびす みゆき）　東北大学大学院文学研究科教授

第5　金 亮完（キム ヤンワン）　山梨学院大学大学院法務研究科准教授

第1章

面会交流と養育費にかかる民法の一部改正の経緯と概要

第1章 面会交流と養育費にかかる民法の一部改正の経緯と概要

SECTION 1 面会交流と養育費にかかる民法の一部改正の背景と経緯

1 民法の一部改正の経緯

　児童虐待やネグレクトなどの問題が深刻化し，2000年には児童虐待防止法が成立し，児童虐待の定義が設けられたり，通告義務や立ち入り調査等の規定が設けられた。また，2004年には，虐待の定義の見直しや通告義務の拡大などの児童虐待防止法の改正，市町村の役割の明確化，強制入所措置の有期限化などの児童福祉法の改正が実現した。さらには，2007年の裁判所の許可状による臨検・捜索制度，接近禁止命令などの児童虐待防止法の改正，2008年の施設内虐待の防止やファミリーホームの創設などの児童福祉法の改正などの児童虐待防止制度の進展が見られた[1]。とくに，2007年の児童虐待防止法及び児童福祉法の改正の際の附則で，民法の親権制度の見直しについて検討を行い，必要な措置を講ずるとされたため，法務省は，2009年6月から，学者，法律実務家，児童相談所関係者，法務省・厚生労働省等の担当官などで構成される「児童虐待防止のための親権制度研究会」を開催し，2010年1月に，民法，児童福祉法及び児童虐待防止法の全体を通じた論点を整理した報告書を取りまとめた。

　2010年2月に，法務大臣から法制審議会に，児童虐待の防止及び児童の権利利益の擁護の観点からの親権制度の見直しの調査・審議が行われ，また，厚生労働省の社会保障審議会の児童部会でも，児童虐待防止のための親権の在り方に関する専門委員会で審議が進められた。2011年1月には，専門委員会で要綱案，2011年2月に，法制審の部会でも要綱案が答申され，法務省でこれを取りまとめて，2011年3月に，児童虐待の防止のための民法等の一部を改正する法律案を取りまとめ，国会に提出した。この法律案が国会での審議を経て，2011年5月に，児童虐待防止及び児童の権利利益の擁護の観点から，親権停止制度を新設し，未成年後見制度を見直すなど

1）飛澤・戸時689号9～12頁参照。

の民法の一部改正をする法律として成立した[2]。

　ところで、面会交流や養育費（監護費用）に関する民法766条に関する改正の提案は、夫婦別姓選択制の導入等の婚姻制度・離婚制度の見直しについての民法の一部を改正する法律案要綱が1996年2月に法制審議会で了承され、法務大臣に答申されていたところ、そのまま国会に提出されることなく、16年が経過していた[3]。この民法改正要綱では、「父母が協議上の離婚をするときは、子の監護をすべき者、父又は母と子との面会及び交流、子の監護に関する費用の分担その他の監護について必要な事項は、その協議でこれを定める。この場合においては、子の利益を最も優先して考慮しなければならない。」（要綱第六の一1）と規定していた。この要綱案の規定は、離婚をする当事者間で往々にして、深刻な利害対立をもたらす、子との面会交流と養育費の分担の問題があること、これらの事項について、父母の協議により合理的な定めがなされ、それにしたがって誠実に履行されることが望ましいということで、面会交流と養育費について子の監護に必要な事項として明文化しようとしたものであった。また、子の利益の最優先性も、子の監護に関する指導理念であることを明確にするためのものであった[4]。

　この提案が、2010年12月の第10回法制審議会児童虐待防止関連親権制度部会での一番最後の審議において、協議離婚の際の子の監護についての面会交流と養育費についての民法766条の改正も、1996年段階での審議を経た提案であり反対もなかったこと、激しい子の奪い合い等の防止という児童虐待防止とも全く無関係とは言えないことなどの発言があって[5]、結果的には法律案に盛り込まれることになった。この点については、国会審議でも、要綱案の答申から15年以上が経過し、状況も変化していることから、十分な議論もなく唐突に法案に含められたとの懸念もあったが、法務大臣も、条文に面会交流と養育費が明記されることで、当事者の取決めを促し、

2）飛澤・戸時689号14頁参照。
3）野村豊弘「平成8年改正要綱を読み直す」ジュリ1336号4頁（2007年）。
4）小池信行「『民法の一部を改正する法律案要綱』の概要」法律のひろば48巻2号12頁（1995年）参照。
5）法制審議会児童虐待防止関連親権制度部会第10回会議議事録23〜25頁（2012年）の水野紀子委員、大村敦志委員発言参照。

副次的効果として，一人で子育てするリスク要因を考えると児童虐待防止にもなるのではないかと答弁している[6]。

2 民法766条の一部改正の概要

　離婚後の子の監護の問題，とくに非監護親の面会交流や養育費（監護費用）の分担の問題は，子どもの生活関係，人間関係，その健全な成長発達の面からも重要な問題であって，父母の間で適切な取決めがなされて，円滑に実現されることが望ましい。しかしながら，後で見るように，養育費の取決めをしているのは母子世帯で4割に欠け，離婚した父親から養育費の支払いを現在も受けているのは，19.7％にとどまっていた。また，面会交流の取決めをしているのは，母子世帯の23.4％，父子世帯の16.3％にすぎず，離婚した親と現在も面会交流を行っているのは，母子世帯で27.7％，父子世帯で37.4％にとどまっており，きわめて低調であった。

　さらに，離婚後，経済状況が厳しい状態の下で，一方の親が一人で子育てをしていることが児童虐待のリスク要因として指摘されることもあり，面会交流や養育費（監護費用）の分担の取決めが適切に行われ，遵守されれば，児童虐待の防止にもつながると期待される。面会交流や養育費の分担については，これまでも民法766条の「監護に必要な事項」に含まれると解され実務上も運用では認められていたところ，明文の規定が置かれていないことから，協議上の離婚をする父母において明確な取決めを欠くことが少なくなかった。そこで，今回の民法の改正では，民法766条1項に，「父母が協議上の離婚をするときは，子の監護をすべき者，父又は母と子との面会及びその他の交流，子の監護に要する費用の分担その他の子の監護について必要な事項は，その協議で定める。」として，面会交流と子の監護に要する費用（養育費）の分担について明確に規定を入れた。

　しかも，子の監護に関する事項は改正前から，子の利益の観点から定め

6）第177回国会衆議院法務委員会議録第6号6頁（平23．4．15），第177回国会衆議院法務委員会議録第9号2頁（平23．4．26）参照。児童虐待や子の奪い合いの防止と面会交流や養育費を結びつけて論じるものには，許末恵「児童虐待防止のための民法等の改正についての一考察」法曹時報65号2号285〜286頁（2013年）などがある。

なければならないことは指導理念として当然のこととして考えられてきたが，面会交流や養育費の分担が当事者にとって深刻な利害対立を招きやすく，ややもすると駆け引きや取引の材料ともされかねないこと，また，夫婦の感情的な対立や葛藤から子の利益や子の福祉の視点が置き去りにされかねないことからも，「この場合においては，子の利益を最も優先して考慮しなければならない。」とされた[7]。

　面会交流は，離婚後の親子関係がどうあるべきかという問題とも密接に関連している。児童の権利に関する条約9条3項にもあるように，離れて暮らす親と子の定期的な接触や交流，親子の絆を維持することは，子の健全な成長発達にも資することであると言ってよい。しかも，面会交流と養育費とは，法的には別の問題とされるが，車の両輪のような関係にあり，父母の子に対する共同養育責任・重要な義務として，子の精神的情緒的な生活を支え，経済的物質的な生活を支える義務としても，相互に密接に関連していると言えよう。

　その意味で，面会交流や養育費の実現は，父母の離婚による悲しみや喪失感を和らげてくれ，経済的な安定や生活水準を維持し，父母から愛され，大切にされていることの証しともなるし，それにより深い安心感・自己肯定感をもつことも期待できる。また，子は，一番身近な父母をモデルとして自我を形成し，自分のアイデンティティやルーツを知ることにもなる。一方の親との精神的経済的な関係を断たれて，子どもの健全な成長や発達，安定した生活は保障されない[8]。いわば，大人の問題と子の問題を切り離して，子の利益や子の福祉の観点から面会交流や養育費の問題を共同の養育責任として明確に根拠を与え，合意形成を促進しようとするのが，今回の改正の目的・趣旨だと言ってよい。

3 面会交流と養育費の明文化の背景

　全国の家庭裁判所での子の監護に関する調停・審判事件の件数は，1999

---

7) 飛澤・一問一答10～11頁参照。
8) 名古屋調停協会『2012面会交流調停の手引』2～3頁参照。

（平成11）年には１万5,292件であったのが，2010（平成22）年には３万9,131件と2.5倍以上も増え，同じく，親権者指定・変更申立て事件は，1999年の１万813件が2009年には１万2,903件, 2010年に１万844件と高い水準にある。このように離婚に伴う子の監護養育をめぐる紛争が増加し深刻化してきた背景には，①未成年の子をもつ有子夫婦の離婚の増加，②父母の力関係の対等化，③子どもの出生率の低下，④子の帰属をめぐるルールの多様化，⑤離婚後の単独親権の原則を採用していることなどの法制度的な不備などの諸要因がある。家庭裁判所で離婚が成立したケースでも，９割で母親が親権者となっており，父親が親権者になるのは１割程度しかない。[9] 面会交流についても，2010年に認容・調停が成立したケースで，その頻度・程度は53％が月１回であり，２～３か月に１回以上が16.5％, 宿泊なしが87％にのぼっていた。[10] また，家庭裁判所における子の引渡し請求は，2010年には364件で，監護者指定の申立て事件は637件で，婚姻中の夫婦のケースが多く，監護者指定と子の引渡し請求がセットになっているケースも少なくない。[11] 最高裁が調査した結果, 2010年に，全国で，子の引渡しを求める審判の申立て事件は1,203件，民事執行法にもとづく子の引渡しの直接強制は120件行われ，48％の58件で直接強制が実施され，残りは相手方の拒否で執行ができないなどであった。[12]

日本の離婚件数をみても，2010年は25万1,000件，2011年には23万5,000件あり，その約６割に未成年の子がいて，毎年，約24万人の子どもたちが親の離婚に巻き込まれている。離婚後母親が親権者となるケースが87％ほどであって，2010年の面会交流を求める調停の新受事件数は7,749件と，10年前の約3.2倍も増加した。2012（平成23）年４月の民法766条の一部改正により，面会交流と養育費について明文の規定がおかれるとともに，子の利益を最優先の考慮事項とすることも明記された。[13] また，2012年４月から離婚届書に面会交流と養育費についての取決めの有無についてのチェック

---

9) 最高裁判所事務総局編『司法統計年報家事編平成22年度版』43頁（2011年）参照。
10)『司法統計年報家事編平成22年度版』60頁参照。
11)『司法統計年報家事編平成22年度版』61頁参照。
12) 2012年１月９日付読売新聞朝刊（東京本社）１頁参照。
13) 飛澤・一問一答10～11頁，中田裕康「民法改正―児童虐待防止のための親権制度等の改正」法学教室373号61頁（2011年）等参照。

欄が設けられた。もっとも，面会交流と養育費の取決めについて，離婚届の受理要件とされたわけではない。さらには，厚生労働省は，児童扶養手当受給者相当を対象に，面会交流支援の活動費の補助を行うことを決め，2012年5月から東京都がひとり親家庭支援センターで面会交流支援を開始した。[14]

　2011年の厚生労働省での全国母子世帯等の調査結果では，母子世帯になった理由は，92.5％が離婚などの生き別れであり，養育費の取決めをしているのは母子世帯で37.7％しかなかった。しかも，離婚した父親から養育費の支払いを現在も受けているのは，19.7％にとどまり，平均月額は4万3,482円であった。[15] さらに，面会交流の取決めをしているのは，母子世帯の23.4％，父子世帯の16.3％にすぎず，離婚した親と現在も面会交流を行っているのは，母子世帯で27.7％，父子世帯で37.4％にとどまっていた。[16] このような状況の中で，本書は，実務的にも理論的にも困難な問題を抱える「面会交流と養育費」の問題につき，その実情や当事者の声を手掛かりとして当事者の支援ニーズや法システムと社会的支援制度の在り方を問い直し，また理論と実務の両面から総論的な問題提起と今後の課題について若干の展望を試みることにしたいと思う。

　　　　　　　　　　　　　（棚村政行・早稲田大学法学学術院教授／弁護士）

---

14) 東京都ひとり親家庭支援センターはあとでは，児童扶養手当受給相当の年収で，父母双方で面会交流を実施する旨の合意をしており，子の連れ去りやDVのおそれがない場合に，面会交流の支援を開始することになった。実際の面会交流援助は，公益財団法人家庭問題情報センター（FPIC）が行っている。本書第3章第3参照。
15) 厚生労働省『平成23年度全国母子世帯等調査結果』43〜49頁（2012年）参照。
16) 厚生労働省『平成23年度全国母子世帯等調査結果』54〜58頁，60頁（2012年）参照。

SECTION 2　面会交流の実情と当事者支援のニーズ

1　面会交流をめぐる当事者アンケートの結果

　2010年12月から2011年2月までで，公益社団法人家庭問題情報センター（FPIC）等の民間の面会交流支援や相談を行っている団体の協力を得て，186名の当事者からの回答が得られた[1]。回答者をみると，同居親，非同居親がほぼ半数ずつであったが，同居親は90％以上が母親，非同居親の84％が父親であった。親権者の割合も，母親が7割，父親は非親権者で非同居親が多かった。子どもの人数は，1人か多くても2人。親の年齢は30代，40代が多く，子の年齢は1歳から9歳が9割で，6歳くらいまでが多い。面会交流が一番問題になっているのは別居中の夫婦間で6割，次が離婚の前後の夫婦間で3割，離婚後の年数が経つと落ち着いてくる傾向がある。
　回答をみると，面会交流の実施があるのは8割で，頻度は月1回が最も多く，次いで2か月に1回，月2回，年2～3回と続いていた。面会交流の場所については，自宅以外の公園，ファミレス，レジャー施設等が過半数と多く，宿泊なし自宅11％，宿泊付き自宅も16％あり，合計27％にもなっていた。FPIC，弁護士事務所とするケースも多かった。
　面会交流が中止されたり，行われない理由として，非同居親側では，「相手の拒否」「面会に消極的」「面会についての意見対立」が多く，同居親側では，「相手方が面会に消極的」「子の意向や子の都合等」「モラル・ハラスメント」「DV」をあげるものが多かった。だいたい実現しているとの回答が76％に及んでいたが，実現していない理由として，同居親側では「相手方に性格の偏りや攻撃性があり，子が怖がる」「激しい感情的対立」「接触が怖い」などが多かった。これに対して，非同居親側は，「祖父母等の介入」「激しい感情的対立」「養育態度・養育方針の相違」などが比較的多かった。非同居親側では「親権・面会交流のガイダンスがなかった」

1）面会交流調査報告書49頁以下。

「相談窓口，相談機関がない」という声も多かった。

同居親，非同居親とも，第三者の仲介での面会交流については満足度や評価が高かった。第三者の関与については，同居親も「ルールを守る」「DV・ストーカーなどの問題行動の抑制」「冷静に対応できる」「子どもを中心に考えられる」とし，非同居親もそうだった。しかし，非同居親からは，「費用が高すぎる」「公正中立性で話を聞いてくれない」「条件・ルールが厳しすぎる」などの指摘もあった。養育費と面会交流の関係も，ある程度関係はしているものの，直ちにリンクさせるべきでないこと，面会交流と養育費の取決めとの間には相関関係があり，養育費を支払っている者は子との面会交流も実現していることが多い。また，面会交流のアドバイスやガイダンスを受けた者のほうが，面会交流の意義や理解が深まっていた。

法制度や社会的支援制度についても，同居親の多くが「子の利益の内容が不明確であること」，「DVやストーカー対策の不足」などをあげているのに対して，非同居親の圧倒的多数が「共同親権制度の導入」や「面会交流の強制する方法の必要性」「家裁での調停・審判の問題」などをあげていた。また，社会的支援制度では，同居親，非同居親ともに，「民間援助団体の充実」「相談窓口」を求めていた。

2 家庭裁判所調査官に対するヒヤリング結果からみた実情と留意点

東京家庭裁判所においても，面会交流の調停・審判の終局事件が1999年は2,009件であったのが，2009年には2,414件と1.2倍に増加している。また，横浜家庭裁判所では，1999年が40件だったのに対して，2009年224件，2010年10月までで237件と5倍以上と大幅に増加している。夫婦関係調整事件の中で扱われていた事件（監護者の指定，子の引渡し，面会交流）などの事件が，別々に争われ申し立てられる傾向があり，同一当事者による複数事件のケースも目立ちはじめた。また，最近では弁護士が関与する事件の増加傾向がみられるという。横浜家庭裁判所では父の申立てが82％，母の申立ての割合が18％で圧倒的に非同居親の父からの申立てが多い。これに対して，東京家庭裁判所もほぼ同じような傾向はあるが，父からの申立てが

75％，母からが25％であった[2]。

　親権・監護権争いから面会交流へ紛争がエスカレートするというケースもあるし，夫婦関係調整（離婚）事件がこじれて，子の問題に飛び火するケースもあり，紛争の複雑化多様化の傾向が見られる。面会交流の事件では，何も取決めがなかったというより，取決めがあったもののその内容が現実的ではないとか，履行されないとか，また回数・方法の変更を求めるようなケースが増える傾向にあるという。子どもをめぐる争いには２通りのタイプがあって，①子どもの問題についての争いと，②大人の問題の中に子どもの問題が混ぜ込まれたケースがある。面会交流や親権は主張されやすく，条件闘争的なものも少なくない。

　東京家庭裁判所でも，当事者は，30代，40代が多く，子の年齢は０～５歳が36.8％，６～９歳が37.7％，10～14歳が22.8％で，子の年齢も乳幼児，小学校低学年の子が多い。子どもの年齢で扱いが難しいのは，就学前の子である。回数では，月１回程度か１回以上が50％を超える。親子の関係，子の年齢，当事者の対立・葛藤の程度にもよるが，交流の実績や親のコミュニケーションの度合いにより，一般的抽象的に協議で決められるか，具体的に詳細に定めるか決まることが多い。

　試行的面会交流は，別居親と会わせるというだけでなく，今後の見通し，親子関係，子の様子など多角的に観察するために行う。10歳以上の子については子自身の意向調査ができるが，10歳未満の子の場合には，自分の置かれた状況を的確に判断して，自分自身の意向を表明できる状況にないため，監護者や面会交流についての子の心情調査にとどまることが多い。また，試行的面会交流や子の調査は，子の受け渡しや役割分担が必要になるために，できるかぎり複数調査官が関与することが望ましい[3]。

　面会交流事件の困難性では，親の感情的対立と葛藤が主たる要因であることが多い。また，子自身の発達障害の問題や別居・離婚に伴う生活の変化，転居等での喪失感や情緒不安定などが絡んで紛争が深刻化する例も少なくない。DVについては，保護命令が発令されているかどうか，主張の

2）面会交流調査報告書95頁参照。
3）面会交流調査研告書96～97頁参照。

真偽性はどうか，暴力の頻度や程度はどのくらいか等から，客観的なリスク評価をしなければならない。夫婦間の一時的突発的な暴力にとどまるときは，FPICなど第三者を通じた面会交流が可能な場合もある。しかし，子への直接的な暴力がある場合には，子の安全や子の福祉に明らかな害悪が予想される場合には，認められないこともあろう。暴力やストーカー行為自体に当事者間で争いがあるケースでは，紛争解決が困難な場合が少なくない。DVでは，身体的な暴力では入通院の診断書等の客観的な資料にもとづいて判断できるが，精神的心理的暴力の主張があるとDVの認定が客観的には難しい場合がある。DVを子が目撃したことによる被害も，客観的な証明が困難な部分もあり，認定が難しい。

　面会交流の必要性や意義については，離婚後も親子の交流・接触・絆が維持されたほうが，子の健全な成長発達にとってプラスに働くというワーラーシュタインなどの実証的研究が基礎になって，現在の実務ではできる限り両親との間の交流を促進する立場が採られている。最高裁の作成したDVDや絵本，しおり等を活用して親への教育的な働きかけをしている。基本的には，面会交流は，親子の関係や絆を維持するために必要で，肯定的な立場で，その場合に起こりうる障害や反対をいかに調整するかというスタンスを採っている。単に両親の間に感情的対立や激しい葛藤があるからという理由だけで，面会交流を認めなかったり否定することはない。

　日本の現在の調停では，面会交流と養育費の問題は法的には別物と扱われているが，実際には事実上のセットとして考えられ処理される面もあり，子どもの幸せのためには，面会交流も養育費も両方が必要だと説明し，当事者に理解を求め，できるかぎり経済的にも精神的にも協力体制を構築するように努めている。

　大阪家庭裁判所の面会交流事件の調停成立率は，2009年時点で60.8％と，他の裁判所と比べてもきわめて高い。これは，1997年から父母教育プログラムに力を入れ，調停委員への研修も盛んに行われている結果かもしれない。また，2010年3月より，面会交流に対して，否定的拒否的な同居親に対して，面会交流の意義を理解してもらう分かり易いリーフレットを作成し活用している。大阪家庭裁判所では，FPICが近くにあるため便利であり，当事者同士で子の受け渡しができない場合には利用されている。しか

し，短期間で当事者が自立し自分たちだけで実施できるようになるのは難しい。大阪家庭裁判所でも，月に1回程度が6割に上り，ある程度交流の実績があり，当事者で連絡を取り合えるケースは，双方の協議や話合いで決められるので，細かくルール化する必要はない。これに対して，交流の実績に乏しく，些細なことで紛糾しそうなケースでは，具体的詳細に決めることが多い。また，大阪に限られないが，最近は渉外関係の子どもの事件が増えている[4]。

3 面会交流をめぐる理論・実務上の問題点と課題

(1) 面会交流の意義・目的・基本的なスタンスの取り方

児童の権利に関する条約9条1項では，締約国は，児童がその父母の意思に反してその父母から分離されないことを確保するとし，同条3項で，締約国は，児童の最善の利益に反する場合を除くほか，父母の一方又は双方から分離されている児童が定期的に父母のいずれとも人的な関係及び直接の接触を維持する権利を尊重すると定めている。本条からも明らかなように，面会交流は，子どもが両親との交流や接触・絆を維持し守るために不可欠の児童自身の権利であって，父母の対立や葛藤が激しいからという理由だけで制限することは許されない[5]。あくまでも，諸外国と同様に，子の利益に直接かつ明白に反し，子にとって有害であることが明らかである場合に，面会交流が許されないことが正当化されるといってよい。できる限り，親子の交流や接触が維持される方向で，具体的な障害や反対を調整する方向での作業が必要であろう[6]。

---

4) 面会交流調査報告書102～109頁参照。
5) 石川稔・森田明編『児童の権利条約』222頁（山口亮子）（一粒社，1995年），喜多明人・森田明美・広沢明・荒牧重人『逐条解説子どもの権利条約』95頁（許斐有）（日本評論社，2009年）参照。
6) 細谷郁ほか「面会交流が争点となる調停事件の実情及び審理の在り方―民法766条の改正を踏まえて」家月64巻7号30～31頁（2012年），若林昌子「面会交流事件裁判例の動向と課題」法律論叢85号2・3合併号403頁（2012年）等参照。

(2) 面会交流の権利性

　面会交流は，ようやく日本でも民法766条で明文の規定がおかれ，子の利益を最優先に考慮しなければならないことが明らかにされた。学説では，面会交流を法的権利と構成すべきではないとの有力な考え方がある。この説では，面会交流は，親子の交流ができる限り任意かつ円満に形成され実現されるべきもので，法的強制力により合意によらないで決定され執行されても，子の利益に反して，かえって有害だと説く[7]。

　しかし，面会交流には民法766条で明文の根拠規定が与えられ，面会交流の侵害や妨害に法的保護がなされている以上，法的保護に値する利益であることは明らかである。面会交流が子の幸せのための親責任・親の義務という面からは，面会交流が親の権利であり，子の権利でもあるとして，権利構成をすることのほうが，デメリットより，メリットのほうが大きいように思われる。大切なのは，実体的ルールとして民法に規定され，手続的にも調停・審判が認められている以上，法的利益の侵害に対してどのような法的救済手段が認められるかどうかであろう。反対説では，協議で定められた面会交流を守らなくても法的問題にはならないとするが，調停や審判で決まったことを守らないと，間接強制で強制しうると説く。しかしながら，双方の協議で定められた面会交流を正当な理由なく守らない場合も，損害賠償，調停・審判の申立て等はできるであろうし，調停・審判で具体的な方法・回数・場所が定められ，これが履行されない場合には，間接強制も可能とするなら，権利構成を採らなくても，法による強制実現機能は一定程度付与されたことになる。

　論点としては，親の権利か子どもの権利か，面会交流を求められる人的範囲はどこまでか，祖父母や兄弟姉妹等の父母以外の第三者は子に対する面会交流をする権利が認められるのか，それとも子の利益となる限りで認められる弱い権利や法的利益というべきか，面会交流原則実施論に問題があるとしても，面会交流は望ましいとして，当事者の協議・調停において，

7）梶村太市「子のための面接交渉再々論」『小野幸二先生古希記念論集21世紀の家族と法』207頁以下（法学書院，2007年），同「新時代の家庭裁判所家族法（23）」戸籍872号1頁以下（2012年），同「民法766条改正の今日的意義と面会交流原則の実施論の問題点」戸時692号18頁以下（2013年），同「親子の面会交流原則的実施論の課題と展望」判時2177号3頁（2013年）以下参照。

説得や提案としてできる限り推奨することはかまわないのか，等がある。いずれにしても，面会交流は，権利と構成しても，相対性，流動性，可変性，相互性，双方向性が強く，他律的解決や強制的実現よりも，合意による自律的解決，教育的働き掛けやカウンセリングなどが重要であることは言うまでもない。

(3) 面会交流と親権・監護権との関係（共同親権の導入との関係）

面会交流と親権・監護権との関係について，かつては，面会交流は親権・監護権の一部かどうかという議論もなされてきた。親の自然権だとか，監護に関連する権利だとか，子どもの権利だという立場もある。親権概念をどのように捉えるかとも関係するが，非親権者・非監護親・別居親でも，親としての子に対する基本的な権利は有していると考えられる。たとえば，親は，子の学校での生活・生活の様子・成績・健康状態・医療などの重要な情報へのアクセス権はもつ[8]。そして，子と交流をしたり，子と一緒に時間を過ごしたり，手紙・電話・メールなどで連絡を取ったり，直接間接の交流を図る権利もある。権利と義務は表裏一体となっており，子の利益のために権利行使する義務があり，明らかに本来の目的を逸脱した権利行使はできないし，不適切な使い方も権利を制限されたり停止されたりする。共同親権・共同監護も，さまざまな子の問題に関する重要事項の決定権やコミュニケーションを共同にすることで，子の利益が実現される場合に認められるもので，争いが起こり合意が困難なときに誰がどのように決めるかを事前に決めておけばよいであろう[9]。児童の権利条約9条にいう親子不分離原則，定期的な交流確保原則に立てば，子は父母と交流し，父母も平等に子との関わりをもつ権利があると言わざるを得ない。

(4) 面会交流と養育費との関係

面会交流と養育費とは，法的には別の独立した権利と構成されている。

---

8) 棚村政行「日本法の問題整理」家族〈社会と法〉24号91頁（2008年）参照。
9) 離婚後の共同親権・共同監護については，水野紀子「親権法」中田裕編『家族法改正』119頁以下（有斐閣，2010年），山口亮子「共同親権・面会交流」戸時673号21頁以下（2011年），田中通裕「親権法の立法課題―離婚後の共同親権を中心として」法時83巻12号24頁以下（2011年）等参照。

しかし，両者は実質的には相互に密接に関連しており，欧米諸国でも，面会交流と養育費は，離婚後の父母の共同養育責任とも関わる重要な義務であって，面会交流は子を精神的に支え，養育費は経済的に支える義務で，両方があいまって親としての子の幸せを実現する重い義務と構成される。実際に，面会交流を実施しているケースでは，養育費も支払われていることが多く，養育費が支払われない場合には，面会交流も行われていないことが少なくない。両者は，同時履行の関係に立つものではないが，両者は車の両輪のような関係といってよい。[10]

(5) **面会交流の判断基準・許否基準（拒否・制限される事由）——とくにDV・ストーカー・暴力，子の連れ去り（フレンドリー・ペアレント），片親疎外，再婚や養子縁組との関係**

　面会交流は，親子の交流を図ることが子の利益や幸せにつながるという前提で認められている。したがって，DVや暴力があって，子が身体的精神的情緒的に危険な状態におかれたり，子の福祉に明らかに反する場合には認められないことがある。[11]　また，子の違法な連れ去りも，実力行使であって，安定し継続した養育環境を壊す行為として，その危険性が明らかなときは，面会交流も制限されてもやむを得ない。片親疎外（PAS）の主張がなされることも多くなった。これは一方の親が他方と子を引き離した結果，子が親との接触を拒絶したり，喪失感にさいなまれるという問題と言われるが，父母の葛藤や同居親への気遣い，子の事情等が複合的に問題を引き起こしているとみられることが少なくない。[12]　さらに一歩進んで，一方が他方の親の悪口を言い，子どもの親としての相手方の立場を尊重しないことをどのように評価すべきであろうか。最近は，欧米諸国での共同親権・共同監護，友好的な親（フレンドリー・ペアレント）ルールなどを面会交流に際しても考慮する考え方や審判例が現れている。

　渉外事案が増え，ハーグ条約の議論が進む中で，国際的事案が国内事案

---

10) 面会交流調査報告書65頁参照。
11) 細谷郁ほか・前掲注6）論文79頁参照。
12) 細谷郁ほか・前掲注6）論文51頁参照。

の解決の準則の変更や考慮事項の変化に多大の影響を及ぼしている[13]。また，再婚や養子縁組についても，相手方の実親としての絆や関係を断つために利用されるべきではなく，再婚家庭の安定・家庭の平和の維持と実親との面会交流の重要性を両立させ調和させるような総合的判断をすべきであろう。

(6) 面会交流の回数・方法・場所等の決定

当事者アンケートや家庭裁判所での調停・審判で定められた面会交流は，月1回以上が多く，面会交流が月1回以上の場合は宿泊ありが8割近くで，宿泊なしは48％と低くなっていた。面会交流の頻度が低いと，宿泊なしも多くなる傾向がある。子の年齢でも7〜10歳くらいが宿泊ありで多く，乳児や13歳以上は少ない。[14] このように見てわかるように，子どもの年齢や発達段階，生活のペース，課外活動や塾・習い事など，無理のないスケジュールや方法を選ばないと，それ自体が紛争の火種となり，円滑な実現の障害となってしまう。面会交流の実績があり，当事者である程度コミュニケーションができるとか，子が10歳を超えるなどしてある程度の行動の自由をもつ場合には，細かい取決めをするより，一般的な条項にし，柔軟で大枠だけ決めておけばよいかもしれない。これに対して，子の年齢も低く，受渡しや付添いが必要なケースで，交流の実績もない場合には，かなり具体的に細かい条件や方法の詰めが必要になろう。この場合も，相手方にも負担とならず，子の体調不良や突発的な事故等の連絡方法や対処方法についても，あらかじめ決めておく必要があろう。

(7) 面会交流の実施——第三者の仲介・連絡調整・付添い

当事者アンケートの結果からも明らかなように，自分たちだけで面会交流ができないとか，実施困難な当事者に対して，身近で安心して依頼できる面会交流支援の場が必要である。後述のように，欧米諸国では，面会交流の合意形成支援や面会交流センターなどが各地にあり，専門家やボラン

---

13) 棚村政行「国際的な子の監護（ハーグ条約を含む）」論究ジュリスト2号125頁（2012年）参照。
14) 細谷郁ほか・前掲注6）論文9〜11頁参照。

ティアの介在により，食事をしながら，家庭的な雰囲気のもとで安心した交流が実現している。親子の面会交流を継続的安定的に実現できる環境整備と第三者機関の充実が何よりも求められている。[15]

(8) **面会交流の不履行の場合の履行勧告，間接強制，損害賠償，親権者の変更等**

　このような事前の親教育，ガイダンスなどがあって，ペアレンティング・コーディネーターやミディエーターなどの専門家の関与による合意形成支援で成立し，裁判所が子の利益を考えて決定したことが守られない事態になって，はじめて強制的な実現の問題に移る。2009年に，面会交流の調停・審判の平均審理期間は6.2か月と長くなり，養育費が3.9か月，監護者の指定が5.8か月，子の引渡しが5.6か月であった。履行勧告で子の調整に関するものは，2009年で1,410件にもなり，1999年に24.9％と4件に1件だったのが，2009年には40.8％，2010年には42.5％と毎年上がってきている。履行勧告で目的を達したとするケースは，2005年に30％を下回り，2011年には，26.5％にまで低下しつつある。[16] 間接強制，損害賠償，親権者・監護者の変更などの強制的実現手段は，あくまでも，その前の段階ごとのソフトな支援を充実させたうえで行われるべきであろう。

(9) **試行的面会交流**

　家庭裁判所では，調査官の関与による試行的面会交流や父母教育プログラム・DVDや絵本等の活用などで，当事者支援をするとともに，子のための面会交流の合意形成支援や調整に取り組んでいる。家庭裁判所における試行的面会交流は，面会交流の実施や方法について不安があったり，子

---

15) 棚村政行「面会交流の社会的支援のあり方」家族〈社会と法〉27号95頁（2010年）。なお，FPICについては，山口恵美子「子ども・親支援のあり方—FPICの活動を通じて」法時83巻12号30頁以下（2011年），FLCのVi-Projectの取組については，二宮周平・桑田道子「離婚後の親子の面会交流支援—合意形成の課題と民間団体の取り組み」戸時685号33頁以下（2012年）参照。
16) 細谷郁ほか・前掲注6）論文13頁参照。なお，最一小決平成25年3月28日は，監護親に対して非監護親と子との面会交流を命じる審判で，面会交流の日時又は頻度，各回の面会交流時間の長さ，子の引渡しの方法等が具体的に特定されている場合は，間接強制決定ができるとした（裁判所ウェブサイト参照）。

にとって適切な実施条件に争いがあって調停・審判がこう着状態に陥っていたり，今後の見通しを検討するために行われていたが，最近では，当事者に最低限の信頼関係と協力を促し，監護親に現実認識を与えるため，非監護親に円滑な面会交流の仕方を考えさせるなどの目的でも実施されるようになった。[17]

4 諸外国での親権・監護法制と面会交流支援の現状と動向

　アメリカでは，共同監護が原則化しているが，実際にはその内容は，子の教育，医療，住まい，宗教など重要事項の決定権は共同にしつつ，現実面では父母の一方（母が多い）が主たる養育者として子と暮らし，非同居親とは週末や月2回程度，泊りがけで面会交流し，夏休み，冬休みに長期の旅行をするなどのケースが多い。面会交流は，一般的に9割以上で認められており，争いがあれば，ミディエーションという調停を義務化して合意形成が図られる。もし，合意ができないときは，調査官による調査を経たうえで，裁判官が子の最善の利益に従って相当な面会交流を命じる。裁判所の決定や命令に違反すると，高葛藤の当事者用のプログラムへの参加やカウンセリングなどを受けることを命じたり，裁判所侮辱として罰金や収監されることもあり，無償労働が命じられたり，多額な損害賠償，親権者としての適格性を欠くとして，親権変更などが命じられる。アメリカでは，DVや暴力があっても，リスク評価をし，安全を確保しながら，監視付き面会交流が行われる。そのような危険性がない場合には，有料，無料の面会交流センターが利用できる。面会交流のプロバイダーは，全米で400を超えている。[18]

　イギリスでも，離婚後も両親は親責任を負っており，子の処遇について合意ができないときは，裁判所に，子との交流命令（contact order），居所命令（residence order），特定事項命令（specific issue order），禁止措置（特定行為制約）命令（prohibited steps order）を求めることができる。2009年

---

17) 細谷郁ほか・前掲注6) 論文27頁参照。
18) 原田綾子「アメリカにおける面会交流支援」面会交流調査報告書193頁以下および本書第4章第1参照。

には、児童法8条事件は1万2,000件を超え、そのうちの42%が交流命令、36%が居所命令事件で、じつに91%を占めていた。面会交流命令に違反した場合には、裁判所侮辱で罰金や2か月の懲役刑に科すこともできる。また、無償労働や損害賠償を命じることもできる。さらに、2008年から、裁判所は、交流をする当事者に特定の行動をとるよう義務付け、児童家庭裁判所助言援助サービス（Children And Family Court Advisory and Support Service：CAFCASS）の調査官に監視を命じることもできるようになった。また、家族支援命令として、交流が中断しないようにCAFCASSの調査官に指導や助言を求めて従うように命じることもできるようになった。イギリスでは、各地に子ども交流センターがあり、365機関あるという[19]。

ドイツでも、1998年から、離婚後の父母の共同配慮が導入され、父母の一方との定期的な交流をする権利が認められており、交流権は親の権利であると同時に子の権利でもあると構成されている。また、交流権の範囲も拡大され、子の福祉に合致するときには、祖父母、兄弟姉妹、里親、継親、婚姻外パートナーなどにも認められることになった。面会交流事件は、父母の合意により決定されることを最優先するが、家庭裁判所は、第三者に交流支援をさせたり、少年局を交流保護人に選任し、交流を実施させたりすることもできる。ドイツでは、420の面会交流センターがあるという[20]。

フランスでも、離婚後の共同親権が原則となったが、祖父母の面会交流権は古くから認められてきた。2002年親権法改正で、「自ら義務を果たし、相手方の親の権利の尊重をするそれぞれの適性」、いわゆるフレンドリー・ペアレント・ルールが取り入れられた。その結果、かたくなに面会交流を拒み続けた同居親については、居所の変更などの措置がとられることもある。フランスでも、面会交流センターが全国で2009年に79団体、94か所あり、面会交流の合意形成支援と葛藤や対立がある面会交流の実施援助を行っている[21]。

---

[19] 南方暁「イギリスでの交流権と英国の子ども交流センター」面会交流調査報告書227頁以下および本書第4章第2参照。
[20] 髙橋由紀子「ドイツにおける面会交流支援」面会交流調査報告書252頁以下および本書第4章第4参照。
[21] 色川豪一「フランスにおける面会交流援助」面会交流調査報告書270頁以下および本書第4章第3参照。

このように，欧米の先進諸国では，親権・監護法制を子どもの権利や子どもの利益・福祉の視点から改革し，親子の交流を促進し，親権・監護の共同化，合意形成援助，子どもの代理人制度，養育費の取立て強化，面会交流のサポートに積極的に取り組んでいた。このような動きは，親子の絆や継続的な人間関係を維持し，親子の交流・接触を促進することが，子の福祉に資するとの基本的原則にもとづく。そのために，最近では，家事事件裁判官は，面会交流の決定に際して，円滑な交流の実現のために必要な教育プログラム，ワークショップ，専門家への相談などの必要な措置を命じることができ，費用負担も公費でまかなえるとか，専門家にモニターさせたり，助言指導を仰げるように，面会交流の支援措置まで定められるようになっていた。文字通り，当事者だけではなく，官民の有機的連携が可能となってはじめて，離婚後の親権・監護の共同化や面会交流の実現や円滑化が担保されているのである。

なお，韓国でも，2008年から協議離婚制度が改正され，子どものいない夫婦でも1か月の熟慮期間，子どものいる夫婦は3か月の熟慮期間を設け，その間に子の養育，親権者，面会交流，養育費などについて取り決め，協議書の提出をし審判等を受けないと離婚できないことになった。これに伴い，家庭法院（家庭裁判所）には子どもソリューション会という相談センターが設置され，未成年の子がいる夫婦には，離婚が子に与える影響，養育費と面会交流についての説明をする親教育を実施しており，家庭法律相談所，健康家庭支援センターなどの民間機関の相談やカウンセリングを受けることを裁判所が勧告できるとした。また，分かりやすいリーフレット，養育手帳というツールを用意しており，同居親から面会の留意事項・希望などを記載して別居親に渡し，別居親が面会の様子や希望などを書いて戻す方式である。子どもへの接し方，コミュニケーションの取り方，離婚した親へのサポートなども記載されており，面会の記録をシェアしながら，自分を振り返り，子どもの幸せに焦点を当てさせる狙いもある。[22]

22）金成恩・二宮周平「韓国における子どものいる夫婦の離婚問題への取り組み」立命館法学331号455頁（2010年），金亮完「韓国における協議離婚制度および養育費確保制度について」家族〈社会と法〉26号107頁（2010年），最高裁判所事務総局家庭局「大韓民国におけるパンフレット『両親』について」ケ研310号178頁以下（2012年），および本書第4章第5参照。

5 面会交流に関する今後の課題

　日本でも，欧米先進諸国やこれまでの民間機関による面会交流支援活動を振り返ると，面会交流の適切な支援のためには，まず，協議離婚制度のもとでの情報不足，意思決定の不十分さがあり，家族形態や生活状況の変化に対する視点や事情の大きな変更と夫婦間の葛藤の未処理という大きな課題を克服しなければならないという問題がある。

　そのために，当事者たちが抱える不安や問題に対する情報提供やアドバイスをしてくれるワンストップサービスの相談機関，つまり，別居や離婚の際のガイダンスや相談窓口の充実整備が必要であり，弁護士会，司法書士会，市区町村の離婚・親権・監護・面会交流・養育費等の相談業務と相談体制を強化しなければならないであろう。少子化対策や子育て支援の一環として，各市区町村に「ファミリーサポートセンター」(仮称) を設置し，無償で専門家による親権・監護・養育費・面会交流援助を行うべきではないか。

　次いで，家庭裁判所は紛争が生じた場合に，それをどのように調整し解決するかに関わっており，面会交流の可否，日時，方法について，具体的には専門家や支援機関の援助の下に面会交流することを話し合ったり，命ずることができなければならない。そして，無理のない取決めやルール作りをするために，ペアレンティング・コーディネーター (ベテランの弁護士や監護・面会交流のエキスパート) を家事調停官に任命し，面会交流の調停の成立や仲裁型の審判などを下せるようにすべきである。また，フォローアップのため履行勧告制度や強制執行についても，従来の方法だけでなく，教育プログラムやワークショップへの参加を義務付けるなど教育的な働き掛けも行えるようにすべきであろう。

　民間機関は，非権力性，非強制性，任意性，自律性，サービスの柔軟性，弾力性，費用や時間の非拘束性などの特色があげられる。しかし，公的機関，とくに司法機関は，権力性，強制性，サービスの画一性，統一性，費用の無償又は低廉性，時間の制限 (週末や祝日，夜間の利用制限) に特色がある。面会交流などのケースは，裁判所などの司法機関が基本的な大枠のルールやあり方を示し，当事者の自主的な話合いを尊重しつつ，話合いが

できない場合の決定方法や理念を明らかにし，実際の交流を円滑化するためには，イギリスのCAFCASSのような役割をFPICと弁護士会が中心になって独立行政法人のファミリーサポートセンター（仮称）がコーディネイトし，離婚・別居に伴う親権・監護・面会交流・養育費・婚姻費用・財産分与なども，問題ごとに専門家を置いて，とくに交流支援については民間団体にゆだねても，その結果をモニターしながら，家庭裁判所への交流状況の調査報告をすることでよいであろう。[23]

　当事者アンケートの結果を見ても，弁護士や民間交流支援団体の面会交流の実現に果たす役割は大きく，当事者の期待も決して小さくはない。法制度としての共同親権，面会交流，子の利益の明確化の声についても強いものがあるが，他方で，DV・ストーカー対策等の懸念材料もあり，社会的支援としては，相談窓口の充実・経済支援，民間援助団体の充実の声が大きかった。このような当事者，現場で解決に当たる調査官，当事者を支える弁護士らの生の声をできる限り反映した法制制度の整備と社会的支援制度の充実，法制度の運用の改善を心掛けなければならない。

（棚村政行・早稲田大学法学学術院教授／弁護士）

---

23) 棚村・前掲注8)論文94～95頁参照。

SECTION 3 養育費の実情と今後の課題

1 養育費相談からみた実情

　養育費相談支援センターが2011年に相談者を対象に実施したアンケートの調査結果は，以下のとおりであった。回答数315件のうち，離婚前が125件（39.7％），離婚後176件（55.9％），非婚14件（4.4％）の相談があった。このうち，離婚後の相談176件に限って詳細を見ると，相談者の属性としては，女性が85.8％と圧倒的に多く，男性からの相談は14.2％にとどまった。相談者の年齢も，20代15.3％，30代43.8％，40代37.5％であった。当事者の職業では，会社員が34.1％と3人に1人であるものの，パート等34.1％，無職23.9％，無収入が22.7％，収入が200万円を超えない相談者は56.8％と，8割が経済的に厳しい状況におかれていた。相談者の学歴は高卒，年収200万円を超えないものが多く，これに対して，相手方は，大卒も17.0％と5人に1人おり，年収も300万円以上500万円以下が約3割を占めて，格差があった。子どもの人数状況では，1人43.8％，2人は42.6％と比較的多く，3人は13.1％しかなかった。

　また，離婚後1～3年が60.8％を占めており，協議離婚67.6％，調停離婚28.4％，裁判離婚・和解離婚3.4％となっていた。話合いが可能な当事者は，54.0％で，話合いができない相談者は44.3％と，2.5人に1人以上であった。話合いができない理由としては，所在不明は11.5％，連絡が取れないが37.2％，暴力が7.7％となっていた。

　このように，今回のアンケートの結果から浮かび上がってくる当事者の姿は，相談者が30代～40代の母親で，月収は0～200万円，相手方も30代～40代の父親，月収は300～400万円，東京，さいたま，千葉，神奈川の首都圏に住み，子どもは1人か2人で，年齢は小学生，協議離婚が約70％，調停離婚28％，裁判離婚3％というものであった。

　養育費についても，離婚後の78.4％もの人たちが離婚の際に養育費の取決めをしていたものの，離婚後相手方の所在不明や連絡不可が48.7％と約

半数となっている。また、口約束が21.7％、念書12.3％と、3人に1人は養育費の取決めは私的なもので、公正証書22.5％、調停39.9％と、一応は6割以上が公的な文書になっていた。金額は2万〜3万円が約4割で、4万円から5万円も3割程度あった。養育費の相談では、養育費の不履行が55.1％と最も多く、次いで請求の手続に関するものが35.8％、養育費の減額16.5％、面会交流10.8％、請求権9.1％、金額8.5％、強制執行8.5％の順で多かった。離婚後の相談のうち、不履行があったのは70.3％にのぼっており、一部履行にとどまるものが56.5％にもなっていた。

　面会交流の取決めをしていたのは29.5％にすぎず、約70％は全く取決めもなかった。取決めがあったものも、月1回で履行状況はあまりよくなかった。理由は、「相手方が会いたがらない」22.4％、「相手と接触したくない」10.3％、「子どもが拒否」5.2％、「子どもに悪影響」4.3％であった。離婚後の相談で、「面会交流を求められている」のが10.8％しかなく、相手方から「面会交流を求められていない」のが過半数を超えてあった。もっとも、回答者に別居親が若干含まれていること、不明が27.3％もあることなども考えると何とも言えないかもしれないが、このあたりでも、面会交流と養育費とは、同時履行の関係にあるものではないが、養育費の取り決めや支払いがあると、面会交流も比較的良好に実施されていた。[1] 子どもの側から見れば、面会交流は離婚後の子の心の支えで、養育費は離婚後の子の経済的な支え（生活支援）であって、その両者は、車の両輪のように密接な関係にあるといってよいであろう。[2]

2 家族の問題に対する総合支援センターの設置の必要性

　既に述べたように、2011年5月に、民法の一部改正をする法律案が国会で成立し、児童虐待防止のための親権停止制度等の改正とともに、民法766条の協議離婚に際して、子の監護に関する事項として面会交流・養育費（監護費用）とが明文で規定されることになった。この民法の改正は、

1）養育費制度問題研究報告参照。
2）面会交流調査報告書70頁。

2012年4月1日から施行されたが、これに伴い、法務省の通達で、離婚届書に面会交流と養育費についての取決めの有無をチェックする欄が設けられた。しかしながら、これ自体は、離婚届の受理要件ではないため、チェックをしなくても、離婚の届出は受理される。

　もちろん、離婚届書に面会交流と養育費の取決めの有無の欄が設けられることで、当事者に離婚の際の取決めを促進する効果が全くないとは言えず、確かに一歩前進ではあろう。しかし、今回の養育費相談支援センターでのアンケートの結果から明らかなように、多くの相談者が養育費の取決めはしたものの、十分な内容の精査はされておらず、半数弱は専門機関への相談を経ておらず、かりに公正証書や調停調書が作成されていても、不履行の割合は7割、8割ときわめて多かった。面会交流についても、取決めがないものが約7割と多く、取決めがある者は3割にとどまっていた。養育費相談支援センターも、パンフレット、ホームページ、市役所等で教えてもらったというものが多く、アメリカのロサンゼルスなど諸外国と比べても、離婚前、離婚後の専門家による相談支援体制が十分に整えられているということはできない。

　欧米諸国や韓国などが力を入れているように、日本も、協議離婚、財産分与、養育費、婚姻費用分担、親権・監護、面会交流などの法的手続や問題、国や自治体の母子寡婦等福祉対策事業等の社会福祉や社会保障のプログラムについて、ワンストップサービスでの相談支援機関を一層拡充しなければならない。家庭問題情報センター（FPIC）は、公益財団法人として、成年後見、離婚、面会交流、養育費、少年非行など幅広く家族問題についての民間相談機関として活発な活動を展開している。しかしながら、元家庭裁判所調査官等を中心としてボランティアで運営されており、そのスタッフ（人的基盤）の確保、財源や運営費用など経済的な基盤も厳しい状況で、養育費相談支援センターへの厚労省からの業務委託費も限られているため、継続的安定的なサービスが提供できにくい事情にある。

　国や自治体は、オーストラリア（FRC）等のように連携協力して、各地に家族関係支援センターを設置し、家族の問題について合意形成援助と関係機関へつなぐワンストップサービスの機関を充実整備し、家族や子ども

の問題への予防的な取組，早期対応のルートを充実させるべきである[3]。また，協議離婚についても，韓国の2007年の法改正のように，協議離婚に熟慮期間を設けるなどして[4]，その間に子の親権・監護・面会交流・養育費等についての取決めを促進するとともに，家庭裁判所での離婚に備えての親権・監護・面会交流・養育費の調停調書の作成，公正証書の作成等について，最高裁判所，法務省，厚生労働省，弁護士会や公証人連合会，司法書士会，行政書士会，臨床心理士会など関係諸団体が協働し，各地に，協議離婚や婚姻費用・財産分与・親権・監護・養育費・面会交流についての家庭問題支援センター（仮称）などの専門相談支援機関を設置すべきであろう。

3 養育費の履行確保と既存の制度の運用上の工夫

今回のアンケート結果では，相手方の所在不明・連絡不可で，入口のところで，養育費の確保や話合いが困難な実情が明らかになった。日本でも，個人情報の保護やプライバシーの尊重は大切であるが，相手方の転職・転居等による所在不明や連絡が取れないために，かなりの人々が養育費をめぐる法的手続や交渉・協議もあきらめている現状があると言わなければならない。子の連れ去りの防止や面会交流・養育費の確保のためにも，調停や公正証書で，事前に，住所や職場が変わった時には，相手方に通知や連絡をさせるとか，相手方の所在確認のために，税務署，運転免許センター，福祉事務所，社会保険事務所等の関係機関に，養育費支払い請求のためには住所確認や住所・連絡先の提供について，本人からの包括同意をとって，家庭裁判所や厚労省の児童家庭局内に児童扶養支援部局（養育費支援室（仮称）を設置するなどして），法令で，個人情報の第三者提供を可能にする法

---

3) たとえば，犬伏由子監修・駒村絢子（翻訳）「資料オーストラリア2006年家族法制改革評価報告書（要約版）（オーストラリア連邦政府・オーストラリア家族問題研究所，2009年12月）」法学研究84巻3号55頁以下（2011年）は，オーストラリアの家族関係支援センターの活動とその評価について詳しく紹介している。

4) 金亮完「韓国における協議離婚制度および養育費確保制度について」家族〈社会と法〉26号107頁以下（2010年），宋賢鐘・二宮周平「韓国における協議離婚制度の改革と当事者の合意形成支援」立命館法学343号574頁以下（2012年）参照。

的根拠を与えて，所在確認の措置をとる必要もあろう。できれば，アメリカのような親の所在探索システムが構築されることが望ましい。現在の養育費相談支援センターは，民間機関であるために，親の所在・住所・職場・連絡先等の個人情報を収集し管理させることは，情報セキュリティー体制やスタッフの守秘義務などの関係でも，困難であろう。

　また，既存の家庭裁判所の調停・審判なども，家事事件手続法の施行により，より当事者が主体的積極的に関与して，手続的にも公正で透明性の高い運営がなされるものと期待される。しかしながら，国民一般に親しみやすく利用しやすい法制度や法の運営の改善を積極的に推し進めるためには，もっと端的に利用者の意見や要望が反映されるような仕組みを設けることが必要であり，利用者の意見箱や目安箱のようなものも必要である。また，自らのサービスに対する自己点検・自己評価制度が家庭裁判所に設けられてもよいように思われる。さらには，家庭裁判所の履行勧告や履行命令の制度も，面会交流など人間関係調整的な問題にはなかなか効果が期待できないかもしれないが，金銭の支払い等ではかなりの効果をあげている。この点でも，家庭裁判所の履行確保の制度の意義や活用について，もっと幅広く一般国民に周知するように広報啓発活動が活発になされてもよいであろう。強制執行の制度も，2003年に執行法・担保法の改正により，若干の改善はされつつも，欧米諸国のような，多様で効果的な履行確保手段を検討すべきである。今回のアンケート結果でも，相談内容の3割は強制執行であり，一般の人には手続や書類作成に困難が伴う。

　養育費の簡易算定表も，一応の目安としては十分に機能しており，養育費の決定のための簡易迅速な処理にある程度は貢献した。しかしながら，6割も経費の控除を認めていたりして，現状は到底子どもの生活水準や快適な暮らしを保障するものとは言い難い[5]。また，私立学校の学費等は考慮されておらず，高額な所得がある場合，住宅ローンや多額の負債の処理，塾や予備校などの近年の教育費用の上昇傾向など，必ずしも社会生活や家

---

5) 松嶋道夫「子どもの養育費の算定基準，養育保障はいかにあるべきか」久留米大学法学64号174頁以下（2010年），千葉県弁護士会『シンポジウム2010あるべき養育費をめざして―子どもの未来のために』2頁以下（2010年），日本弁護士連合会両性の平等委員会『シンポジウム子ども中心の婚姻費用・養育費への転換―簡易算定表の仕組みと問題点を検証する』1頁以下（2012年）参照。

族生活の現状に適合していない部分も少なくなく、これらの点は改めて見直される必要があろう。

4 私的扶養と公的扶助との相互関係の明確化

現在、父親からの養育費の代替手段や補完をするものとして、児童扶養手当（一時、子ども手当）や生活保護が利用されている。しかし、父親の扶養義務を一般国民の税金で肩代わりするだけでなく（国民間の不公平）、児童扶養手当や生活保護は私的扶養を前提として、母子家庭の生活の安定や生活保障のために支給されるものである。私的扶養システムを強化せず、私的責任の代替的手段として、公的扶助が優先することは、義務者に責任意識をもたせず、母子家庭の生活状況や自立の社会的支援にもつながらない。公的扶助受給者について私的扶養強化の一手段として、公的な養育費の取立てがクリーン・ブレイクの理念にも沿い、扶養をめぐる家族責任原理と国家責任原理の正当な位置付けにも資する。

確かに、今後、私的扶養という私的権利の実現と公的扶助（社会保障）による生活保障がうまく連動し、連携させることが欧米諸国での大きな流れであり、給与天引（源泉徴収）制度や養育費立替払制度は、養育費の徴収や給付に行政機関が関与することから、支払い義務者、監護権、国家との三者の法律関係、養育費や立替金の法的性格論について慎重に検討しなければならないと言えよう。

5 協議離婚と子に関する合意形成の実質化

今回の養育費相談支援センターでのアンケート結果では、8割近くの取決めがあったが、他の調査結果では、離婚の際に養育費に関する取決めがなされているのが約4割弱という極めて低い結果さえ出ている。すでに述べたように、9割近くを占める協議離婚では、役所に対する離婚届の提出という簡便な手続で離婚ができ、民法766条に面会交流や養育費の明文規定は入ったものの、面会交流や養育費の支払合意は離婚の成立要件でも受理要件でもない。これに対しては、有子夫婦の離婚の場合には、子どもの

権利保障の観点からの国家の後見的介入が正当化され，家庭裁判所による意思確認や親権者・監護権者の決定，養育費の合意への関与等を要求すべきだとの立場も有力に主張されてきた。他方，協議離婚制度はわが国で定着しており，公的機関の関与を認めることで，事実上の離婚が増加したり，離婚を制限する方向で制度改革をすることが妥当であろうかとする反対論も強い。

　しかしながら，離婚意思の包括性，浮動性から，当事者間の私的自治を尊重するにしても，子どもの問題が夫婦の取り引きや駆け引きの道具とされたり，子どもの利益や福祉に反する合意，当事者の力関係の格差が反映した不本意な内容の合意などの問題が少なくない。DVのあるケースも，約3割程度もあって，当事者だけに協議をさせ合意書を作成することすら期待しがたい場合もあろう。したがって，家庭裁判所での調停・審判による処理をより簡易迅速なものにしていくことと，協議離婚に際して，今回成立した民法の一部改正でせっかく明文化された面会交流と養育費の実質化が図られなければならない。家庭裁判所の事務負担や処理能力の限界論については，調停委員・参与員の増員，弁護士，元裁判官等による準審判官（欧米でのレフェリー）の起用などで対応すればよい。弁護士会や公証人連合会，司法書士会等の，低廉で質の高いリーガルサービスを提供すべき関係機関は，是非，離婚や養育費・面会交流・財産分与等の相談支援機関を開設すべきであろう。いずれにしても，債務名義にならない離婚合意書を作らせるより，実用性の高い簡易かつ標準的な養育費算定表（現在のものを社会的実情に合わせて大幅に見直したもの）や養育費計算ガイドラインを示して，定型化した養育費の合意形成援助と簡易な債務名義取得方法を工夫すべきではないか。[6] 韓国でも，2007年に民法及び家事事件訴訟法の改正がなされており，養育費の強制的な取立てや財産情報開示制度等，協議離婚の改革で相談機関での養育や養育費についての調書制度が実現した。

　面会交流や養育費の取決めに当たっての分かりやすい解説やひな形や定型書式の整備などで，身近なところでの親教育プログラムやガイダンスを実施するなどして，自分たちでも協議し合意できるような専門家による総

6）下夷美幸「養育費履行確保制度の設計」ジュリスト1059号77頁（1995年）参照。

合的なワンストップのサービスでの支援が必要であろう。

6 養育費の決定・履行確保・面会交流や子育て支援との関係 –

　面会交流と養育費との密接な関連性と子どもの心の支援と生活の支援という意味でも，養育費相談支援センターと面会交流相談支援センターは統合し，離婚の合意形成援助，養育費履行確保支援，面会交流支援は，できる限りワンストップサービスで，タライ回しにならず，縦割りの行政を超えて，当事者の利便性と合理性の高い制度設計が行われるべきである。

　履行確保の問題は，取り決められた少額の定期的給付が履行されないときに，どのようにして権利実現をはかるべきかという点にある。給与からの天引制度は，アメリカ，カナダ，イギリス，オーストラリア，ドイツなど欧米諸国で広く実現されており，強制執行制度の不備を改善し，請求権の一部について履行期が到来していることを条件として，将来履行期の到来する部分についても，あらかじめ差押えや債務者の給与からの毎月一定額を控除して，直接債権者の銀行口座に送金させる方法である。

　給与からの天引制度は，転職や再就職が繰り返されたとき，自営業者等には利用できない点で問題がある。そこで，対応策としては，財産の開示制度を設け，再就職先や財産に関する情報を提供させる方法のほか，徴税機関などの公的機関が債権者に代わって取り立てる制度が適切であろう。公的機関のほうが債権者の情報を収集し易いし，扶養料と租税還付金を相殺するなど自営業者に対しても実効性ある対応ができるであろう[7]。

　また，養育費の取り立ては当事者の資力に依存しているために，立替払いとしての社会保障を充実させ，児童扶養手当や生活保護の受給要件を緩和するとともに，別の基金を設けてオーストラリア，フランスのように，債務者から10％程度の割増金を取ったり，スウェーデンのように取立て費用，利息などを取って財源にあてることも一つの方法といえよう[8]。

　もっとも，スウェーデンのような先払養育費（立替払養育費）制度には，

---

7) 長谷部由起子「家事債務の履行確保」戸時428号53頁（1993年）参照。
8) 長谷部・前掲注7) 54頁参照。

監護権者の所得制限をするかどうかの問題がある。また，所得制限を廃止したスウェーデンでは，所得の高い監護権者に先払養育費を支給するのは，福祉財源の浪費だとの批判もある。また，一定額の養育費の保障は，当初から低額の養育費の取決めがされないかとの批判もあって，スウェーデンも1996年に養育費援助法でこれを改めている。

　給与からの天引制度に関しては，職場でのプライバシーの暴露，雇用関係の悪化を招かないかという不安があり，アメリカのように雇用主が被用者を不利に扱ってはならないという規定を置いたり，アメリカ，イギリス，オーストラリアのように，行政機関（児童扶養機関）への直接納付，送金を認めるという方策もあるのではなかろうか。

　また，行政機関の利用については，行政の過剰介入を防止し，公正を図るためにも裁判所の司法的関与と当事者の自己決定の尊重に配慮する必要があろう。行政機関の活用により扶養義務者の所得に応じて一定額の養育費を徴収して，監護者に社会保障給付と調整したうえで支給するシステムを採った場合でも，養育費の自己決定の尊重，プライバシーの保障，裁判所への不服申立ての保障に配慮すべきであろう。また，当事者の監護形態と扶養義務の関係についても，養育費の算定基準や履行方法との関係でどう反映させるべきかを明らかにする必要がある。

　アメリカでは，親の子の養育に対する非金銭的な寄与を養育費分担額の決定においても積極的に評価し，共同監護，面会交流ほか養育参加への費用減額を積極的に考慮している。日本では，養育についての経済的責任と身上ケア責任を切り離す考え方が未だに強い。これには，養育費と監護権・親権問題が取引材料とされないようにするメリットもあるが，実際には両者は密接に関連しており，ただ金銭問題だとして，いたずらに履行強制を強化したりするだけでは足りず，自発的な支払いを促進するよう援助する必要があることについては，アメリカでも最近は強調されていた。

　子の養育費が問題になるのは，離婚後だけでなく，別居による婚姻費用分担や認知された婚外子から父への養育費の請求という形もある。家族関係が多様化し，非婚化も進んでいるために，離婚の場合以外の母子支援施策と合わせて，離婚の場合以外についても対象とすべきかどうかも，早急に検討しなければならない。

また，ドイツでも検討されているように，面会交流や共同親権・共同監護と養育費との相互の関係やリンクのさせ方も慎重に考慮する必要があろう。厳しい強制的取立てと履行確保だけで，親に子の養育費の支払いの責任を果たさせることは実際には難しく，むしろ，子どもに対する親としての責任や責務の重大さを自覚させ，親子の絆や面会交流を支援し，両親の子育てへの積極的参加を強化し奨励する法制度や社会的支援制度の充実整備を図ることが必要である。

7 養育費についての問題点と課題

最後に，アメリカでみられたように，最近では，日本でも，子どもや女性の貧困化，社会の無縁化，孤立化が顕著に進行しており，もう一度，離婚後の親子関係のあり方について，離婚後の共同親権・共同監護についても，面会交流や養育費とともに，本質的な議論が必要である。日本では，欧米諸国と違って，親密な当事者の間でのDV・ストーキング・暴力・虐待・ハラスメントなどの保護・救済・予防などのより一層の対策が必要であることは言うまでもない。

しかしながら，欧米諸国では，共同親権・共同監護が原則化する背景に，子どもの権利や子どもの最善利益を実現するために，離婚後も両親の子どもの養育や生活に対する重い共同責任があるとの基本的な理念や前提がある。そのために，欧米諸国では，子どもの幸せを実現するために，共同親権・共同監護の制度を導入することにより，離婚後も両親の子への重い責任の自覚や理解を求めたうえで，面会交流や養育費の支払いをさらに促進し，子どもと接し，子どもと過ごす時間とお金を確保させることを企図したものであると言ってもよい。日本も，大人本位，親中心の争いや親権・監護法制，家族政策から，真に子どもに焦点化し，子どもを中心に据えた徹底した子ども政策，子どもの権利や利益を保障する法制度や社会的支援制度へ向けた思い切った改革やそのための基盤整備が何よりも重要だと言わなければならない。

また，欧米諸国では，父母の所得の合計額に子どもの人数に対する比率を乗じた額を子どもの最低生活費として分担させるなど，早くから簡易な

養育費算定ガイドラインが利用されてきた。しかしながら，既に触れたように，最近では，従来の画一的なガイドラインに柔軟性，弾力性をもたせはじめている。また，家族支援センターや養育費相談支援センターがさまざまの社会的なサポートを総合的にワンストップサービスで実施しようとしており，制度的にも，社会保障機関が養育費の立替払いをして，義務者に後で取り立てるとか，給料から天引きする，養育費の不払いに刑事罰を科したり，運転免許証そのほかの免許を剥奪したり停止するなど実効的な履行確保の制度を設けて工夫を凝らしている。

　日本でも，2003年から簡易迅速な養育費算定表が実務で活用されるようになり，一応の目安としては役に立っている。しかしながら，前に述べたように，算定表では，職業費，特別経費などで60％近くも差し引かれ，住宅ローンや私立学校の授業料などの現在の生活の実態が十分に反映されているとはいい難い難点がある。また，強制執行や履行確保も進みつつあるが，強制執行には時間や費用がかかり，わずかな金額の養育費をとるには適さないという問題もある。

　さらに，2007年から，厚生労働省の委託事業として養育費相談支援センターが養育費の取得率の向上等を図るために，具体的な相談支援業務を開始した。昨今の経済事情の悪化に鑑みると，裁判所，弁護士会，厚生労働省，法務省などの関係機関が，縦割りではなく，養育費のガイドラインの改定，実効性ある養育費の履行確保策，身近な相談窓口や養育費のワンストップサービスの場の提供などで一層連携することが必要であり，欧米諸国のように，その中でも，家庭問題情報センターや養育費相談支援センターなどの拠点機能拡充が最優先課題となろう。

（棚村政行・早稲田大学法学学術院教授／弁護士）

第 2 章

家事事件手続における運用の実務

SECTION 1　家庭裁判所における面会交流及び養育費をめぐる事件の実務

　平成24年4月1日から民法等の一部を改正する法律（平成23年法律第61号）が施行され，同法による改正後の民法766条1項において，離婚後の子の監護に関する事項として，面会交流と養育費が挙げられるとともに，これらを定めるに当たっては子の利益を最優先に考慮すべきとの理念が明記されるに至った。家庭裁判所においては，離婚後も非監護親と子の面会交流が行われることと，養育費が支払われることの双方が，子の健全な成長のためきわめて重要であるとの認識の下，面会交流や養育費についての取決めが適切に行われるよう努めてきたが，上記法改正を踏まえ，実効性のある取決めが行われるべく，一層努力することが求められていることを実感している。
　また，平成25年1月1日から家事事件手続法（平成23年法律第52号。以下「家事法」という）が施行され，当事者が，他方当事者の言い分を理解した上で，自らの言い分を尽くして主体的に手続を追行できるよう，手続保障を図ることが求められるとの理念が明らかにされるとともに，調停や審判により影響を受けることになる子の意思を把握することに努め，その意思を考慮しなければならないことが明文化された（家事65条，258条1項）。
　本稿では，家事事件を担当する裁判官の立場から，家庭裁判所における面会交流事件及び養育費事件の実務について，民法改正や家事法の施行に伴い運用が改められた点も意識しながら紹介することとしたい。本稿中，筆者が執筆当時に勤務していた広島家庭裁判所（以下「広島家裁」という）の運用について言及する箇所があるが，本稿の内容はあくまで筆者の個人的見解であり，広島家庭裁判所としての見解を示すものではないことをあらかじめお断りしておく。

第1　家庭裁判所における面会交流及び養育費をめぐる事件の実務

1 面会交流をめぐる事件の実務[1]

(1)　面会交流事件の基本的考え方

　家庭裁判所の実務では，最高裁昭和59年7月6日第2小法廷決定（家月37巻5号35頁）[2]及び最高裁平成12年5月1日第1小法廷決定（民集54巻5号1607頁）[3]において明確にされたとおり，両親が婚姻中又は離婚後のいずれの場合も，非監護親と子との面会交流を，民法766条の「子の監護について必要な事項」に含まれるとの解釈ないし類推解釈を前提に，審判や調停において解決を図ってきた。そして，面会交流が子の監護について必要な事項である以上，解決に当たっては，子の利益の観点を最も重視すべきと考えられてきた。

　面会交流が子の監護について必要な事項に含まれることを明確にするとともに，子の利益を最優先に考慮すべきとの理念を明記した改正後の民法766条1項も，これまでの家庭裁判所における実務の延長線上にあるものといえよう。

　非監護親と子との面会交流は，非監護親との離別という悲しい体験をした子が，非監護親からの変わらぬ愛情を実感できる機会であり，子の心身の成長に有益であることから，基本的には面会交流を実施することが子の利益に適うという考え方が広まってきている。このような認識の広まりを踏まえ，家庭裁判所の実務においては，面会交流を実施することがかえって子の利益を害するような特段の事情（面会交流を禁止又は制限すべき事由）が認められない限り，面会交流を認めるべきであり，円滑に実施していく

---

1) 家庭裁判所における面会交流事件の実務については，細矢郁・進藤千絵・野田裕子・宮崎裕子「面会交流が争点となる調停事件の実情及び審理の在り方」（家月64巻7号1頁）に詳しく紹介されている。また，面会交流及び養育費の実務を紹介する文献として，安倍嘉人・西岡清一郎監修『子どものための法律と実務』第3章（日本加除出版，2013年）がある。
2) 協議離婚時に親権者とされなかった父が子との面会交流を求めた事案において，その申立てが，子の監護に関する処分について定める民法766条1項又は2項の解釈適用の問題であることを肯定した。
3) 婚姻関係が破綻して父母が別居状態にある場合に，子と同居していない親と子の面会交流について父母の間で協議が調わないとき，又は協議をすることができないときは，家庭裁判所は，民法766条を類推適用し，家事審判法9条1項乙類4号により，面会交流について相当な処分を命ずることができるとした。

ための条件の検討や環境整備を行うことが基本方針とされている。

　面会交流は，当事者相互の信頼関係を前提に，継続的に行うものであるから，当事者の協議により事案の実情に即した面会交流の条件等を検討し，双方の納得できる内容を合意した上で実施していくことが望ましい。両親が納得して面会交流を実施することができれば，子は安心して面会交流に臨むことができ，その心身の健全な成長につながると考えられるので，子の利益の観点からも，当事者が面会交流の条件等を合意により決めることが求められる。したがって，面会交流事件についてはできるだけ調停での解決を図るべきといえ，実務では，審判事件として申し立てられた場合も，当事者から意見を聴取した上で，[4]原則として調停に付するという運用が行われている。

　そこで，本稿では，まず別表第2事件としての面会交流調停事件の運営について詳述し，その後，審判移行後の審理の在り方や，夫婦関係調整（離婚）調停事件において面会交流の取決めを行うことについても検討を加える。

(2) 面会交流調停事件の運営

ア　調停進行の枠組み

　面会交流を禁止又は制限すべき事由が認められない限り，面会交流を認めるべきとの立場からは，面会交流調停事件の進行は次のとおりとなる。なお，面会交流事件の中には，監護親が申立人となって，現に行われている面会交流の禁止又は制限を求める場合もあるが，以下においては，実務上最も多く見られる，非監護親が申立人となって，面会交流の実施を求める場合を念頭に置いて，記述することとする。

　　① 当事者からの事情聴取と，面会交流を禁止又は制限すべき事由の
　　　　有無の把握

　調停委員会は，まずは，第1回調停期日において，当事者双方の意向を確認し，主張の概要や紛争の経緯を聴取する。その上で，聴取した内容から，円滑な面会交流を阻害している要因を把握し，その要因が面会

---

4) 家事法274条1項参照。

交流を禁止又は制限すべき事由に該当するか否かの見極めを適切に行うことが必要である。

　②　面会交流の実施に向けた調整（禁止又は制限すべき事由があるとはいえない場合）

　上記の事情聴取において当事者から聴取した内容から，面会交流を禁止又は制限すべき事由があるとはいえない場合には，調停委員会は，必要に応じて家庭裁判所調査官（以下「調査官」という）の調査も活用して，面会交流の実現に向けた調整（具体的な条件の検討等）を進めることになる。

　③　調停案の提示と調停条項の作成

　当事者が合意に至らない場合には，調停委員会は，それまでの調整や調査官による調査の結果等を踏まえて，調停案を提示し，合意に向けたさらなる働き掛けを行う。

　当事者が合意に至れば，調停条項を作成し，調停が成立する。他方，当事者が自己の主張に固執して歩み寄りの姿勢を見せないなど，合意に至る見込みがない場合には，調停不成立とする。

イ　調停委員会による第1回調停期日における当事者からの事情聴取

　①　聴取すべき事情

　調停委員会は，非監護親に対しては，紛争の経緯，生活状況，非監護親と子との従前の関係，これまでの交流状況等を確認し，なぜ面会交流ができていないと認識しているのか，どのような形で面会交流を求めていきたいのか等を聴取する。監護親に対しては，紛争の経緯，生活状況，子の状況，面会交流についての考え方等を確認する。このようにして聴取した事情から，円滑な面会交流を阻害している要因を把握し，面会交流を禁止又は制限すべき事由があると言えるか否かを検討することになる。

　②　的確な事情聴取に向けた事前準備

　家事法においては調停申立書の写しを原則として相手方に送付することとされたが，[5]）広島家裁では，申立書に加えて，申立人からさらに詳細

5）家事法256条1項参照。

な事情を説明する書面（事情説明書）の提出を求め，相手方からも，申立書の内容についての意見等を述べる書面（意見書）及び申立人からの説明内容と同様の事情を説明する書面（事情説明書）の提出を求める運用を行っている[6]。その結果，調停委員会は，紛争に関する事情や，当事者双方の意向等をあらかじめ把握することができ[7]，聴取すべき事情，事情聴取のやり方や調停委員相互の役割分担，法的な問題点等についての検討を行い，評議を行った上で，期日に臨むことができるようになっており，第1回調停期日から充実した事情聴取を行うことが可能となっている[8]。

ウ　面会交流を禁止又は制限すべき事由の有無

① 面会交流を禁止又は制限すべき事由

面会交流を禁止又は制限すべき事由があるか否かについては，あくまで個別の事案について判断せざるを得ないため，一般的に面会交流を禁止又は制限すべき事由を類型化することは，困難である。以下においては，実務上，監護親から面会交流を拒否する理由として主張されることの多い事由について，検討を加える。

㋐　非監護親が子を虐待していた場合

子が過去に非監護親から虐待を受けており，非監護親に恐怖心を抱いているような場合や，面会交流を行った際に非監護親が虐待を加えるおそれがある場合には，面会交流を実施することは子の利益を害するといえ，面会交流を禁止又は制限すべき事由があると解される。

監護親からこの種の主張がなされる場合，非監護親からは虐待の事実そのものや程度，あるいは，子が恐怖心を抱いていることについて争われることが多く，事実認定に困難を伴う場合も少なくない。必要に応じて当事者から診断書や写真等の資料の提出を求めるほか，調査

---

[6] 事情説明書や意見書については，裁判所から他方当事者に送付することはしないが，他方当事者は，閲覧謄写の許可の申立てをすることができる。
[7] 広島家裁では，「事情説明書」の記載から，面会交流についての双方当事者の意向，面会交流についての子への説明状況，子に関して気になることの有無等について，把握している。
[8] 広島家裁では，このほか，当事者双方から，「進行に関する照会回答書」の提出も求めており，調停の進行に際して留意すべき事項等（暴力のおそれや心身の疾病等）をあらかじめ把握するよう努めている。

官により事実関係や子の心情の調査を行うことも検討すべきであろう。

　(イ)　非監護親が過去に子を連れ去ったことがある場合

　子を現在の生活環境から強引に離して連れ去ることは，安定的な養育環境の安定を害することとなり，子に精神的打撃を与える可能性が高い。非監護親が過去に子を連れ去ったことがあるなど，面会交流の際に連れ去りのおそれのある場合には，子の利益の観点から面会交流を禁止又は制限すべき事由があると考えられる。

　もっとも，過去に連れ去りの事実があったとしても，非監護親が連れ去りを真摯に反省し，子を連れ去ることはしない旨を確約しているような場合には，面会交流時に子を連れ去るおそれがあるとは言えず，面会交流を禁止又は制限すべき事由があるとまでは言えないであろう。また，第三者の立会や面会場所の制限により連れ去り防止が可能であれば，面会交流を禁止又は制限すべき事由まではないと考えられる。

　(ウ)　監護親が非監護親によるドメスティック・バイオレンスの被害を受けていた場合

　監護親が非監護親によるドメスティック・バイオレンス（DV）の被害者であり，監護親に対する恐怖心や心的外傷後ストレス障害（PTSD）のため，非監護親との接触に耐えられない場合は，面会交流を実現することが現実的に困難な場合もある。特に，年少の子の場合は，監護親の協力がなくては面会交流を実施できないこともあり，面会交流を禁止又は制限せざるを得ない場合も考えられる。

　もっとも，非監護親から監護親への暴力があっても，子に対しての暴力はなく，子は非監護親を慕っている場合もある。面会交流を禁止又は制限すべき事由の有無は，あくまでも子の利益の観点から検討されるべきであり，監護親についての事情をもって当然に面会交流を禁止又は制限すべきであるとはいえない。監護親と非監護親の接触を回避することによって面会を実現することが可能になることもあるので，家族の協力や，第三者機関の利用によって面会交流を実現することも検討すべきであろう。

(エ) 監護親が非監護親を嫌悪し、関わりを持ちたくないことを理由に面会交流を拒絶する場合

面会交流を阻害する要因として、実務上、最も多く見られるのは、監護親が非監護親に対する感情的反発等から面会交流を拒絶する場合である。しかしながら、面会交流は、子の利益の観点から実施の当否等を検討すべきものであり、監護親の拒絶を理由に面会交流を禁止又は制限することは、基本的には相当とはいえない。

もっとも、非監護親との紛争により、監護親に抑うつ症状が現れ、育児放棄に至るなど、子の利益を害する事態が懸念されることもある。このような場合には、当分の間、直接的な面会交流を見合わせるなど、面会交流を制限すべき場合もあると思われるが、面会交流を阻害する要因が、監護親と非監護親との関係性である以上、上記(ウ)と同様、家族の協力や、第三者機関の利用によって面会交流を実現することも検討すべきであろう。

(オ) 子が非監護親との面会交流を拒んでいる場合

監護親が、子が非監護親と会いたくないと言っているなどと主張して面会交流を拒否することも、実務上、多く見られるところである。

子が、非監護親の監護親への激しい暴力を目撃して、恐怖心を抱いており、どうしても非監護親に会うことができないと述べているような場合には、面会交流を禁止又は制限することも考えられる。

しかしながら、子が非監護親との面会交流をしたくないと述べていることが事実であるとしても、非監護親を嫌悪する監護親の影響から、非監護親に対する拒否的感情を抱いている場合もあり、あるいは、子は、非監護親に会いたいとの気持ちを有しているにも関わらず、監護親に対する忠誠葛藤から、会いたくないとの意向を示している場合もあると考えられる。また、子が、監護親と非監護親とが面会交流をめぐって対立することそのものを嫌い、面会交流に拒否的になる場合もあろう。

子の真意を把握するには慎重な検討を要するところであり、調査官による子の意向、心情や監護状況等の調査を行った上で、子の意思を把握する必要がある場合も多い。

(カ) 監護親が再婚し，子が監護親の再婚相手と養子縁組している場合

子が監護親の再婚相手と養子縁組をしても，非監護親が子の実親であることに変わりはなく，子が非監護親からの愛情を実感する機会としての面会交流の重要性に変化はないと考えられる。したがって，監護親が再婚したことや，子が監護親の再婚相手と養子縁組をしたことは，基本的には，面会交流を禁止又は制限すべき事由とはいえない。

子は養親との関係構築の途上であり，非監護親が登場することにより子が混乱するとの主張がなされる場合もあるが，上記(オ)で述べたとおり，子の心情の把握については慎重な検討を要するというべきであり，非監護親との交流が子にどのような影響を及ぼすのかについて，見極めていく必要がある。

② 面会交流を禁止又は制限すべき事由がある場合の調整方針

当事者から聴取した内容から，面会交流を禁止又は制限すべき事由がうかがえる場合は，当事者双方から裏付けとなる資料の提出を求めたり，調査官による調査を活用して，事実関係を確認する。

その結果，面会交流を禁止又は制限すべき事由があると認められる場合には，直接的な面会実施に向けた調整を進めることは相当ではない。調停委員会は，面会交流を禁止又は制限すべき事由について，当事者がどのように認識しているかを十分に把握した上で，子への影響という観点から説明して理解を求め，当分の間，面会交流を見合わせるよう，働きかける。

もっとも，現時点では直接的な面会交流の実現が困難であるとしても，子にとっての面会交流の重要性に鑑みるなら，手紙のやり取り等の間接的交流の実施を検討し，将来的に直接的交流が可能となるような環境整備に向けた調整も行うべきである。

エ 面会交流の実施に向けた調整の在り方

面会交流を禁止又は制限すべき事由があるとはいえない場合には，調停委員会は，面会交流の実現に向けた調整を進めることになるが，監護親が非監護親に対する感情的反発から面会交流を頑なに拒んだり，面会交流の条件について歩み寄ろうとしないなど，調整が難航することは少なくない。

また，当事者双方が面会交流の実施については合意しても，面会交流が長期間行われていなかったような場合には，面会交流の方法等を具体的に検討する段階になって，監護親が不安を訴え，実施が困難になることもある。

以下においては，面会交流の実施に向けて，家庭裁判所が当事者に対して行う働き掛け等について詳述する。

① 調停委員会による当事者からの事情聴取と調整的働き掛け

まずは，調停委員会が当事者双方の話を傾聴し，その主張や心情を理解することが重要である。その上で，他方当事者に対し，聴取した事情を伝え，相互に他方当事者の主張を理解し，紛争解決のためにどうしたらいいかを検討するよう促すことになる。

しかしながら，面会交流事件においては，当事者が離婚紛争に伴う夫婦の問題を整理できておらず，他方当事者に対する感情的反発から対立を深めることが少なくない。調停委員会は，当事者に対し，夫婦間の問題と，子の利益の観点から考えるべき面会交流の問題とを区別し，子の利益を図るため親として協力することができるよう，働き掛けを行う。

その際には，必要に応じて，面会交流の重要性について説明する当事者助言用DVD[9]を視聴させたり，リーフレット[10]を渡したりして，子にとっての面会交流の重要性や，父母の紛争の渦中に置かれた子の気持ち等について，丁寧に説明をすることが大切になる。

② 裁判所内での試験的な面会交流

非監護親と子との交流が途絶えているなど，監護親が面会交流実施による子への影響に不安を抱いている場合には，非監護親と子との関係性を観察し，円滑に面会交流を行うことができるか否かを検討するために，裁判所内のプレイルーム等において，調査官の援助の下に試験的に面会交流を行うことが考えられる。試験的面会交流を調停期日において行い，調停委員会も交流場面を観察することもある。[11]

---

9) 最高裁作成DVD「離婚をめぐる争いから子どもを守るために」。最高裁ホームページで視聴できる。
10) 最高裁作成のリーフレット「面会交流のしおり」のほか，各家裁において作成されているものもある。
11) プレイルームにマジックミラーを備え付けている場合には，プレイルーム内の子らに気付かれることなく，交流場面を観察することが可能となる。

③ 調査官による調査

　子の面会交流についての意向を把握すべき場合や，面会交流が子に及ぼす影響等をめぐる対立が激しい場合等には，調査官による調査を活用し，当事者双方に対する調整的な働き掛けを行ったり，子の生活状況や心情ないし意向等を把握した上で，面会交流を実施していくための具体的な条件，環境を検討することも有効である。

　調査官による調査の結果を効果的に活用するには，調停委員会と調査官との間で，調査の目的，対象，方法等について十分な評議を行うとともに，当事者にもきちんと説明を行い，認識を共有することが重要である。

④ 当事者による面会交流の試行

　当事者間の紛争性が比較的低い場合には，期日間に当事者間で試行的な面会交流を実施させ，具体的な面会交流をイメージできるようにすることが考えられる。調停成立後の面会交流を円滑に行うためには，実施についてある程度の合意ができた段階で，試行的な面会を行い，子の受渡場所や受渡方法，緊急時の連絡手段等の細かい条件について検討しておくことが有効である。

オ　子の意思の把握と考慮

① 面会交流は，子の利益を考慮して行われるものであるから，面会交流についての取決めを行うに当たっては，子の意思にも配慮する必要がある。そして，家事法においては，調停委員会が，子の意思の把握に努め，子の年齢及び発達の程度に応じて，子の意思を考慮しなくてはならない[12]とされ，さらに，面会交流の審判を行う場合には15歳以上の子の意見聴取が必要的とされる[13]ことも併せると，調停において面会交流の取決めを行うに当たり子の意思を考慮すべきことが，手続法上も明らかにされたといえる。

　子の意思の把握のための方法には特に制限はない。調停においては，まずは調停委員会が，当事者双方から，面会交流についての子の意思を聴取する。子の年齢や発達段階によっては，面会交流についての自己の真意を

---

12) 家事法258条1項，65条参照。
13) 家事法152条2項参照。

言語により表明できるとは限らず，また，親が子の意思を自らに都合よく解釈していることもあり得るので，調停委員会が当事者から子の意思について聴取する際には，子の生活状況や親との関係性等についても聴取し，子がどのような現状認識を前提に意思を表明しているのかを把握することが重要になる。

②　調停委員会による事情聴取の結果，当事者双方の子の意思についての認識に齟齬があるような場合には，子の真意を客観的に把握する必要があり，調査官によって調査を行って子の意思を把握することも検討することになる。また，上記のとおり，監護親から，子は面会交流を嫌がっている，あるいは，子は非監護親を怖がっているので，面会交流を禁止又は制限すべきとの主張がなされる場合も，調査官による調査を活用して，慎重に子の意思を把握すべきことがある。

調査官による調査を行う場合，概ね10歳以上の子であれば，その意向を言語的に表明することができると考えられるので，意向調査を行うことになるが，小学校低学年から中学年くらいの子であれば，端的に意向を尋ねるのではなく，その心情を聴取する方法で調査を行うことが多いであろう。未だ自らの意思を十分に言語で表現できない幼少の子については，その監護状況の調査を行い，その際に観察される子の様子等から意思を推測することになる。

子が明確に意向を表明している場合であっても，監護親の影響や忠誠葛藤の可能性，子の置かれた状況等を考慮し，言葉のみならず，非言語的表現からうかがわれる意思も汲み取り，その真意を慎重に評価することが必要である。

③　調停委員会は，把握した子の意思について，当事者双方が理解するよう働き掛けを行い，当事者双方が子の意思を考慮して，子の利益に適う解決ができるよう調整を行う。例えば，面会交流について，子の希望する条件等を聴取することができた場合には，子が楽しい時間を過ごせるような面会交流の実現に向けて，子の意向も踏まえた面会交流の方法，条件を検討するよう当事者に働き掛け，調整を図ることになろう。

他方，子が真に面会交流を拒否しているような場合は，無理に面会交流を実施することが子の心情を傷つけることも考えられるので，その意向を

尊重すべきであろう。しかしながら，真に面会交流を禁止すべき場合を除いては，子と非監護親との関係を安易に断絶するべきではない。直ちに直接的な面会交流を実施できない場合であっても，間接的な交流を検討し，将来的に面会交流ができるようにするための環境調整を行うべきである。

カ　調査官の活用

これまでも触れてきたとおり，面会交流調停事件においては，子の利益の観点から，面会交流実施の当否や条件等についてきめ細かな調整を行うことになるため，行動科学の専門的知見を有する調査官を活用すべき場面が多い。また，事実の調査の結果は，調停が不成立となった場合には審判の資料としても用いられることが多いため，当事者が調査結果を踏まえて審判での結論を予測することが可能になり，調停での解決につながることも考えられる。以下においては，調査官の活用場面をまとめて説明するとともに，調査官が適時に調停に関与できるようにするための取組みを紹介する。

① 活用場面

(ア) 調査又は調整

面会交流を禁止又は制限すべき事由の有無が問題となる場合に，その判断に必要な事実を収集するため，監護親・非監護親の意向調査や，子の状況ないし意向の調査等を行うことが考えられる。

面会交流を禁止又は制限すべき具体的事由はうかがわれないものの当事者が頑なに面会交流を拒んでいる場合や，条件等で折り合わない場合などには，面会交流を実施していくための具体的な条件，環境を検討するため，調査官の援助のもとに試験的面会交流を行ったり，期日間調査として，監護親・非監護親への調整的働き掛けを行ったり，子の意向や状況の調査を行うことがある。

子の状況に関して，第三者による客観的・中立的な立場からの事実の把握が必要な場合には，学校や保育園等を対象とした調査をすることもある。

当事者が精神的に不安定で混乱している場合などには，当事者の主張内容及びその理由を整理するための意向調査や，心理的調整を行うこともある。また，当事者が不出頭の場合に，当該当事者に対する出

頭勧告や意向調査を行うこともある。

　(イ)　当事者に対する助言等

　当事者に対して，子の心情についての理解を促したり，面会交流の意義についての理解を深めさせるため，調停委員会からの働き掛けに加えて，調査官からも助言をすることが考えられる。当事者助言用DVDの視聴をさせる際にも，調査官から助言を行うことが有効な場合がある。

　また，当事者間で任意に面会交流を試行する際に，これを円滑に進めるための実施条件等について，調査官から助言を行うべき場合もある。

② 適時な調査官活用のための取組み

　(ア)　調停の初期段階における手続選別

　以上のとおり，面会交流事件では，調査官が重要な役割を果たすため，調停の初期の段階から，調査官がどのように関わるべきかについて検討し，適切に手続選別を行う必要がある。[14]　調査官が，裁判所内での試験的面会交流の支援を円滑に行ったり，期日間調査を行うに当たり調査の目的や対象等を適切に設定したりするためには，期日において，当事者の話を直接聴くことが有益であること，また，調査官は，期日において当事者に助言を行うこともあること等に照らすなら，面会交流調停事件においては，第1回調停期日から調査官が期日立会すべき場合が多いと考えられる。

　(イ)　中間インテーク

　第1回調停期日前の手続選別では調査官の関与を要しないとされた事案についても，調停の過程において調査官による調査，調整あるいは助言を求めるべき場合が出てくることがあり得る。広島家裁では，適時に調査官の関与を求めるようにするため，中間インテークの制度

---

14) 広島家裁では，調査官が申立時提出書類を審査し，調査官関与の要否を含む手続選別について意見具申（インテーク）を行っているが，申立時の情報からは調査官関与の必要性が特にないとされた場合でも，その後に相手方から提出された書類等から，調査官関与の必要性が生じることがあり得るので，相手方からの書類提出後の再度のインテーク（再インテーク）のための基準を整備した。書記官は，相手方からの提出資料を審査する段階で，当該基準に従って調査官関与の要否を検討して，裁判官に対し再インテークの要否を意見具申し，裁判官は，当該意見を参考に，調査官に対し再インテークを命じるという運用を行っている。

を整備している。

　中間インテークを有効に活用するためには，調査官関与を求める調停委員から書記官への連絡，書記官から裁判官への伝達，裁判官による記録検討と選別（必要に応じて調停委員会による評議を行う），調査官による意見具申のルートを確立することと，調査官を活用すべき場面や具体的な活用方法について基準を設け，調停委員も含めて基準についての認識を共有しておくことが，重要となる。

キ　調停案の提示と調停条項の作成
　①　調停案の提示
　調停委員会による働き掛けにもかかわらず，当事者双方が歩み寄ることが困難な場合には，調停委員会は，それまでの調整や調査官調査の結果等を踏まえて評議を行った上で，調停案を提示し，当該調停案の説明をしながら，合意に向けたさらなる働き掛けを行う。
　②　調停条項の作成
　当事者が合意に至ることが見込まれる場合には，調停委員会は，調停条項を作成する。
　面会交流が将来にわたって継続的に行われるものであることに照らすなら，調停条項を取り決める際には，その内容が子の利益に適うものかどうか，継続的な履行が無理なく可能な内容かどうか等の観点から十分検討し，当事者双方が，具体的な面会交流の実施について共通認識を持つことが必要である。
　したがって，調停条項を取り決めるに当たっては，面会交流の頻度，実施時間，宿泊の有無，場所，子の受渡場所や受渡方法，当事者間の連絡手段，親族や第三者機関の関与の必要性，実施日の変更方法，変更した場合の代替日の決め方等について，当事者双方の意向を確認し，認識の一致を見るよう調整を図る必要がある。[15]　これらの条件については，調停成立までに当事者間で任意に面会交流の試行を行い，必要な修正を加えながら調整すべきである。

15）主な条件については合意ができ，細部の詰めを行う段階になった時には，電話会議システム等を利用して調停を行うことも考えられる（家事258条1項，54条）。

その上で，具体的にどこまで調停条項として定めるかについて，検討することになる。
　当事者間で連絡を取り合うことができ，日々成長する子の状況の変化にも対応し，頻度も含め内容を柔軟に見直すことが期待できるような場合には，面会交流の内容を調停条項で詳細に定める必要はなく，むしろ柔軟性のある条項にしておくことが望ましい。しかしながら，当事者間の紛争性が高く，調停成立後に連絡をとるのが困難な場合には，面会交流の条件について調停条項で具体的に定めておかなくては，面会交流が実現できなくなるおそれがある。したがって，調停条項において，面会交流の回数だけではなく，具体的な日時，開始及び終了時刻，子の受渡場所や受渡方法，代替日時の指定方法，当事者間の連絡手段等を定めるべきことになる。
　そして，当事者間に信頼関係がなく，任意の履行がなされない可能性が高い場合は，間接強制が可能となる調停条項とするかどうかについても検討する[16]。調停条項に違反した場合の効果については，当事者双方に対し，誤解のないよう説明しておく必要がある。
　③　調停が不成立となった場合
　当事者が自己の主張に固執して歩み寄りの姿勢を見せないなど，合意成立の見込みがないと判断される場合には，評議の上，調停不成立とする。
　調停委員会が調停案を提示したにもかかわらず，合意に至らなかった場合などには，調停に代わる審判（家事284条）を活用することも考えられる。

(3)　審判移行後の審理の在り方
ア　審判事件の審理の枠組み
　面会交流審判事件においても，面会交流を実施することがかえって子の

---

[16]　最高裁平成25年3月28日第1小法廷決定は，「監護親に対し，非監護親が子と面会交流をすることを許さなければならないと命ずる審判において，面会交流の日時又は頻度，各回の面会交流時間の長さ，子の引渡しの方法等が具体的に定められているなど監護親がすべき給付の特定に欠けるところがないといえる場合は，上記審判に基づき監護親に対し間接強制決定をすることができると解するのが相当である。」と判示しており，面会交流について間接強制ができることを明らかにした。

利益を害するような特段の事情が認められない限り，面会交流を認めるべきとの枠組みを前提に，審理・判断が行われる。したがって，裁判官は，面会交流を禁止又は制限すべき事由の有無を見極め，かかる事由がない場合には，具体的な面会交流の条件，方法等を検討することになる。

　　イ　事実の調査と当事者からの陳述の聴取

　審判においては，面会交流を禁止又は制限すべき事由の有無や，面会交流を認めるべき場合における具体的な条件，方法等について，当事者からの提出資料，調査官による調査の結果，当事者の審問[17]の結果等を総合評価して，判断されることになる。調停においては，面会交流の具体的な条件，方法等について，当事者双方の意向も考慮し，調整を図ることになるが，審判では，あくまでも子の利益の観点から判断されることになる（もっとも，当事者の意向を無視した面会条件を定めることが，子の利益を害することも考えられるので，その限度では当事者の意向も考慮要因とはなろう）。

　調停を経て審判移行した面会交流審判事件においては，調停段階で争点は明らかになっており，調査も行われていることが多い。調停事件の記録は当然に審判資料となるわけではないが，通常は，審判における事実の調査の対象とされる。審判移行後にさらなる調査を行う必要のない場合には，当事者の審問を行い，審理を終結することが多いであろう。

　調停段階では限定した調査しか行っていない場合や，当事者の非協力等により調査ができなかった場合には，審判移行後に改めて調査を行うこともある。この場合は，調査を行った後に当事者の審問を行い，調査結果についての意見も聴取した上で，審理を終結することになろう。

　　ウ　子の意思の把握と考慮

　面会交流の審判においては，子が15歳以上の場合には，その陳述を聴取しなければならないとされる。子の陳述の聴取は，裁判官の面前での陳述

---

[17] 当事者の陳述の聴取は，当事者の申出があるときは，審問の期日においてしなければならない（家事68条2項）。面会交流事件の場合，当事者の申出の有無に関わらず審問を行うべき場合が多く，書面により陳述を聴取する方法によるべき場合は少ないと思われる。当事者が調停期日への出頭を拒み続けている場合も，審判での陳述の機会を保障するため，審問の期日を指定して呼び出すべきであろう。家庭裁判所が審問の期日において当事者の陳述を聴くことにより事実の調査をするときは，他方当事者は，原則として，当該期日に立ち会うことができる（家事69条）。

による必要はなく，事案の実情に応じて，子による陳述書の提出，調査官調査による子の意向の確認等の方法を検討する。

また，審判事件においても，子の意思を把握するように努め，子の意思を考慮して審判をすることが求められること[18]に照らし，子が15歳未満の場合も，子の年齢や発達程度，当事者間の紛争性の高さ等に応じ，調査官による子の意向，心情又は監護状況の調査を行うなどして，面会交流についての子の意思を把握するよう努める。

いずれの場合も，調停段階で子の意思を把握していれば，改めて確認する必要はないことが多いであろう。

エ　審判又は再度の付調停

以上の審理を経て，審判が行われることになる。面会交流を審判で定めるような場合は，当事者が面会交流の方法等について協議を行うことは困難なことが多いから，協議に委ねる余地を残さず，主文で詳細に面会交流の方法を定めるべき場合が多い。

また，当事者間の信頼関係が失われており，任意の履行が期待できないため，間接強制が可能な主文とするのが相当な場合もあろう。

なお，面会交流事件が調停による解決に親しむことを踏まえ，判断の見通しが明らかになった段階で，再度，職権により調停に付すべき場合もある。

(4)　夫婦関係調整（離婚）調停事件[19]において面会交流の取決めを行う場合

上記のとおり，非監護親と離別した子にとっての面会交流の重要性が広く認識されるようになり，改正民法766条に面会交流が明記されたことを踏まえ，家庭裁判所の実務においても，離婚調停で面会交流についての実効性ある取決めを行う必要があるとの認識が広まり，離婚調停の中での面会交流の位置づけも変わりつつある。以下においては，離婚調停における面会交流の取決めに向けた実務の取組みについて，詳述する。

---

18)　家事法65条参照。
19)　以下「離婚調停」という。

ア　離婚調停における面会交流についての事情聴取
　①　調停の早期における事情聴取
　調停成立後に面会交流が実現できるような取決めを行うには，単に調停条項中において，抽象的に面会交流を行うことを約束するだけでは不十分であり，調停の中で当事者双方が，実施の当否，条件，方法等について話し合い，面会交流についての具体的なイメージについて共通認識を持つことが重要である。
　そのためには，調停委員会は，離婚調停の早い段階から，積極的に面会交流を協議すべき事項として取り上げてその重要性に目を向けさせ，当事者から，これまでの面会交流の実施状況，面会交流を実施できていない場合にはその理由等，面会交流に関する事情を聴取することとなる。
　②　的確な事情聴取に向けた事前準備
　調停の早期の段階から面会交流についての有効な事情聴取を行うためには，双方当事者の面会交流についての意向等をあらかじめ把握し，面会交流についての対立の有無や程度，聴取すべき具体的事情等をあらかじめ検討しておくことが相当である。家事法施行に伴い家庭裁判所に備え付けられるようになった離婚調停の定型申立書[20]には，申立ての趣旨の欄に，面会交流についての意向を記載する項目が設けられており，申立人の面会交流についての意向を申立書から把握できる。広島家裁の運用では，相手方から，送付を受けた申立書の内容について意見を述べる書面（意見書）を期日前に提出することを求めているため，相手方の意向も把握することが可能となっている。
　さらに，広島家裁では，離婚調停において，当事者間に未成年の子のいる夫婦の場合には，当事者双方から，事情説明書のほかに「子についての事情説明書」と題する書面の提出も求める運用を行っており，同書面から，子の従前及び現在の監護態勢，面会交流の実施状況，面会交流についての当事者間の協議，面会交流についての意向，夫婦間の紛争についての子の認識，子に関する気がかりな事項等について，それぞれの当事者の認識している内容をあらかじめ把握するようにしている。

---

[20]　最高裁ホームページに掲載されているので，参照されたい。

イ　離婚調停における面会交流の実施に向けた調整

　調停委員会は，面会交流を禁止又は制限すべき事由のない事案においては，面会交流の実施に向けた調整を行うことになる。

　従来は，離婚後の親権者についての合意ができなくては，面会交流の実施に向けた調整は行わないとの方針で調停が進められることもあったように思われる。しかしながら，子にとっては，親が離婚した後も両方の親とつながりを保つことが必要であるから，いずれかの親を親権者として指定するに際しては，親権者とならない親との面会交流の実施についても併せて話し合うことが相当であり，親権者指定と並行して面会交流についても調整を行うべき場合が多い。

　調停委員会は，当事者助言用DVDを視聴させたり，リーフレットを渡したりしながら，面会交流の意義等を説明して，面会交流が実現できるような働き掛けを行う。当事者間で面会交流を実施することが可能な場合には，面会交流の日時等を調停期日において調整し，期日間に任意に面会交流を試行するよう，促すことになる。

　早期に面会交流を実施することで，非監護親が子の状況を理解することができ，また，当事者双方が，離婚後の親子交流の在り方を具体的にイメージすることができるようになることが多い。その結果，当事者双方が，子の利益を考慮した解決を検討できるようになり，他の争点についても調整が円滑に行われるようになって，離婚調停事件全体の解決につながることもある。

　当事者が面会交流に拒否的であるなど，面会交流の早期実現が困難な場合には，面会交流調停の場合と同様，裁判所内で試験的な面会交流を行ったり，調査官を活用し，子の調査や当事者に対する心理的調整を行ったりして，面会交流の実施に向けた調整を進めることになる。

　もっとも，面会交流についての調整が難航するような場合には，離婚調停の他の争点について調整することができず，離婚調停の進行に支障を来すことになるから，離婚調停から面会交流を切り離すことが相当な場合もあろう。ただし，この場合も，面会交流の問題を未解決のまま放置するのは相当でなく，調停ないし審判において解決すべきであるから，非監護親に対し，別表第2事件としての面会交流事件を申し立てるよう促すことも

検討する。
　ウ　面会交流を禁止又は制限すべき事由がある場合の進行方針
　当事者から聴取した事情から，面会交流を禁止又は制限すべき事由がうかがわれる場合は，面会交流調停事件の場合と同様，当事者双方から裏付けとなる資料の提出を求め，調査官による調査も活用して，事実関係を確認することが考えられる。
　しかしながら，面会交流の当否についての争いが問題の中心となり，離婚をめぐる他の争点についての調整が進まなくなると，離婚問題の解決が遅れる上，面会交流を禁止又は制限すべき場合には，離婚調停の中で面会交流についての調整を行うことは相当ではないから，離婚調停から面会交流を切り離すべき場合が多いと考えられる。
　エ　離婚調停における子の意思の把握と考慮
　離婚調停においても，調停委員会は，子の意思の把握に努め，子の年齢及び発達の程度に応じて，子の意思を考慮しなくてはならない。
　子は，父母の離婚，離婚後の親権者の指定や，非監護親との面会交流について，何らかの意向を有していたり，複雑な心情を抱えていたりすることがあると考えられるので，調停委員会は，当事者からの事情聴取を通じて子の意思の把握に努め，必要に応じて調査官調査も活用することになる。
　その結果，例えば，子が父母双方に愛着し，離婚を受け入れがたい心情であることが判明したような場合には，調停委員会は，当事者に対し，離婚自体は避けられないとしても，父母双方との交流を十分に保つことのできるような面会交流の在り方を検討するよう促すなどして，子の意思を考慮した解決を目指すことになる。
　オ　離婚調停における調査官調査の活用
　以上検討してきたとおり，離婚調停において面会交流についての調整を行うに当たって，調査官を活用すべき場合は少なくないと考えられるが，離婚調停の場合，調停が不成立となっても審判に移行しないため，調査の結果を活用できない可能性があるとして，従来は調査を躊躇することもあったと思われる。
　しかしながら，離婚調停の成否にかかわらず，子の意思を考慮して調停進行を検討すべき場合はあると考えられる。そして，当事者からの事情聴

取によっては子の意思の把握が困難であれば，積極的に調査官による調査を活用して子の意向ないし心情や子の置かれた状況等を把握すべき場合もあると考えられ，離婚調停においても，事案に応じて積極的に調査官による調査を活用すべきである。

　なお，面会交流調停では，調査官が第1回調停期日から期日立会することが多いが，離婚調停の場合は，その件数が多いことから，当事者間に未成年の子のいる事件の全てについて，調査官が期日立会することは困難なのが実情である。広島家裁では，第1回調停期日前のインテークや再インテークにおいて，調査官の関与が予想される事件を適切に見極めるとともに，調停進行中も中間インテークを活用して，適時に調査官の関与を求めることができるよう，心掛けている。

　カ　離婚調停の成否と面会交流の取扱い

　離婚調停が成立する場合には，面会交流についても，調整の結果を踏まえ，必要な事項を調停条項化することになる。

　これまで，離婚調停では，面会交流の実施を約束する旨の定型的な調停条項[21]が多く用いられてきた。当事者間の紛争性がそれほど高くなく，今後も子の状況の変化に応じて面会交流の在り方を柔軟に見直すことができる場合には，詳細な条件等を定める必要はないから，従来の定型的な条項で足りるであろう。他方，当事者間の紛争性が高く，調停成立後に相互に連絡をとるのも困難な場合には，円滑な履行を可能にするため，調停条項において，面会交流の回数，具体的な日時，開始及び終了時刻，子の受渡場所や受渡方法，代替日時の指定方法，当事者間の連絡手段等を詳細に定めるべきである。任意の履行がなされない可能性が高い場合は，間接強制が可能となる調停条項とするかどうかについても検討する。

　離婚調停が不成立となり，面会交流についての取決めもできない場合は，その後の離婚訴訟の結果が出るまでの間のことも含めて，面会交流についての解決を図るべく，非監護親に対し，別表第2事件としての面会交流事件を申し立てるよう促すべき場合が多いであろう。

---

[21]「義務者は，権利者に対し，子と面会交流をすることを認め，その回数，日時，場所等の具体的な方法については，子の福祉を慎重に配慮し，当事者双方が協議の上，これを定める。」などというものである。

2 養育費をめぐる事件の実務

(1) 養育費についての基本的考え方

　養育費とは，未成熟子と離れて住む親が，子にかかる費用の一部を支払うものである。子自身が親に対して扶養請求（民法877条1項）をすることも可能であるが，実務上は，監護親が非監護親に対し，子の監護に要する費用の分担を求めることが多い。養育費は，子の成長を経済面で支えるものとして非常に重要であるところ，改正民法766条1項には，子の監護に必要な事項の具体例として「子の監護に要する費用の分担」も明記されるに至った。

　家庭裁判所の実務では，従前より，調停離婚の際に，非監護親から監護親に対して支払うべき養育費も定められることが多い。別表第2事件としての養育費事件は，協議離婚や調停離婚の際に養育費についての取決めがなされなかった場合に申し立てられることもあるが，調停や公正証書等において養育費についての取決めがなされているにもかかわらず，その後の再婚等による扶養家族の変動や収入の増減等を理由として，養育費の額の増減や免除を求める場合に申し立てられることもある。

　以下においては，まず，離婚調停において養育費の取決めを行う場合について記述し，さらに，別表第2事件としての養育費調停・審判事件について特に問題となる事項についても検討を加えることとする。

(2) 離婚調停における養育費の取決めの実情

ア　養育費の算定方法

　扶養義務は，義務者が自分の生活を保持するのと同程度の生活を被扶養者にも保持させる義務である生活保持義務と，自分の生活を犠牲にしない程度で，被扶養者の最低限の生活扶助を行う義務である生活扶助義務とに大別されるところ，養育費の支払義務は生活保持義務として履行されるべきと考えられている。したがって，養育費の算定においては，生活保持義務として適正な金額を求めるべきことになる。

　そして，子の生活の経済面での安定を早期に図るためには，養育費の算定は迅速に行われることが求められる。平成15年4月に発表された東京・

大阪養育費等研究会による論考[22]に示された，養育費・婚姻費用の算定表は，当事者双方の収入に基づいて統計的に妥当な養育費を簡易迅速に算定することができる指針として，家庭裁判所の実務に定着している。算定表は，インターネットでも容易に検索することができ，当事者や関係者にも広く周知されるに至っている。上記論考では，算定表の基礎となる算定方式が詳しく説明されており，算定表から外れる事例についても，その算定方式に基づいて計算することが可能となっている（以下においては，上記論考において示された算定表及び算定方式を併せて「算定表」という）。

イ　調停進行の枠組み

以上のとおり算定表が広く用いられることを前提とすると，養育費の取決めを行う場合の調停の進行は，次のとおりとなる。

①　事情聴取と早期の収入資料提出

離婚調停においては，多くの場合，子の親権者について合意に達し，義務者となる者が決まった後に，養育費についての取決めが行われている。

調停委員会は，権利者となる側，義務者となる側それぞれから，希望する養育費の額とその理由のほか，収入や生活状況等の実情を聴取して，調整を図る。養育費支払義務について理解のない当事者に対しては，子の利益のために養育費が重要であることを説明し，理解を求めることになる。

算定表が広く定着している現状では，算定表に基づいて試算される金額が，調停で金額の調整を行うに際しての目安となることが多い。当事者にとって，算定表に基づく金額によることは，公平であるとして受け入れやすい面があり，また，何よりも早期解決が可能となるメリットが大きい。したがって，算定表に基づく試算の基礎となる当事者双方の収入資料が早期に提出されることが，調停運営上，重要になる。広島家裁では，当事者双方に対し，第1回調停期日の通知を送付する際に同封する手続説明文書において，源泉徴収票や確定申告書等の収入に関する資

---

[22] 東京・大阪養育費等研究会「簡易迅速な養育費等の算定を目指して―養育費・婚姻費用の算定方式と算定表の提案―」判タ1111号285頁。

料の写しを提出すべきことを記載し，遅くとも第1回調停期日までに双方から資料を提出するよう促す運用を行っている。

家事法では，当事者の主体的な手続追行の機会を保障するため，別表第2審判事件については，当事者から記録の閲覧謄写の許可の申立てがあった場合には，原則としてこれを許可することとされた。[23] 調停事件については，当事者から記録の閲覧謄写の許可の申立てがあった場合，家庭裁判所が相当と認めるときにこれを許可することができるとされており，[24] 審判事件とは規律を異にするものの，算定表に基づく養育費の試算について，当事者双方の納得を得るためには，算定の基礎となる収入資料等について当事者双方が共通認識を持つことが望ましく，閲覧謄写を許可すべき場合が多いと考えられる。このように，調停事件においても，当事者双方が納得して合意に至る過程において，一方当事者の提出する資料の内容を他方当事者も知るべき場合が多いことから，広島家裁では，当事者が裁判所に資料を提出する際には，裁判所の記録に綴るための写しのみならず，他方当事者に交付するための写しも提出するよう，当事者に協力を求めている。

② 特別事情に関する事情聴取と裏付資料の提出

算定表は，あくまで標準的な養育費を簡易迅速に算定することを目的としているため，算定表の想定していない高額の出費を要する事案等においては，算定表をそのまま適用すると結論の妥当性を欠く場合があり得る。[25] 例えば，子の私立学校の学費や，子についての高額医療費を要する場合に，これらを義務者が一切負担しないというのでは，子の利益を損なうことになる。

算定表では考慮されない特別事情については，当事者双方から詳細な事情を聴取するとともに，学費や医療費等の金額を明らかにする資料の提出を求めることになる。調停委員会は評議を行って，かかる事情を考慮すべきか否かを検討し，妥当な金額を試算した上で調整を図ることに

---

23) 家事法47条3項参照。
24) 家事法254条3項参照。
25) この点について詳しく論じた文献として，岡健太郎「養育費・婚姻費用算定表の運用上の諸問題」判タ1209号4頁。

なる。私立学校の学費の例について見ると，義務者が私立学校への進学を承諾しており，その収入等に照らしても学費を負担することが相当な場合には，算定表による試算額に学費等の不足額を加算するのが相当と考えられ，かかる方針で調整を行うことになる。

　このように，実務においては，算定表による簡易迅速な解決を基礎としつつ，個別具体的な事情も柔軟に考慮した解決を目指している。
　③　調停案の提示と調停条項の作成
　調停委員会は，当事者双方から聴取した事情や提出された資料に基づき，双方の収入を把握し，特別事情の有無について検討した上で，養育費の額を試算し，これを参考にしながら，当事者双方に対し歩み寄りを促して，合意に向けた調整を行うことになる。

　養育費は，子の成長を経済面で支える重要なものであり，支払が持続されることが必要であるから，任意の履行が円滑に行われるようにする必要がある。それには，できるだけ調停において，双方の生活の実情や希望する条件等をきちんと話し合った上で，金額等について合意することが望ましい。合意成立に向けた調整においては，養育費の支払開始時期や支払方法，支払の終期（例えば，子が大学に進学することを想定して，子が成人した後も満22歳を迎えた後最初の3月まで養育費の支払を続けることなど），大学進学費用等の特別の出費を要する場合の再協議の在り方等についても検討を行った上で，柔軟で妥当性のある解決を目指すことになる。当事者が折り合うことが困難な場合であっても，調停委員会は，調停案を積極的に提示して調整を図ることが相当である。

(3)　別表第2事件としての養育費調停事件について
　ア　養育費の増額や減額が求められた場合の事情聴取
　義務者の減収，義務者の再婚や新たな子の出生等による支出増，子の養子縁組等を理由として，義務者が養育費の減額や免除を求める場合，あるいは，子の病気や進学，権利者の減収等を理由として，権利者が養育費の増額を求める場合がある。一度取り決められた養育費の額の増額・減額等を行うためには，その取決めの時から事情変更があることが必要であるから，調停委員会は，養育費の増額・減額や免除を求める理由について，具

体的な事情を聴取するとともに、その裏付けとなる資料の提出を求める。

事情変更の有無を検討するに際しては、現在の養育費についての取決めを行った際に、将来の事情変更の可能性を考慮していたか否か等の事情も影響するため、現在の取決めが家庭裁判所における調停や審判により行われている場合には、当該事件の記録を取り寄せることも検討する。

事情変更があるといえるか否かについては、慎重な検討を要するため、調停委員会において評議を行うことが重要である。調停委員会において、事情変更があるとして増額・減額等を認める方針となった場合には、具体的な金額の調整に進むことになるが、事情変更があるとまではいえない場合は、審判に移行した場合は額の変更が認められない可能性があることを前提に、当事者が折り合うことのできる金額を模索することとなろう。

イ　金額の試算と合意に向けた調整

別表第2事件としての養育費調停においても、離婚調停と同様に、当事者から収入資料の提出を求め、算定表により試算した金額を参考にしながら、調整を行うことになる。

養育費の支払開始時期や、増額・減額等の開始時期は、審判においては、原則として、調停又は審判の申立時の属する月とされ、それ以前に権利者が義務者に対し養育費の支払を請求していたことが明らかな場合は、請求した月からとされることが多い。そうすると、義務者が養育費を支払っていなかった場合には、本来の支払開始時期から遡って支払義務を負うことになり、調停成立時までの未払額を一括で支払うべきこととなる。調停で解決できるのであれば、早期解決が可能となる一方で、未払額の分割払いや一部免除など、柔軟な対応が可能となるので、調停委員会としては、権利者、義務者双方の利害を考慮した調停案を示し、合意に向けた調整を行うことになる。

ウ　調停が不成立となった場合

当事者間に合意が成立する見込みがないと判断される場合には、評議の上、調停不成立とする。調停委員会が調停案を提示したにもかかわらず、合意に至らなかった場合などには、調停に代わる審判を活用することも考えられる。

(4) 養育費審判事件における審理の在り方

養育費の支払は持続的に行われることが子の利益に適うため，当事者双方が納得できる内容を合意することが望ましい。そのため，実務では，審判事件として申し立てられた場合も，調停に付することが多い。

他方で，養育費の支払方法が決まらず，結果として支払われない状態が続くことは，子の生活を脅かし，その利益を著しく害することになるので，調停による解決の見込みが低い場合には，審判により迅速に結論を出すことを目指すべき場合もある。

審判において養育費を定める場合，基本的には，算定表に基づき金額の算定を行うことになる。したがって，当事者双方の収入資料等が必要となるが，調停が不成立となって審判に移行した場合には，既に調停で必要な資料が提出されているのが通常であるから，これらの資料を審判での事実の調査の対象とすればよく，審判で新たに事実の調査をすべき場合はほとんどない。

養育費については迅速な解決が求められることから，調停が不成立となった期日に双方当事者が出頭していれば，調停事件の記録を事実の調査の対象としたことを通知するとともに，直ちに審問の期日を指定して，即日，双方の陳述を聴取した上で，審理終結宣言をして審判日を定めるという運用が行われている。

当事者の一方が調停期日に出頭していなかった場合や，時間の都合等により即日審問をすることができない場合，あるいは，主張の補充や追加の資料提出がなされる場合には，後日改めて審問の期日を開いて当事者の陳述を聴取することになる。

提出された資料に基づいて判断することが可能で，当事者からの審問の申出もなく，特に審問まで要しない場合は，書面照会により陳述聴取を行うこともある。

(5) 養育費と面会交流の関係について

当事者から，面会交流が実施されないから養育費を支払わないと主張されたり，反対に，養育費が支払われないから面会交流には応じられないと主張されたりすることがある。

第1　家庭裁判所における面会交流及び養育費をめぐる事件の実務

　面会交流は子の健全な成長のため，不可欠の重要性を持つものであり，また，養育費も子の成長を経済面で支える重要なものであることから，子の利益のためには，面会交流が実施されることと，養育費が支払われることとの両方が実現される必要がある。子の利益の観点から考えるなら，一方が実現されないからといって，他方を実現しなくてよいことにならないことは当然である。上記のような主張をする当事者には，その旨を説明して理解を求めることになるが，他方当事者に対しても，同様の説明をして履行していない義務の履行を促すことになる。

（関根澄子・裁判官）

SECTION 2 弁護士からみた面会交流実務の実情と留意点

1 はじめに

　両親の離婚が，子ども，特に未成年の子どもに与える影響は大人が想像するよりはるかに大きいものがある。それだけに，未成年の子どものいる夫婦が離婚を考える場合，あるいは家庭裁判所や弁護士など離婚紛争の解決に関与する者は，離婚が子どもに与える影響を最小限にすることに十分配慮することが求められる。円満な面会交流の継続は，離婚後も，子どもが父親・母親の双方から愛情を受けていることを感じながら成長するための支えであり，離婚による子どもへの影響を軽減するうえで極めて重要なものと考えられる。

　親子の面会交流が問題となる場面は大きく2つに分けられる。1つは婚姻中の別居によって子どもと共に生活できなくなった親（以下，「非同居親」という）から，子どもと生活をしている親（以下，「同居親」という）に対して子どもとの面会交流を求めるケースであり，もう1つは，夫婦が離婚をした後，非同居親（多くの場合は非親権者）から同居親（多くの場合は親権者）に対して子どもとの面会交流を求めるケースである。

　前者は，後者の前段階に位置するものであり（もちろん，離婚合意が成立してから初めて別居に至るケースもあるが，夫婦間での離婚合意が難しいケースの多くでは別居が先行している），前者の別居中の面会交流が真に円満に実施されている場合には，後者の離婚後の面会交流も，後述するような特段の事情変更がない限り円満に継続されていることが多い。

　それだけに，前者すなわち別居中の面会交流の真に円滑な実現が，極めて重要となる。しかし，近時，別居によって子どもと引き離された非同居親から同居親に対する「子の引渡し・監護者指定」及び「面会交流」の調停・審判の申立ては増加の一途をたどっており，しかもその紛争の態様は極めて深刻化している。

(1) 面会交流等に関する事件数の変化

　面会交流に関する調停事件の新受件数は，平成10年には全国で1,696件であったが，毎年増加し続けて平成23年には8,714件と5倍以上になっている。これに伴い面会交流に関する審判事件の新受件数も増加し，平成10年に全国で293件であったのが，平成23年には1,354件となっている（なお，上記の件数は，別居中の面会交流と離婚後の面会交流の両方を含めた件数である）。

(2) 面会交流に関する紛争内容の変化

　面会交流に関する紛争の内容を見ても，面会交流をさせるかどうかだけではなく面会交流の内容について，その回数，1回の交流時間，宿泊を伴うか否か，祖父母との面会も認めるかどうかといった交流方法などの細部にわたっての協議で意見が食い違い，それ故に合意が困難であったり，合意後の履行においても紛争を引きずるケースが増えてきている。

　その背景として，別居中（離婚前）の面会交流では，非同居親においては，離婚に際して親権を取得したいという親権への強いこだわりがあるとともに，仮に親権者になれない場合でも離婚後も同居親と同じ程度に子どもとの交流を確保したいという強い思いがあり，毎週末を非同居親と過ごすことを求めるといった場合もある。他方，同居親においては，高葛藤の婚姻生活を長年続けた結果，非同居親に対する否定的感情が強く，非同居親が求める子どもとの面会交流も，子どもを養育している自分に対する干渉と受け止めがちとなり，面会交流そのものを受け入れられないか，受け入れても最小限の内容でしか合意できないということにつながっているように見受けられる。

(3) 面会交流をめぐる実務の変化

　平成23年の民法等の一部改正（平成23年法律第61号，平成24年4月1日施行）により，民法766条1項に，「父母が協議上の離婚をするときは，子の監護をすべき者，<u>父又は母と子との面会及びその他の交流，子の監護に要する費用の分担</u>その他の子の監護について必要な事項は，その協議で定める。<u>この場合においては，子の利益を最も優先して考慮しなければならな</u>

い。」という形で下線部が追加され，離婚時に協議する「子の監護について必要な事項」として「面会交流」と「養育費」が明記された[1]。この改正まで，民法には面会交流についての明文の規定はなかったものの，実務では，「子の監護について必要な事項」に含まれるものとして，父母で協議が調わないときには家庭裁判所が定めるものとされ（旧家審9条1項乙類4号の子の監護に関する処分事件），調停・審判で面会交流に関する紛争が扱われてきた。

家庭裁判所では，面会交流を認めるかどうか，またその内容をいかにするかの判断に際しては，「子の福祉に合致するかどうか」が判断の基準とされてきたが，「何が子の福祉に合致するか」という考え方そのものは，平成6年の「児童の権利に関する条約」の批准の前後で変化が見られるといわれている（同条約9条3項「締約国は，児童の最善の利益に反する場合を除くほか，父母の一方又は双方から分離されている児童が定期的に父母のいずれとも人的な関係および直接の接触を維持する権利を尊重する。」）。

具体的には，それまでは両親間の葛藤や紛争性が高い事案では面会交流に消極的であったり間接的面会交流（直接親子が会って交流するのではなく，定期的に写真や手紙を交換する方法等による交流をいう）が相当と判断されるケースがしばしば見受けられたが，批准後は，たとえ両親間の葛藤や紛争性が高い場合でも，子どもに対する非同居親からの暴力や虐待といった子の福祉を害する特別の事情がない限り，原則として直接親子が会って交流する面会交流を目指す方向で，審判の結論のみならず，調停委員会や家庭裁判所調査官による調整や試行的面会交流の実施など，面会交流の実現に向けて積極的な対応がなされている[2]。また，こうした家庭裁判所の面会交流重視の姿勢は，親権者や監護者の指定の判断にも影響を与えており，面会交流に対する許容性・寛容性が親権者・監護者の決定の基準の1つとなりつつある。

さらに，後述するが，面会交流の実現や円滑な実施を支援する民間の面会交流支援団体が全国各地で活動を続けており，家庭裁判所も当事者も，

1）民法766条の改正の経緯と概要については，本書第1章で詳述されている。
2）家庭裁判所における面会交流をめぐる事件の実務については，本章の第1で詳述されている。

こうした民間支援団体の援助を受けることを視野に入れて面会交流の実現に向けてさらに積極的に取り組む方向に変化していくことが予想される。

2 面会交流に関する紛争は、どのような形で生じているか

　日本における面会交流に関する紛争の実情を総合的に示した資料としては、法務省の委託により作成された「親子の面会交流を実現するための制度等に関する調査研究報告書」（平成23年2月）があげられる。同報告書には、FPIC、Vi-project、NPO法人ビジットなど面会交流支援を行う団体の利用経験者や、親子ネット、中部共同親権法制化運動の会、NPOまめの木、しんぐるまざーず・ふぉーらむなどの当事者支援団体の協力によってなされた面会交流問題に関わっている当事者アンケート（以下、「法務省報告書アンケート」という）の結果（有効回答者数186名）が掲載されており、そこからも面会交流紛争の実情を読み取ることができる。以下では、このアンケート結果も参考にしながら、筆者が弁護士として相談や委任を受けて対応した経験、あるいは様々な当事者支援団体等の関係者からこれまでに見聞した情報をもとに、面会交流に関する紛争の実情を整理してみることとする。

　ただし、法務省報告書アンケートの回答者も、筆者が対応したり当事者や当事者支援団体を通じて見聞した紛争の当事者も、いずれも何らかの形で専門家や支援団体等に相談をしたり支援を受けている人々であることに留意する必要がある。実際には、離婚に直面した後も様々な事情から誰にも相談もできなかったり相談していない当事者も多く、[3]あるいは面会交流や養育費についての合意どころか協議すらできないままに協議離婚をしている当事者は多い[4]が、こうした当事者も含めた面会交流紛争の全体像を

---

3) 平成23年度全国母子世帯等調査結果によれば、離婚の際又はその後、養育費の関係で相談した者は、母子世帯の母では54.4％であり、相談相手としては親族が43.9％、家庭裁判所が24.4％となっている。
4) 前掲の調査結果によれば、面会交流の実施状況は、「現在も行っている」と回答したのは母子世帯の母では27.7％、父子世帯の父では37.4％となっている。他方、面会交流を行ったことがないと回答したのは、母子世帯の母では50.8％、父子世帯の父では41.0％となっている。

示すデータは筆者の知る限り見あたらない。

(1) **離婚を前提とした別居中における面会交流に関する紛争の実情と特徴**
　法務省報告書アンケートによると，当事者（親）が面会交流について最初に話し合った時期として最も多いのは婚姻中（別居中）であり約6割を占めている。筆者の実感としても，別居を考えている妻から，別居に先立って子の監護をどうすれば良いか（要するに別居時に子どもを一緒に連れて別居をしても良いか）という相談や，子どもを連れて別居をしたが夫から面会交流を求められていてどう対応したら良いかわからないという相談を受けることは多い。他方で，突然，妻が子どもを連れて別居をしたために子どもと引き離された夫から，子どもとの面会交流，あるいは子どもの引渡しと監護者指定についての相談を受けることも多い。
　こうした別居中の面会交流に関する紛争の特徴としては，子ども，同居親，非同居親のそれぞれが以下のような非常に厳しい心理状態にあることがあげられる。
　ア　子どもの心理
　何よりも，子どもにとって両親の別居は大きな生活の変化であり，子ども自身がこれまで経験したことのない不安定な心理状態にある。別居が子どもに与える影響は子どもの年齢や従前の生活状況によって様々であるが，例えば小学校の児童，中学校の生徒等の場合であれば，母親と一緒に自宅を出て父親と別居することに伴い転校を余儀なくされることも多い。このような場合，別居そして転居は，子どもにとって一方の親との離別であるとともに，家族と同様に重要であった友人との人間関係をも失うことであり，子どもがそのことによって大きな哀しみと不安を抱えていることを忘れてはならない。また，子どもは，離れて暮らすことになってしまった親に対しては，「一人ぼっちで寂しくないだろうか？」「一人置いて来てしまったことで自分（子ども）に対して怒っているのではないだろうか？」と様々な思いをめぐらす一方，一緒に生活をしている親の不安を敏感に感じ取り，自分がどうすれば親を安心させられるだろうか，元気に楽しそうにしてもらえるだろうかと健気なまでに心を配っている。

イ　同居親の心理

　子どもを連れて別居を開始した同居親も，別居中，特に別居後まもない期間は大きな不安を抱えている。別居後の生活を，まずは経済的にどう維持していけばよいのかという不安（これは実家に戻って当面の衣食住の不安がないように見える場合であっても同様である。離婚を決意して別居を開始した以上，早く経済的に自立した生活をしなければという思いをもつ母親は多い）に加え，いつ子どもを連れ戻されるかわからないという不安，さらには非同居親がどのような態度を示すかわからないなど，多くの不安に怯えている。

ウ　非同居親の心理

　非同居親にとって，突然の妻や子どもとの離別は大きな哀しみであることは言うまでもないが，深い喪失感から，こんな思いをさせられるのは理不尽極まりないという同居親に対する怒りの感情に変わっていくことも多い。

　このように，子どもと両親がそれぞれに心理的に苦しい状況にある中で，面会交流の話し合いをすることがいかに困難であるかは容易に推測されるところである。しかし，上記のように，一方の親との離別によって不安を抱えている子どもに少しでも安心感を与えるためには，同居親に対するDVがあったり，子どもに対する虐待が認められるなどの特別な事情のある場合を除き，非同居親との「円満な」面会交流を早急に確保することが非常に重要であると感じている。

(2)　**離婚後の面会交流に関する紛争の特徴**

　離婚後の面会交流に関する紛争は，大きく２つに分けることができる。１つは，離婚に際して夫婦間で面会交流に関する合意がなされたにもかかわらず，その円滑な実施ができず面会交流が途絶えているケースであり，もう１つは，そもそも離婚に際して夫婦間で面会交流に関する合意がなされておらず（協議すらなされていない場合も少なくない），離婚後になって非監護親から面会交流の申し出があり紛争になるケースである。

ア　合意があるにもかかわらず面会交流が途絶えているケース

このケースには様々なパターンがあるが，特徴的なものとして以下のような事例があげられる。

①　実際に面会交流が実施されていたにもかかわらず途絶えたケースでは，面会交流の場面において同居親と非同居親との間で新たに不信感が生まれ，それが同居親の面会交流拒否につながっている場合も少なくない。例えば，同居親からは，面会交流の終了時刻を守らない，面会交流時にプレゼントをしないという約束が守られない，同居親との生活状況をいろいろと尋ねないという約束が守られないといった主張がなされる。

②　離婚後の生活環境の変化の中で，面会交流が合意どおりに実施できなくなる場合もある。子ども自身の生活リズムの変化（塾やクラブ活動などで面会交流の時間を確保しづらくなるなど）や同居親の再婚などが例としてあげられるが，こうした事情の場合は，面会交流を合意どおりに実施できないという点について非同居親の方ではなかなか納得できず，当事者間での面会交流内容の変更の話合いが進まないままに面会交流が途絶えてしまうという結果に至っているものもある。

③　また，同居親が，面会交流の実施について積極的な気持ちになれないままでとりあえず合意をしたという場合には，同居親が面会交流を実施した後の子どもの変化に敏感になりすぎて，面会交流が子どもに悪影響を与えているのではないかと不安を感じるようになり，それが面会交流が途絶える遠因となっている場合もある。

イ　離婚に際して夫婦間で面会交流に関する合意がなされておらず，離婚後に面会交流の話合いがなされる場合

このケースの特徴，難しさとしては以下の点があげられる。

離婚を前提とした別居中における面会交流に関する紛争であげた特徴とは異なり，子どもも同居親も，別居という突然の生活の変化から一定の時間が経過するなかで，別居後・離婚後の新たな日常生活に安定感を感じるようになっていることが多い。そうすると，同居親においては，非同居親との面会交流を開始することによって，現在の安定した生活にどのような影響が生ずるかわからないという不安が生じることになり，なかなか積極

的に話合いを進めることができない。他方，子どもにとっては，会いたいという気持ちと同時に，しばらく会っていない非同居親がどのような気持ちでいるかわからないという不安もあり，同居親の不安と相まって消極的な意思表明になってしまっているケースも見られる。

　以上，筆者がその経験から感じているところの，離婚前・離婚後それぞれの面会交流に関する紛争の特徴や背景として考えられる当事者の思いを整理してみた。
　いずれの場合においても，家庭裁判所や弁護士，あるいは面会交流支援団体などの専門家が，紛争の早期の段階で，相談に応じたり，実際に面会交流の話合いや実施を支援することで，当事者それぞれが互いの思いに気づき理解を示すようになり，面会交流の円満な実施が可能となるのではないかとの思いを持っている。
　そこで，次に，面会交流紛争の解決に向けた実務の現状と，筆者がそこでの留意点と考えているところを述べる。

3 面会交流紛争の解決に向けた弁護士実務の現状（総論）

(1)　離婚を前提とした別居中における面会交流の場合
　ア　面会交流をどのようにして開始するか
　離婚の交渉や調停の委任を受けた場合においても，筆者は，前述した「子どもに対する離婚の影響を最小限にしたい」という考えから，同居親に対するDVがあったり，子どもに対する虐待が認められるなどの特別な事情のある場合を除き，子どもと非同居親との面会交流についても話合いをするよう努めている。
　具体的には，同居親が依頼者の場合には，依頼者から，別居に至った経緯及び子どもの現在の生活状況や非同居親との従来の交流がどのようなものであったかを聴き取り，依頼者が面会交流についてどのような考えを持っているか，不安を感じているのであれば具体的にどのような点が不安であるのか，さらに，祖父母と同居している場合には祖父母が面会交流についてどのような意向を示しているかなどを依頼者の気持ちに寄り添って

まずは聴く。そのうえで，円満な面会交流がもたらす子どもの成長へのプラスの影響を説明し，さらに，面会交流をする場合には具体的な場所や方法についてどのような工夫が可能か（代理人弁護士の事務所を利用したり，弁護士が立ち会ったりする例もあることなど）を説明する。また，子どもが概ね小学生以上であれば，面会交流について気持ちや希望を同居親から聴いてもらったり，場合によっては代理人弁護士が子どもと会って子どもの心情を聴き取る。このようにして，同居親及び子どもの面会交流に対する理解を得，無理のない面会交流方法についてのイメージを確認したうえで，非同居親（代理人弁護士が就いている場合は代理人弁護士）と，まずは試行的・暫定的な面会交流の実現に向けた話合いを開始することになる。

　非同居親が依頼者の場合も同様で，依頼者から，別居に至った経緯及び子どもの現在の生活状況（わかる範囲で）や同居親・非同居親との従来の交流がどのようなものであったかを聴き取り，依頼者が面会交流についてどのような考えを持っているか，同居親が面会交流についてどのような不安を感じていると推測されるかなどを依頼者の気持ちに寄り添ってまずは聴く。そのうえで，円満な面会交流は子どもの成長にとってプラスの影響をもたらすことを説明するとともに，面会交流は，ともすれば同居親や子どもに不安を感じさせることもあり，そのことによって子どもが新たなストレスを受ける場合もあるので，面会交流の具体的な場所や方法については工夫が必要であること（代理人弁護士の事務所を利用したり，弁護士が立ち会ったりする例もあることなど）を説明する。このようにして，非同居親に，円満な面会交流のために子どもや同居親の心情にも配慮するよう理解を得，無理のない面会交流方法についてのイメージを確認したうえで，同居親（代理人弁護士が就いている場合は代理人弁護士）と，まずは試行的・暫定的な面会交流の実現に向けた話合いを開始することになる。

　この段階でのキーワードは，同居親と子どもの心情に十分に配慮した<u>無理のない試行的面会交流を実施すること</u>である。

　イ　当事者間で任意に実施できない場合——家庭裁判所の調停と試行的面会交流の活用

　以上のような事前調整をしても，当事者間あるいは代理人の関与のもとでの試行的面会交流の合意すら難しい場合，あるいは試行的面会交流を実

施したものの当事者間でトラブルとなり継続した実施が困難となる場合も少なくない。このような場合は，実施困難な原因がどこにあるのかについて十分に検討をする必要があるが，そのうえで，家庭裁判所における調停手続を利用することを勧めたい。

別居中における面会交流実現のための家庭裁判所の調停の利用方法としては，次の2つが考えられる。

 ① 離婚の話合いと併せて面会交流についても話し合いたい場合

この場合には，離婚調停の中で面会交流についての話合いも行うことが可能であり，離婚調停の中で家庭裁判所調査官の関与のもとでの試行的面会交流が実施されることもある。

 ② 離婚について話し合う意向はないが，とにかく子どもとの面会交流について話合いがしたいという場合

この場合には，面会交流調停を申し立てることも可能である。なお，同居親から離婚調停が申し立てられ，非同居親から面会交流調停が申し立てられるケースもあるが，その場合には，2件の調停事件が同期日に行われることが多い。

家庭裁判所の調停における面会交流の話合いでも，基本的には，上記アで示したような事実や心情の聴取が，調停委員や家庭裁判所調査官によって行われ，そのうえで家庭裁判所の面会交流室（家庭裁判所によって面会交流室の設備の状況は異なるが，子どもが緊張感なく過ごせるように，カーペットを敷いて座り込んで遊べる工夫がなされていたり，各種の玩具やゲームなどが用意されている。また，ハーフミラーやビデオが設置され，隣室から面会交流の様子を観察することが可能になっている場合もある）で試行的面会交流の実施に至ることが多い。なお，試行的面会交流の実施に際しては，家庭裁判所では，同居親や子どもが不安を感じることのないよう，当日のスケジュールや実施の手順（通常は，同居親と子どもがまず面会交流室でしばらく遊んで場の雰囲気に慣れるようにし，その後，同居親が退出して，そこに非同居親が入室し，交流が終了すると再度同居親が入室して子どもと一緒に帰るというスケジュールが一般的である。この間，家庭裁判所調査官は，随時，面会交流室に出入りして交流状況を観察したり交流のサポートをすることが多い）が文書で当事者双方に渡されて丁寧に説明をするなど，綿密な準備と配慮

がなされている[5]。

　この家庭裁判所の試行的面会交流は，代理人弁護士の立場から見ても，面会交流の紛争解決に大きな役割を果たしているというのが実感である[6]。

　試行的面会交流が終了した後，双方当事者はそれぞれに，調停委員や家庭裁判所調査官と，試行的面会交流時における子どもの表情や行動，発言についての観察結果に基づいて意見を交換することになるが，そこで，親は，子どもが示した表情や言動からどのような子どもの心情や意思をくみとり理解することができるかについて家庭裁判所調査官から多くのアドバイスを得ることができる。また自らも子どもが非同居親と交流する姿を実際に見ることで，子どもの非同居親に対する気持ちが，自分の非同居親に対する気持ちとは違うものであることに気づくこともある。

　このように，試行的面会交流を通じて双方の親が子どもの気持ちに気づくことで，子どもの気持ちを中心に据えた話合いが可能になり，具体的な面会交流方法の話合いから最終合意へと進んでいくことにつながっている。

　ウ　家庭裁判所における試行的面会交流も困難な場合──家裁調査官調査の有効性

　上記イで述べたような双方からの事情や心情聴取を重ね，円満な面会交流がもたらす子どもへの影響について説明がなされても，それでもなお，同居親において面会交流に対する不安を拭いきれない場合や，子ども自身が面会交流に対して拒否的な態度を示しているために家庭裁判所における試行的面会交流すら困難な事案もある。このような場合は本当に暗礁に乗り上げた感があるが，それでも，筆者は，調停による話合いを諦めて審判による解決を図るのではなく，さらに子どもの監護状況や子どもが面会交流に対して拒否的態度を示している背景事情などについて家庭裁判所調査官による調査を依頼することにしている。この調査結果について報告を受けることで，双方の親が，離婚紛争の渦中におかれている子どもの気持ちを理解し，解決に向けて自主的に取り組む場合もある。また，代理人弁護

5）家庭裁判所における試行的面会交流の実施については，本章の第1で詳述されている。
6）家庭裁判所の試行的面会交流の実際的効用については，第56回全国家事調停委員懇談会のパネルディスカッションでも報告されている（ケ研306号72頁以下参照）。

士としても，調査報告を聞くことで，非同居親から聞いているのとは異なる子どもの姿や意向を知る機会となり，面会交流のみならず親権者の指定など離婚紛争の全体的な解決方針を考えるうえで極めて有益である。

　エ　別居中の面会交流を実施する上でのポイント――初期対応のポイント

以上，別居中の面会交流を実施する手順を述べたが，この段階における面会交流を実施，支援する上でのポイントを整理すると，次のようになる。

　①　両親の離婚に直面している子どもの心情を周囲の大人が理解すること（子どもの不安への理解と寄り添いが必要）。

　特に別居直後の生活環境の変化の中で子どもの不安は大きいものがある。同居親への配慮から自分の気持ちを率直に表現できないし，突然離れてしまった非同居親が今何を考えているかがわからない中で，非同居親への不安もある。そうした子どもの心情を周囲のすべての大人が理解し，まずは子どもの不安を取り除くために何をしてあげられるのかを考えることが重要である。

　なお，子どもの非同居親への不安は，非同居親と面会したくないという気持ちとは，多くの場合，別物である。「会いたいけれども，どんなことを言われるのだろうか。その時，なんて答えればいいのだろうか」それが多くの子どもたちの最初の面会交流に対する不安である。したがって，不安のない方法で非同居親との面会を実現して，非同居親が子どもに対してどのような気持ちでいるかを子どもに伝えることが重要である。

　②　周囲の大人が面会交流の結果に神経質にならないこと（同居親の不安への理解と寄り添いも必要）。

　面会交流を終えて帰ってきた子どもが，いつもと違う表情や態度を示すことは当たり前と受け止めることも大切である。同居親とその周囲の大人は，面会交流によって非同居親が現在の監護環境を否定して子の気持ちを不安にさせたり，子にも現在の監護環境に対して批判的な気持ちを持たせるのではないかという不安を持っていることが多い。周囲の支援者は，そうした同居親の心情を理解することは重要であるが，しかし，過度に周囲の大人が神経質になって面会交流後の子どもの様子を観察す

ると，子どもはそうした同居親の気持ちを敏感に感じ取り，面会交流をすることが同居親を苦しめているのではないかという気持ちから面会交流に消極的な気持ちになっていくこともある。

別れて生活している親と久し振りに会って交流することは，子どもにとってはこれまで経験したことのない非日常の体験であり，興奮したり疲れたりすることは当然という気持ちで，ゆっくりと子どもの変化を見守ることが大切である。

③　面会交流の方法については，子どものストレスが最小になるよう注意をすること（非同居親の焦りや不満への理解と寄り添いも必要）。

特に非同居親は，子どもは自分との交流を楽しみにしているはず，ゆっくりたっぷり交流して子どもを安心させてやりたい，等と思い，面会交流の回数や方法について無理を要求しがちになる。こうした非同居親の気持ちを理解しつつも，子どもの目線に立って，子どもが負担感をもたずに心から楽しめる面会交流を実施するにはどうすればよいかを考え続けることが非同居親とその支援者には求められる。

(2) 離婚後の面会交流紛争の場合

離婚後の面会交流紛争においても，面会交流の円滑な実施につなげるプロセスは，(1)の別居中の面会交流紛争の場合と基本的には同じであり，当事者間での（あるいは代理人弁護士を介した）話合いによる面会交流が困難な場合には，家庭裁判所の面会交流調停を利用することをお勧めする。

家庭裁判所の調停における話合いのプロセスも，基本的には別居中の面会交流紛争と同様であるが，前記2(2)で述べたように，離婚後の面会交流紛争の場合は，別居中に実施できていた面会交流が何らかの事情で円滑に実施できなくなっているケースや，別居から離婚までに長い時間が経過し，被同居親と子どもとの交流が長期にわたって途絶えているようなケースなど，別居中の面会交流とは異なる紛争の背景があり，子どもと両親のそれぞれの気持ちに対しても，別居中の紛争の場合とは異なる観点から配慮することが必要となる。

具体的には，調停委員会や代理人弁護士は，次のような点を同居親，非同居親の双方から聴取するとともに，子どもの年齢に応じた方法で，子ど

もの生活状況や面会交流についての意向を慎重に聴取することが求められる。
① 離婚に至った経緯。特に別居を開始した際の状況。
② 別居後，面会交流が実施されてこなかった事情，あるいは面会交流が途絶えてしまった事情。
③ 婚姻中の親子の交流状況。
④ 現在の同居親と非同居親の生活状況。
⑤ 別居から現在に至るまでの同居親と非同居親の交流状況。

　特に，別居後に実施されていた面会交流が途絶えてしまったケースの場合は，2(2)で述べたように，面会交流の円滑な実施を阻害する具体的な要因が存在するのであり（その要因が同居親・非同居親に認識されている場合もあれば，同居親・非同居親ともに認識できず，「子どもが拒否しているから」「同居親が子どもに拒否させているから」というように対立的な認識を持ったままで時間が経過しているような場合もある），この阻害要因を慎重に見極めるとともに，これをいかに解消するのかについて，同居親と非同居親相互の理解を引き出すべく話合いを続けることが必要となる。

　したがって，調停手続においても家庭裁判所調査官が関与する場合が多く，また，試行的面会交流を実施する前に上記のような阻害要因の見極めと解消のために当事者双方や子どもの意向調査がなされるなど，様々な工夫がなされている。

　また，こうした面会交流が一旦途絶えたケースでは，調停における話合いにおいて，同居親と非同居親の間に，面会交流の円滑な実施に必要な最低限の信頼・協力関係を回復させることが必要であり，それが困難な場合には，第三者による（代理人弁護士や民間の面会交流支援機関）面会交流支援を活用して面会交流を継続して実施させながら協力関係を回復させるなど，調停での合意形成に至るプロセスにおいても慎重な対応が必要となる。

4 弁護士による当事者対応の例

　以下では，様々な面会交流紛争のモデルケースを紹介し，それぞれのケースにおける課題と具体的な紛争解決へのプロセスあるいはケースごと

の留意点などを整理する。

できるだけ具体的な事例を紹介しながら実務における面会交流支援の留意点を述べることとするが，筆者自身が扱った実際のケースを紹介することはプライバシー保護と守秘義務の関係上できないため，実務の現場でよく遭遇する状況をまとめたモデルケースの紹介であることをご了解いただきたい。

> 事例1　小学生の子どもについて別居中の面会交流が成功した例
> 　　　　（夫：40代，妻：40代，子：小学校低学年女児）
> 　妻が精神的に不安定となって実家に戻り，以後，子どもは夫のもとで生活する形で別居。妻からは，別居後しばらくして，妻の代理人弁護士を通じて子どもとの面会交流の申出がなされた。夫は，妻との離婚を決意し弁護士に委任をして離婚調停申立てを準備中であった。夫は，妻の精神状態が不安定であることを懸念し，子ども自身も母親に不安を感じているところがあるので面会交流は子どもにとってストレスになるのではないかと消極的態度を示した。しかし，夫の代理人弁護士が子どもと会って面会についての意向を聴取し話し合ったところ，父親及び代理人弁護士，母親の親族が同行して一緒にいることなど子どもから具体的な面会交流の方法についてのイメージが示された。この子どもの意向を夫も妻も尊重して概ね月1回の面会交流を実施。
> 　その後，離婚は調停で合意ができず訴訟となり夫を親権者とする和解が成立した。離婚後も，父親の代理人弁護士及び母親の親族が同行する方法で面会交流が継続している。

【実務への示唆】
● 　成功のためのポイント

　このようなケースをいくつか経験したが，面会交流を離婚後も円滑に継続することができるようにするポイントは，別居後の早い時点で，同居している親（及び代理人弁護士）が，子どもが面会交流についてどのような気持ちを持っているかを真摯に丁寧に聞き出したうえ，子どもの不安感を取り除きつつ子どもに無理をさせない面会交流の具体的方法を子どもと一緒に話し合うことだと感じている。

筆者は，様々なケースを経験する中で，子どもの気持ちはとても複雑であり，その時々においても揺れ動くものであることを知った。
　例えば，ある子ども（小学生低学年）は，非同居親から面会交流の申出があったことを伝えたところ，最初は「別に会わなくてもいいけど……」との返事。「会うのが嫌かな？」と聞くと「そんなこともないけど……」と言葉を濁す。それでも，代理人弁護士から，他のケースでこんな面会交流の工夫をしたことがあると色々な例をあげて話をすると，「近くの公園で遊ぶのだったらいい……」「でも，会ったら，家に一緒に行こうとか言われると思う……。そういうときはどうしたらいいの？」と，少しずつ非同居親と会ったときのイメージを自分の頭の中でも描きながら質問をしてきた。そうしたやりとりをする中で，「わかった。まず1回目は，おばちゃん（代理人弁護士である筆者のこと）が一緒に行って，困ったときにはその場で相談しよう」ということで，代理人弁護士として面会交流に同行し立ち会うことになったケースも少なくない。
　両親が別居している中で非同居親と会うということ（要するに面会交流）は，子どもにとって，これまで経験したことのないシチュエーションである。小学生になると低学年の児童であっても，両親がお互いに不満を持ち，場合によっては憎しみや怒りといった激しい感情を持って別居に至っていることを知っている。したがって，たとえ同居親が「会ってきていいよ。全然平気だから」と背中を押してくれたとしても，非同居親が今どういう気持ちでいて，面会交流を申し出てきているのかは見えない。不安を持つのは当然である。したがって，面会交流を実施する当初の段階では，同居親・非同居親のいずれもが，こうした別居中の子どもの不安な思いを真摯に素直に受け止め，丁寧な話合いと面会交流についての合意を成立させて子どもの不安を取り除くことが何よりも重要である。

● 同居親の留意事項
　この当初の段階での同居親の留意点を整理すると以下のとおりとなる。
　前述のとおり，小学生（特に低学年）の子どもは両親が別居に至った事情を十分には理解できていない。ただし，両親の関係が相当悪化し，もとのように一緒に生活できないことを感じ，これからの自分の生活がどうなるのか，どこで誰と暮らすのか，それがこれまでとどのくらい違った生活

になるのかなど，今後の生活に対する不安がまず大きい。

それに加えて，非同居親が今どんな生活をしていて，子どもに対してどんな気持ちをもっているのか，自分を同居親から取り戻そうとしているのか，ただ会いたいと思っているだけなのかなど，わからないことばかりである。

したがって，このような状況にある子どもに，「お父さん（お母さん）に会いたい？」と聞いても，「別に，会わなくてもいいけど……」という答えしか返しようがないのである。「別に会わなくてもいいけど……」という答えを聞いて，「子どもが会いたくないと言っていますから，面会交流は無理です。子どもに無理をさせたくありません」と結論を出してしまうと，子どもの真の意向を受け止められないままに終わってしまう。両親の別居という哀しい経験の中で子どもが何を感じ考えているかを十分に配慮することが同居親の重要な責務であると考える。

● 非同居親の留意事項

非同居親も同様，突然の両親の別居にとまどっている子どもの気持ちを子どもの目線に立って想像し理解することが不可欠である。

同居親に子どもを連れ去られるような形で子どもとの別居が開始した非同居親は，それまでの自分と子どもとの関係が良好であればあるほど，子どもが自分と一緒に過ごせないことに大きな不安を感じているはずだと心配し，同居親から「子どもが会いたくないと言っている」と聞かされると，「あんなに自分を慕っていた子どもが会いたくないなどと言うはずがない。（同居親が），自分（非同居親）のことを悪く言って子どもの気持ちをコントロールしてしまったに違いない」と，頭から同居親を非難し，前述のような子ども自身の非同居親に対する「今どう思っているかわからない」ことからくる不安な気持ちに気づけないことが多い。

非同居親は，こうした子どもの素朴な不安をきちんと受け止め，そして，最初の面会交流が，子どもにとって別居後の非同居親を知る大切な機会であり，新たな親子の信頼関係を築くスタートであることを真摯に受け入れて対応することが重要と思われる。

別居後の早い時点での面会交流では，ともすれば非同居親は子どもを自分の手元に連れ戻したいという気持ちが強く，子どもとの面会時にも，同

居親との生活状況を色々と聞き出しては同居親を非難したり，自分は今一人で寂しいから一緒に暮らそうと話しかけたりしがちである。しかし，子どもはどちらの悪口も聞きたくないし，一緒に暮らそうと言われても答えられるはずもない。どう答えれば良いのかわからないことを聞かれる，そんなしんどい時間を過ごすことになるのであれば面会交流は楽しい時間ではないと感じてしまうであろう。

別居で傷つき不安に思っているのは誰よりも子どもである。その子どもを親の紛争に巻き込むのではなく，別居中であっても両方の親が子どもを心配し，子どものために最良の結論を出そうと努力をしてくれている，その姿を見せて安心させることこそが大切であり，面会交流もそのための機会と考え，最初の面会交流までにこうした点を話し合い共通認識としておくことが重要である。

> **事例2** 幼稚園の子どもについて面会交流が中断してしまった例
> （夫：30代，妻：30代，子：幼稚園女児）
> 妻は，夫との性格の不一致や金銭感覚など生活のリズムが合わないことから同居が困難となり，子どもを連れて実家に戻ったまま別居生活となった。夫から面会交流を強く求められ，妻も子どもも面会交流そのものについては肯定的であったが，その方法として子どもは母親（妻）の同行を強く希望。妻は子どもの気持ちを受け入れて当初は面会交流に同行していたが，夫と会うことで強いストレスを受けるようになり，子どもと夫及びその親族の面会交流に移行。しかし，子ども自身が小学生になり面会交流を強く拒否するようになり，その後，面会交流を実現できない状態が続いている。

【実務への示唆】
● 面会交流が途絶えてしまう理由

このケースのように，円滑に実施できていた面会交流が途絶えてしまうケースもいくつか経験した。そうしたケースを通じて感じたことは，子ども（特に幼稚園から小学生低学年の場合）は自分の気持ちを言葉にして表現することが非常に難しいけれど，周囲の大人が想像している以上に，父親・母親・父親の親族・母親の親族など，自分の周囲にいて自分を見てい

る大人を観察し、そのちょっとした言葉に喜んだり悲しんだり嫌だと思ったりしながら、それでも両親をはじめ周囲の大人たちの期待に応えて皆から良い子だと可愛がられるようにしたいと思って健気なまでに気を遣い、自分の気持ちを押し殺していることが多いということである。

　私は、何度か、子どもが面会交流の機会に金縛りにあったかのように身体が固まり動かなくなってしまう場面を経験した。一度は面会交流の終了時であったが、それまで遊びに興じていた子どもが、「そろそろ帰る時間？」と親に聞いた後、どのように振る舞ったら良いのかわからなくなったものと推測されるが、動くことも話すこともせず、じっと座り込んでいた。立ち会っていた筆者が、「今日はパパとママがお約束していた時間が来たから帰ろうね、また、次に遊ぶ日をお約束しようね」と促してようやく立ち上がり別れたが、別れた後は何事もなかったかのように元気でおしゃべりないつもの状態に戻ったのを見て、ほっとするとともに子どもの気持ちの複雑さに心が痛んだ。

　同じように、面会交流の終了近い時間になって元気がなくなったり不機嫌になる子どもは少なくない。その理由は子どもによって様々ではあるが、「もっと遊びたい。帰りたくない」という気持ちもあれば、「バイバイというのが（非同居親）に悪いような気がしてしんどい」という気持ち、あるいは「帰ったら同居親から色々と質問されたり同居親の親族からも心配そうに色々と尋ねられたり非同居親と会うことが悪いことのように言われるのがしんどい」という子どももいる（最近では、同居親の両親や親族が面会交流について否定的な態度をとるケースを経験することが多くなった）。

　このように、非同居親と会うことそのものは楽しみであり嫌ではないが、面会交流という特別のシチュエーションや、その前後の大人の雰囲気に心を痛めストレスを感じている子どもも少なくない。

　これまでの面会交流が途絶えてしまったケースを振り返ってみると、代理人弁護士である筆者を含め、周囲の大人たち（同居親と非同居親のどちらかに一方的に問題があるということではなく）が、子どものこうした繊細な心の陰りや負担感に気づいて対応を変えていれば、円滑に継続できたのではないかと反省すべき点が多い。

事例3　離婚後の親の再婚によって面会交流が中断した例
◇　非同居親の再婚のケース
（夫：30代，妻：30代，子：2才女児）

夫との性格の不一致で妻は子どもを連れて実家に戻り，そのまま別居状態となった。夫から面会交流の申出があり，子どもが幼少であることから，妻と妻の代理人弁護士が同行して，月に1回，公園などで面会交流を実施。面会交流そのものは円滑に実施でき，その後，妻を親権者として離婚協議が成立し，離婚後も従前と同様の方法で面会交流が継続されていた。しかし，離婚後数年経過して，夫が再婚をすることになり，夫から，これまでのような方法での面会交流は中止したいとの連絡があり，中断したままとなっている。

【実務への示唆】
● 非同居親が再婚した場合の面会交流をどう考えるか

　非同居親が再婚した場合の面会交流のあり方は，一概に論ずることのできない難しい問題である。非同居親にとっては，離れて暮らす子どもとの交流を大切にしたいという気持ちを持ちつつも，これから家族を形成することになる新しい妻や，そこに誕生する子どもの気持ちへも配慮せざるを得ないのが現実である。私が経験したケースでも，非同居親は，「再婚することになりましたので……，しばらくは会えないと思います」と告げながらも，「でも，本当は会い続けた方が子どものためには良いのですよね……」と苦悩している様子であった。

　この非同居親の再婚と面会交流の関係は，離婚から再婚までの期間や，再婚した配偶者の考え方，再婚した時点での子どもの年齢等によっても様々なケースがあり，かつその後も様々な経緯をたどっていくように思える。

　あるケースでは，妻が子を夫のもとに残して別居（子どもは当時小学生高学年），当初は登下校時に子どもを見守る程度の交流しかできなかったが，子どもが成長するにつれ不定期の交流が図れるようになり，さらに妻が再婚した後も，再婚した夫の理解もあって日常的な親子交流へと深まっていったケースもある。

離婚後の新たな家族形成には，双方ともが初婚で家族形成を始めるのとは異なる難しさがある。そのことを理解しつつも，ここでも述べたいのは，非同居親の再婚という事実は子どもには見えないことであり，しかも離婚と同様，子どもには関係のないところで生じている出来事だという点である。子どもには見えない，わからない，関わりのないところで非同居親に生じた再婚という出来事，そのためにこれまでの親子交流が途絶えることは，子どもにとって離婚に際して経験したのと同じ不条理をもう一度味わわせることになっているのではないかと心配される。したがって，再婚によって新たな家族を形成するにあたっても，子どもの親に対する気持ちをしっかりと受け止め，親が今どのような生活をしていて子どもに対してどのような思いを持ち続けているかを伝え続けることが大切なのではないかと思う。このことを，非同居親はもとより新たな配偶者も，そして同居親も理解して子どもに対して優しい気持ちで対処することができれば，再婚による面会交流の中断は回避できるのではないかと考える。

◇ **同居親が再婚したケース**

（夫：30代，妻：30代，子：5才と小学校低学年の男児（別居時））

夫との性格の不一致から妻が子ども2人を連れて家を出て生活を始めるようになった。その後，妻から離婚を申し出て離婚調停，訴訟を経て，妻が2人の子どもの親権者に指定され離婚が成立。その間も，2人の子どもは月1〜2回の頻度で父親の住む家に泊まりがけで行くなど面会交流は円滑に実施されていた。

離婚成立後，妻が再婚し，再婚した新たな夫は2人の子どもと養子縁組をして新たな親子4人の生活が始まった。この頃から面会交流は途絶えがちになった。元の夫から面会交流の申出がなされ，妻も妻の新たな夫も面会交流を子どもらに勧めたが，2回ほど実施した後，子どもたちが面会交流に消極的になり中断している。

【実務への示唆】
● 同居親が再婚した場合の面会交流をどう考えるか

同居親が再婚した場合は，非同居親の再婚とは異なる問題がある。それ

は，子ども自身が新たな事態に直面しているという点である。

　筆者が経験したあるケースでは，子どもたち（小学校高学年）は実の父親が大好きであったが，それと同じくらい，母の再婚相手である養父にも親近感を持ち，同居生活を続けるなかで，実父に会いに行くのは養父に対して申し訳ないという気持ちを持ち始めた。母も養父も，面会交流については特に消極的なことも神経質になることもなかったが，子どもたちは子どもたちなりに，現在一緒に生活をしている母と養父に配慮をしていたものと思われる。その結果，面会交流を終えた子どもたちは，実父と何をして遊んだかを家で話してはいけないとか，実父に買ってもらったおもちゃは見つからないようにしまっておかないといけないと考えるようになり，おそらくは，実父と養父との間で忠誠葛藤に陥ったものと思われるが，面会交流を拒絶するという選択をしてしまった。

　このように，同居親の再婚は，非同居親の再婚とは異なり，子どもに新たな人間関係への配慮を生み出している点に留意することが必要となる。ただ，その対処法は基本的には非同居親の再婚の場合と同じであり，再婚によって新たな家族を形成するにあたっても，子どもの別居親と新たな親に対する気持ちをしっかりと受け止め，それぞれの親が子どもに対して今どのような思いを持ち続けているかを伝え続けることが大切なのではないかと思う。面会交流を認め協力するというだけの理解ではなく，面会交流に行く子どもが，どのような気持ちで面会交流という時間を受け止めているのか，あるいは何か負担に感じている点があるのか，このことを，非同居親はもとより新たな配偶者も，そして同居親も理解して子どもに対して優しい気持ちで対処し一緒に考え解決することができれば，再婚による面会交流の中断は回避できるのではないかと考える。

> 事例4　DV等，夫婦間の婚姻中における長期にわたる葛藤の影響で面会交流の実施までに長期のプロセスを要した事例
> 　　（夫：30代，妻：30代，子：小学校6年生男児と3才女児）
> 　第2子が誕生した頃から家事・育児の分担をめぐって夫婦の間で些細なことで諍いが絶えず，ついに妻は子ども二人を連れて実家に帰った。その後，子どもの監護をめぐって夫婦の間で何度か話合いが持たれたが，最終的には

妻は面会交流にも応じない態度を示すようになった。この間，子どもの監護をめぐる話合いの際に口論となり妻が警察を呼ぶ騒ぎとなった。

　夫から家庭裁判所に面会交流調停を申し立てた。妻は夫の暴力で警察を呼ぶ騒ぎになったため，子どもたちが恐怖心をもつようになり面会を拒否していると強く主張。家庭裁判所での試行的面会交流にも協力しないため，まずは家庭裁判所調査官が子どもたちの現在の生活状況を調査。その結果，2人とも父母の口論の状況を記憶しており，特に第2子である長女は漠然とした恐怖心を持っている様子が窺えるものの，長男には特に父親に対する拒絶的な様子は見られないという調査結果が出た。そこで，裁判所において試行的面会交流を実施。その結果，長男については，面会交流支援機関を利用した面会交流の実施が合意できたが，長女については長男との面会交流の実施状況を見ながらさらに協議を続けることとなった。半年後，再度，調査官による調整と父親と子ども2人での試行的面会交流を実施。今回は長女も一緒になって交流することができたことから，ようやくにして面会交流支援機関を利用した父親と子ども2人の面会交流について合意に至った。

【実務への示唆】

　同居親と非同居親との間で，いずれが子どもを監護するかについて深刻な争いが継続していたようなケースや，同居親が非同居親からのDVを主張したり，精神的に強い威圧を受けていたと主張するようなケースでは，家庭裁判所の調停手続を利用しても，相互の不信感が強く，家庭裁判所における試行的面会交流すら同居親の同意・協力が得られずに実施できないことがある。

　このようなケースでは，まずは同居親の気持ちに配慮し寄り添うことが重要であり，子どもの監護に関する不安や面会交流に対して具体的に何がどのように不安であるのかを十二分に聴取することを通じて，同居親の非同居親に対する不信や不満の気持ちを受け止めることが必要となる。そのうえで，子ども自身が非同居親に対してどのような気持ちを持っているのかを家庭裁判所調査官の調査を通じて明らかにするなどし，子どもの気持ちが必ずしも同居親の非同居親に対する気持ちや認識とは同一ではないことが客観的に見えてくることによって，同居親の気持ちに変化が生じてく

ることもある。また，非同居親においても，家庭裁判所調査官の調査結果を聞くことによって，別居や親の紛争を経験した子どもの複雑な気持ちを知り，親同士の感情的な対立とは切り離して，子どもの気持ちを受け止め，子どもが安心できる状況を作って面会交流することの大切さを理解することにつながり，こうした双方の親の気持ちの変化が，試行的面会交流の実施，第三者の立会い等の支援付き面会交流の実施へとつながっていくケースもある。

　こうしたケースでは，両親間の高い葛藤を解消することは極めて困難であり，かつ，どのような高葛藤状況にあるかを理解せずにやみくもに面会交流を実現しようとしても，そのことによって双方の親が心理的に傷つき，子どもをさらに両親の高い葛藤に巻き込んでしまう危険もある。

　したがって，非同居親の同居親に対するDVや精神的威圧などを含め，両親間に高い葛藤があり，別居や離婚によってもその高い葛藤状況が容易に解消されていないケースの場合には，上記のように，代理人弁護士や調停委員，家庭裁判所調査官などが，時間をかけて同居親の不安を理解し，そして，両親の高葛藤が子どもにどのような影響を与えているかなど子どもの状況や気持ちを確認するというプロセスを大切にしなければならない。

　しかし，そうしたプロセスを経るなかで，少しずつ同居親と非同居親に，子どもの認識や思いと親の認識や思いが異なるものであることを理解してもらうことができれば，そして，同居親と非同居親の双方が，子どもがそれぞれの親に対して持つ気持ちは大切にしてあげなければいけないという気持ちを持つことさえできれば，親同士が高い葛藤を抱えたままであっても円滑な面会交流は可能であると考えている。

　ただし，親同士が高い葛藤を解消できていないままでの面会交流は，特に同居親に新たなストレスを与えることが多く，この点への配慮も怠ってはならない。面会交流の日時や方法の連絡，子どもの送迎あるいは面会交流への立会いなど，双方の親族の理解と協力が得られるかどうか，それが難しい場合には民間の面会交流支援機関を活用するなど，子どもが安心して面会交流に臨める具体的な方策まで含めて調整をすることが重要である。

5 家事事件手続法において面会交流紛争の解決はどのように変化することが予想されるか

平成25年1月1日から施行された家事事件手続法では，子どもの福祉に配慮した手続規定が随所に設けられている。これは，家事事件を処理するにあたって，手続の結果によって影響を受ける子どもの福祉に配慮すべきは当然であること，また，離婚に関連する事件などでは，親同士が紛争の渦中にあるため親に子どもの利益を代弁することを期待することが困難な場合があるため，子どもの心情や子どもの状況を把握するための手立てが必要であるという点を考慮したものであると説明されている[7]。

面会交流に関連していえば，子どもの福祉に配慮した手続規定は大きく2つに分けられる。1つは，子どもの意思の尊重に関する規定であり，もう1つは，子ども手続代理人に関する規定である。以下，それぞれについて要点を述べる。

(1) 子どもの意向の尊重に関する手続――子どもの意向尊重の具体的方法とその意義

未成年者である子どもがその結果により影響を受ける事件においては，子どもの陳述の聴取，家庭裁判所調査官による調査その他の適切な方法により，子どもの意思を把握するように努め，子どもの年齢及び発達の程度に応じて，その意思を考慮しなければならないとされている（審判に関しては家事65条で規定，調停に関しては家事258条1項で準用されている）。

子どもの「陳述の聴取」の具体的方法としては，典型的なものとして，裁判官による審問，書面照会等の方法による場合のほか，家庭裁判所調査官が言語的表現による認識等の表明を受ける場合が含まれ，これに対して「家庭裁判所調査官による調査」は，子どもの非言語的表現による認識等を家庭裁判所調査官がその専門的知見を活用して評価することが想定されている。また，親の陳述の聴取によることも「その他の適切な方法」とし

---

[7] 金子修編著「一問一答・家事事件手続法」（以下，「一問一答」と略称する）（商事法務，2012年）32頁以下参照。

て予定されている[8]。

　審判という家庭裁判所の判断によって結論が決まる手続において，子どもの意思が尊重されるべきことは当然であるが，親同士が話合いによって解決を目指すところの調停手続において子どもの意思を尊重するということには，審判とは異なる意義があると考えられている。

　それは，単に調停の結論に子の意思や希望を反映させるというだけではなく，子の状況や意向を調停手続に反映させ，当事者である父親と母親が子どもについての正確な情報を共有できるようにしたうえで，父親として母親として子どもの将来にどのように関わっていくかを主体的に判断し，自ら決定する，そのことによっていずれの親にも納得性の高い解決が導かれ，離婚後の円滑な子どもへの関わり方が実現することが期待されている。したがって，調停手続の早い段階から子の状況や意思を把握して，当事者がそれを踏まえて子の福祉に配慮した話合いができるようにすることが重要であると考えられている。

　ここでも大切なことは，子どもの意思はこうなんだからそれで決まりというように結論を出して早期に決着をつけることが目的ではなく，子どもの意思や状況を双方が正確に理解したうえで子どもを中心にどのように解決するのが良いのか，解決するために親は自分の気持ちをどう整理し何をすべきなのかを考えてもらうことである。

(2) 子ども手続代理人制度の概要とその役割

ア　子どもの手続代理人とは

　家事事件手続法では，面会交流など子の監護に関する処分の審判・調停事件の子どものように，できるだけ本人の意思を尊重すべき類型の事件においては，意思能力があれば手続行為能力を認め，法定代理人によらずに自ら有効に手続行為をすることができることが明記された（子の監護に関する処分の審判に関しては家事151条2号で118条を準用。調停に関しては，252条1項2号で規定）。

　そして，子どもは，面会交流審判・調停事件のように，手続行為能力が

---

[8] 前掲注7）一問一答33頁の解説より。

認められ，かつ，その手続の結果により直接の影響を受ける場合には，手続に利害関係参加をすることができ（家事42条2項，258条1項），また裁判所・調停委員会は，子どもが自ら参加しない場合でも職権で参加させることができると規定された（家事42条3項，258条1項，260条1項6号）。

さらに，このように子どもが手続に参加し手続行為を行うにあたっては，代理人が必要となる場合が多いことから，子ども自身が弁護士に依頼して手続代理人を選任することができることはもとより，裁判長・裁判官が必要と認めるときは，申立て又は職権で，弁護士を手続代理人に選任することができるとされた（家事23条1項・2項，260条2項）。

このように，面会交流審判・調停事件においては，子どもの利害関係参加と手続代理人の選任に関する規定に基づいて，子どもの意思を尊重し子どもの利益のために活動する子ども手続代理人の活動が可能となった。

イ　面会交流をめぐる紛争における具体的な活動のイメージ

では，面会交流に関する紛争が調停で話し合われているようなケースにおいて，具体的に子ども手続代理人にはどのような活動をすることが期待されるであろうか。

前述の4の 事例1 で紹介したケースの場合は，同居親に面会交流に対するそれほど強い否定的感情がなかったことから，同居親の代理人において子どもの意思や面会交流に対する気持ちを聴取することができ，また面会交流の具体的な持ち方についても子どもと相談することができ，しかもその子どもの希望を同居親の協力も得て実現することが可能となった。しかし，本来，子どもの気持ちと同居親の気持ちは異なり，同居親の利益を考えて活動すべき同居親の代理人が，真に子どもの利益のために行動できるかは疑問である。特に，同居親において面会交流の実施に不安が大きく否定的感情が強いようなケースの場合には，子どもの利益と同居親の利益が，面会交流をめぐる紛争の渦中においては相反する状態になることが想定される（長い目でみれば，将来の子どもの成長のためにより良い親子関係を構築することは子どもにとっても同居親にとっても利益と考えられるが，そこに至るプロセスにおいては，意見を異にしたり利害が相反することがありうる）。

したがって，2で述べたような子どもの心情を調停や審判手続に十二分に反映させ，早期に円満な無理のない面会交流を実現するためには，子ど

も手続代理人の果たすべき役割が大きいと期待される。

子ども手続代理人の活動の内容については家事事件手続法には特段の規定はないが，子どもの手続参加を認め，かつ参加した子どもに現実に十分な手続追行を保障するために手続代理人の選任を可能とした立法の背景には，児童の権利に関する条約に規定された子どもの意見表明権の保障（同条約12条1項）のほか，子どもの最善の利益の考慮（同条約3条）の要請があり，この趣旨をふまえた活動を行うことが求められる。したがって，単に本人の意思を聴取してこれを裁判所や両親に伝達するのではなく，慎重に本人の意思を把握したうえで，常に当該ケースにおける「子の最善の利益」が何であるのかを判断しながら代理人として活動することが必要である。そして大切なことは，子ども自身にそうした代理人の役割を理解してもらって信頼関係を築くことであり，そのために，子ども手続代理人が子どもの意向を伝達するだけの役割ではなく，子どもの置かれている状況を客観的に説明をしたり，子どもにとってより望ましい状態を伝えることや，代理人自身がそのために協力したいことなどを子どもに伝え，話し合える関係を築くことが求められる。

日本弁護士連合会をはじめ，各地の弁護士会においても，子ども手続代理人制度を立法の趣旨に沿って定着させ，子どもの権利の保障と支援の大きな制度的基盤とすべく，弁護士の研修や制度運用についての研究が積極的に実施されている。今後，実際に多くの子ども手続代理人が選任され，その具体的活動が報告されるなかで，より充実した子ども手続代理人活動のあり方が議論され，子の最善の利益を保障するために手軽に広く活用されるようになることを望みたい。

6 子どもの面会交流を含めた離婚関連紛争の解決手続の今後の在り方について

子どもの面会交流を含めた離婚関連紛争の解決においては，家庭裁判所も当事者の代理人となる弁護士も，夫と妻，当事者双方のおかれている立場や心情と，父母の離婚によって大きな影響を受ける子どもの心情や，何が子どもにとって最善の利益であるかを理解し，当事者が，子どもの問題

を含めた離婚関連紛争を主体的に将来に向けて前向きな気持ちで話し合えるよう支援することが求められる。

しかし，残念ながら現在の日本では，そうした当事者支援の環境がまだまだ整備されていないことを痛感する。今後，以下のような当事者支援の環境，体制が整備されるよう，家庭裁判所，行政，弁護士会，その他家事紛争に関する専門家が連携し努力することが重要である。

(1) 紛争が膠着状態になる前の早い段階から相談できる窓口が必要

弁護士のところに相談にくるケースや，調停委員等で関与するケースを見ていて思うことは，そうした紛争解決の最終手続にくるまでに，相当長期にわたって夫婦の間で経済的な不満や精神的不満（ケースによっては精神的虐待といえる状況のものもある）を募らせながらそれを解消できないままでいるために，夫婦や親子関係を修復不可能なところまで悪化させてしまっているということである。

早い段階で，第三者が支援をして当事者の話合いを促し，相互の気持ちの行き違いや誤った対応を是正して家族の環境を整備していれば，もっと別な家族のあり方が可能だったのではと思われるケースは多い。そうした観点から，家族の関係で悩みを感じたときに早期に気軽に相談できる窓口が必要であると思われる。

(2) 当事者に必要な情報をわかりやすく提供することが重要

離婚紛争で大切なことは，双方当事者が，自ら，自分と子どもの将来の生活を見通して新しい生活を設計し選択をしていくこと。そのためには，経済的にどのような状況になるのか，子育てのためにどのようなサービスを利用できるのか，健康保険や扶養控除はどうなるのかといった生活のあらゆる面における情報が必要であり，これをワンストップでわかりやすく提供することが紛争状態の早期解消にもつながる。

弁護士にも，法律的な高い専門性とともに，幅広い生活関連情報についての知識が求められるが，地域ごとに支援内容や対応が異なることもあり，実際にはトータルサポートをすることが難しい。

離婚に直面する家族が，必要とする情報を手軽に入手できかつ容易に理

解できるようなシステムの整備は，行政も含めた関係者の責務であると考える。

(3) 当事者を継続的に支援できる体制も必要

家事紛争は多様な問題を抱えており，当事者が最終決断をするまでには相当の時間を要することが多い。

弁護士のところにも，離婚について相談したいといって初めて来られてから，数年間にわたって間隔をおきながら継続的に相談に来られているケースも少なくない。子どものこと，親のことなど，離婚は当事者のみならず当事者をとりまく生活全般に影響を及ぼす問題でもあり，決断までに時間が必要であることを理解し，そのプロセスを継続的に支援できる体制も必要である。

(4) 別居中の支援が極めて重要

別居から離婚もしくは別居解消に至る間の生活は，双方当事者にとって非日常かつ不安定であり，双方当事者及び子どもに大きなストレスを与えている。

筆者は，これまでも繰り返し述べたように，両親が離婚に直面し別居状態にある中での子どものストレスを最小限にとどめるためには別居期間中の面会交流が重要であると考えているが，面会交流のみならず，双方当事者及び子どもの不安やストレスを最小限にして，しっかりと離婚後の生活に目を向けで話合いを行うことが重要であり，別居期間中の支援こそが極めて重要である。

しかし，現実には，別居家庭が手軽に利用できる支援システムはまだまだ不十分であり，離婚をしなければ受けられない支援もある。このため両親や親族あるいは友人の支援に頼っている別居家庭も少なくないが，そのことが別居家庭にとって精神的な負担となり，離婚の話合いに影響を与えている場合もある。今後，こうした点への配慮も必要であると思われる。

（片山登志子・弁護士）

SECTION 3　弁護士からみた養育費実務の実情と課題

1 はじめに

　養育費について，民法766条の改正や家事事件手続法成立をきっかけとする実務の変化は，弁護士からみるとまだ面会交流ほど大きくはないように思われる。

　家事事件手続法により，「調停に代わる審判」が活用できるようになったこと（家事284条），その結果，調停官も養育費についての調停に代わる審判を下すことができるようになったこと，養育費についての「審判前の保全処分（仮処分）」が調停段階でも認められるようになったこと（家事105条），養育費が不払いとなり履行勧告がなされる際に，「勧告に必要な調査」として銀行等に対し報告を求めることができることが明文化されたこと（家事289条5項）等の変化がある。ただし，新法施行後間もないので，これらの条文の活用はまだこれからであり，今後を期待したい。

　養育費については，大きく分けて，①決定方法，②養育費の額，③履行確保の3点から考える必要がある。

　①については，裁判所外の問題として，協議離婚あるいは別居の際に養育費の取決めがなく，非監護親から養育費の支払を受けていない多数の子が存在すること，②については，算定表（後記3(2)参照）の定着により額の決定が迅速になったが，義務者の収入が算定表の概ね中央より以下の層の場合，算定表により求められる額が，実際に子の監護に要する額より相当に低く，生活保持義務（後記3(1)参照）が果たされていない場合があること，教育費の分担が十分ではなく，時には子どもの高校中退や大学進学の諦めを招来していること，③については，養育費の取立てを当事者の努力・能力に任せていては履行確保は進まないことなどの問題がある。

　2003年に公表された算定表の定着により，養育費の実務はかなり標準化・簡素化され迅速な解決を促進したが，一方で，個別の事情が捨象されすぎ，公平を欠く場合があるように感じられる。また，算定表導入後，10

年を経て，所得税や住民税の税率の変化，社会保険料率の変化，高校授業料無償化など算定表の基礎となった事情の変化もあり，算定表を活用する実務が今後も信頼を得続けるには，適宜の検証や修正が必要であると思われる。[1]

2 養育費の合意・調停・審判・判決

(1) 合意がなされない現実

　日本の養育費の実情は深刻である。離婚後に母が全児の親権者となる割合は83.3％（2011年）[2]であり微増を続けているので，養育費の問題は主として母子世帯で養育される子どもの問題である。2011年の全国母子世帯調査によれば，取決めや支払い状況は，図1，図2のとおりであり，母子世帯のうち約6割の子どもは非監護親から全く扶養されておらず，約8割の子どもはきちんと扶養されていない。そして，この状況は，筆者が統計上の数字を確認できた1998年から約13年，ほとんど変化がなく好転のきざしがない。

【図1】母子世帯の養育費の取決め(2011)　**【図2】母子世帯の養育費の受給(2011)**

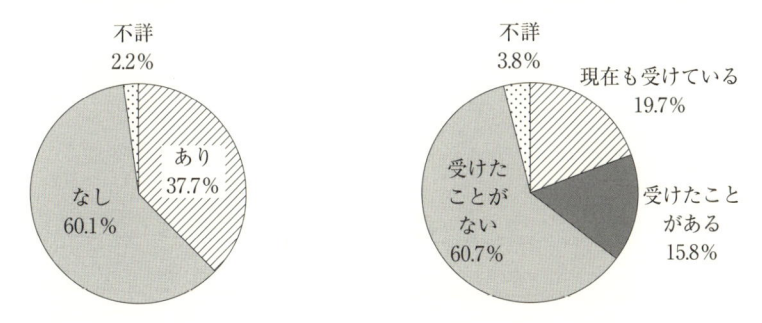

不詳 2.2%／なし 60.1%／あり 37.7%

不詳 3.8%／現在も受けている 19.7%／受けたことがある 15.8%／受けたことがない 60.7%

　また，母子世帯の母自身の2010年の平均就労年収は181万円，児童扶養手当や養育費を入れても223万円（図3）であり，2009年のひとり親家庭の相対的貧困率は50.8％に及び生活は非常に苦しい（厚労省平成22年度国民生

---

1) 日本弁護士連合会「『養育費・婚姻費用の簡易算定方式・簡易算定表』に対する意見書」2012年，同「特集1　養育費・婚姻費用の算定を見直す―簡易算定方式の問題点と新たな算定方式の提言」自由と正義2013年3月号など。
2) 厚生労働省人口動態統計より。

活基礎調査)。それでも養育費を請求しない当事者が少なくない理由の多くは，図4のとおり，「諦め」にあると思われる。[3]

【図3】世帯平均収入（2010）

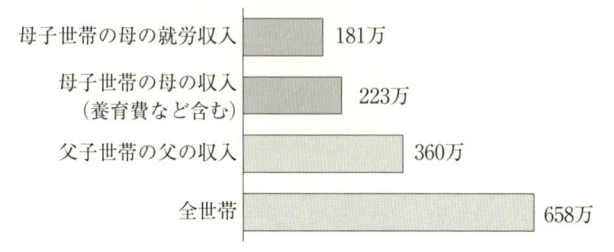

- 母子世帯の母の就労収入　181万
- 母子世帯の母の収入（養育費など含む）　223万
- 父子世帯の父の収入　360万
- 全世帯　658万

【図4】母子世帯の母の養育費の取決めをしていない理由（2011）

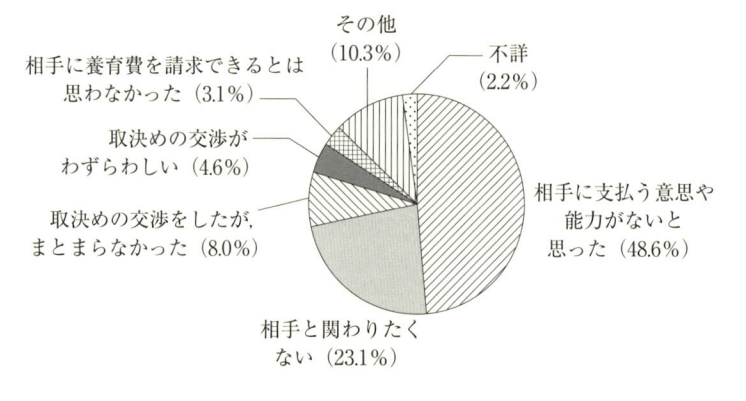

- その他（10.3％）
- 不詳（2.2％）
- 相手に養育費を請求できるとは思わなかった（3.1％）
- 取決めの交渉がわずらわしい（4.6％）
- 取決めの交渉をしたが、まとまらなかった（8.0％）
- 相手と関わりたくない（23.1％）
- 相手に支払う意思や能力がないと思った（48.6％）

※その他の理由
・現在交渉中又は今後交渉予定である
・自分の収入等で経済的に問題がない
・子どもを引き取った方が，養育費を負担するものと思っていた　等

　こうした事態の改善のため，2002年の母子及び寡婦福祉法の改正では，「国及び地方公共団体は，母子家庭等の児童が心身ともに健やかに育成されるよう，当該児童を監護しない親の当該児童についての扶養義務の履行を確保するために広報その他適切な措置を講ずるように努めなければならない。」（同法5条3項）と規定された。2003年の民事執行法の改正の際に

3）NPO法人WINK編「養育費実態調査　払わない親の本音」（日本加除出版，2010年）には，払わない親の複雑な心境についての聴き取り調査の結果がまとめられている。

は，参議院法務委員会は，政府と最高裁判所に対して，「養育費の支払確保のためのより実効性のある制度について検討するよう特段の配慮をすべきである」との附帯決議をした。2011年の民法766条改正の際の衆議院法務委員会でも，「離婚後の面会交流及び養育費の支払い等については，児童の権利利益を擁護する観点から，離婚の際に取決めが行われるよう，明文化された趣旨の周知に努めること。また，その継続的な履行を確保するため，面会交流の場の確保，仲介支援団体等の関係者に対する支援，履行状況に関する統計・調査研究の実施など，必要な措置を講ずること。」等の附帯決議（同年4月26日，同年5月26日参議院法務委員会の付帯決議もほぼ同旨）が可決されている。

しかし，実効性ある制度は，残念ながらまだ実現していない。

実効性がある施策としては，例えば，当事者にとってアクセスしやすい身近な行政による養育費の相談・立替払い・義務者の資産を行政が調査把握して取立てを行うワンストップセンターの設置が考えられる[4]。思い切って，養育費額の決定を，司法ではなく行政作用とする方法もある。

日本弁護士連合会「養育費支払い確保のための意見書」（2004年）は，離婚届出に養育費合意書の書式を加え（離婚要件ではない），家庭裁判所が簡易に債務名義化できる養育費取決め届出制度，養育費支払命令制度及び養育費立替払制度を提案している。

なお，養育費及び面会交流の合意形成を推進するため，法務省は，2012年4月より，離婚届用紙にこれらの合意の有無をチェックする欄（記載は任意）を設けた。同年4月から12月までの間に「養育費の取決めをしている」にチェックが付されたものは72,271件であり，未成年子がいる夫婦の協議離婚届出件数の53.7％であった。このチェック欄の存在によって，今後，合意形成の割合が増加するかが注目される。

4）地域の中核的なセンター（子ども家庭支援センター）の必要性を説く島崎謙治「養育費相談支援に関する政策のあり方について」養育費制度問題研究報告13頁，各市町村にファミリーサポートセンターをと説く棚村ほか面会交流調査報告書305頁，第三者機関の必要性を説く舘幸嗣・打矢恵「扶養義務と養育費算定に関する一考察」中央学院大学法学論叢20巻1．2合併号等。古くは，厚生省離婚制度問題研究会「離婚制度等研究会報告書」（1986年）が，協議離婚への家庭裁判所あるいはしかるべき公的機関の関与を提唱している。

(2) 養育費請求の法的根拠・方法

「子の監護に要する費用」（民法766条）のことを「監護費用」と呼ぶが（最判平成19年3月30日家月59巻7号120頁は「監護費用」と述べる），実務では一般に「養育費」と呼び，家庭裁判所の書式でも，「養育費請求」と表記されている。

民法766条に基づく申立ての場合，子自身ではなく監護親が非監護親に対して養育費を請求するが，その元となる根拠は親子間の扶養義務（民877条）にある。未成熟子に対する親の扶養義務は，親と同程度の生活を保障する生活保持義務であり，親子関係そのものから生じる。したがって，離婚後も父母は親権の有無にかかわらず，それぞれの資力に応じて子の養育料を負担すべき義務を負う（福岡高決昭和52年12月20日家月30巻9号75頁）。

養育費の対象となるのは，身体的・精神的・経済的に成熟化の過程にあるため，就労が期待できず，第三者による扶養を受ける必要がある「未成熟子」である（後記⒂養育費の終期参照）。

裁判所外で子の養育の費用を決定する方法には，私的合意と公正証書による合意があり，裁判所において請求する方法として，下記の方法がある。

【表】養育費の決定を求める方法，履行を請求する方法

1 未成熟子の養育の費用の決定を求める方法（家裁）		
① 離婚前に，監護親から非監護親に対して「婚姻費用」（民760条）に含めて請求する。	監護親より	調停・審判・調停に代わる審判
② 離婚の前又は後に，あるいは婚外子の場合に，子の「養育費」（民766条）として請求する。		
③ 夫婦関係調整調停の中で養育費（民766条）として請求する。		調停・調停に代わる審判
④ 離婚訴訟に附帯して養育費（民766条）を請求する。（人訴32条1項）		判決・和解
⑤ 親権者が子を代理して，非親権者に対して「扶養請求」（民877条）として請求する	子より	調停・審判・調停に代わる審判
2 合意した養育費の履行を請求する方法（地裁・簡裁）		
⑥ 合意に基づく養育費の履行請求（簡裁は原則訴額140万円以下）	監護親より	地裁又は簡裁判決

①ないし④の方法が一般的であり，最近は，未成年子について⑤の扶養請求がなされることはほとんどない。

養育費の事件数の変化が把握できるのは,「子の監護に関する処分事件」のうちの「養育費請求」の新受件数である[5]。

司法統計年報で子の監護に関する処分事件の種類別の数字が公表されるようになったのは1998（平成10）年からであるが，同年以来,「養育費請求」事件は増加し続け，2011年の養育費調停及び審判事件の新受件合計数36,457件は，1998年の約3.3倍となっている。離婚数は2012（平成14）年の289,836件をピークに減少傾向にあるが，父母の離婚を経験する未成年子の数は，この6年間はおおむね年間23万人ないし25万人で増減し横ばいの状況であることを考慮すると，当事者の養育費についての権利意識が高くなったことが申立数の増加につながったものと思われる。なお，事件数の多い婚姻費用分担請求事件や夫婦関係調整調停申立事件（離婚調停）の中にも，養育費の紛争が多数含まれている。

(3) 養育費の審判前の保全処分

表の①②及び⑤について，調停又は審判のいずれの段階でも，家庭裁判所は，当該事件を本案事件とする保全処分としての仮処分を命ずることができる（家事105条）。ただし，仮処分の審理過程で，裁判所の義務者に対する説得により当事者間の中間合意が成立し，取りあえず一定額の支払が開始されると，緊急性がなくなるので当事者は保全処分を取り下げ，本案の調停を継続するという扱いになることが少なくない。

(4) 父母による養育費不請求の合意や低額の合意

当事者は，養育費不請求の合意，又は著しく低額での合意をする場合がある。離婚交渉において，離婚や親権を得るための取引きとしてであったり，義務者の経済状況を考慮してやむなくという場合がある（不請求合意の例として長野家伊那支審昭和55年3月4日家月33巻5号82頁等）。しかし，扶養を受ける権利は処分することができず（民881条），「養育費を請求しない」との合意は無効であり，後日の請求を妨げないし（名古屋家審昭和47年3月9日家月25巻4号59頁，東京高決昭和38年10月7日家月16巻2号60頁），

---

[5] 司法統計年報家事編より。

後日の請求の審判における斟酌事情となるにとどまる（大阪高決昭和54年6月18日家月32巻3号94頁）。これらは，古い裁判例であるので扶養請求についてであるが（当時は民法766条の養育費よりも扶養料として請求することが多かったと思われる），養育費請求についても同様であろう。

　父母による低額すぎる養育費の合意もまた同じであり，こうした合意は父母間に成立したものであり，非監護親と子との間に直接の権利義務を生じさせたものではないから，子に対しては何らの拘束力を有せず，後日，子自身（といっても親権者が代理する）から扶養料を請求することは認められ，父母間の合意は斟酌すべき事由の1つとなるに過ぎない（仙台高決昭和56年8月24日家月35巻2号145頁）。

(5) **私的な養育費合意の不履行の場合の請求方法**

　当事者が養育費の合意をしたが債務名義にしていなかった場合，合意が履行されない場合の請求は訴訟事項であり，地方裁判所又は簡易裁判所の訴訟手続により，[6] 契約（合意）に基づく履行請求事件として審理することができる（名古屋高判平成10年7月17日判タ1030号259頁，同旨東京地判平成元年3月7日・東京地判平成元年10月25日いずれも判タ723号241頁，婚姻費用につき東京高決平成16年9月7日家月57巻5号52頁）。左記のうち，東京地裁平成元年3月7日判決は，履行期未到来分について確認判決となっているが（当事者の訴えが確認請求であったため），強制執行のためには将来の給付判決を得た方がよい。家賃請求と同じく，定期金としての将来給付の訴えが認められる。

　権利者の視点でみると，合意内容が算定表による額よりも高額である場合には，合意を生かして地方裁判所へ提訴する方が有利であるともいえるが，不履行が生じている場合は義務者に何らかの事情変更が起きている可能性があるので，調停の方が話合いによる現実的な解決をしやすい面もあり，事案に応じた請求方法を選ぶとよい。

　義務者は，離婚したいがために支払いが不可能な高額の合意をしてしま

---

[6] 訴額140万円を超えない請求の事物管轄は簡易裁判所（裁判所法33条1項1号）。ただし，事物管轄は原則として専属管轄ではないので，当事者間の合意（民訴11条）や被告の応訴（民訴12条）によって変更されうる。

う場合もある。合意には拘束力があるからといって，どんな合意でも判決で認容されるわけではない。金額の当否も契約の効力の一環として審理され，義務者の生存をおびやかす程度の内容であれば金額を減額修正して認容することがある。しかし，合意の存在は尊重されるので算定表の基準にまで下がるわけではない。

　義務者からみれば，履行の困難な合意をしてしまった場合には，上記のとおり，契約の一部無効を争ったり，その後の事情変更がある場合には家庭裁判所に減額申立てをすればよい。契約の有効性を争う場合に，義務者は，権利者による強要，詐欺，心裡留保などの主張をする場合があるが，こうした主張の証明が容易である場合を除けば，権利者の感情を害し紛争を拡大するだけで得策ではない。むしろ率直に，生活の苦しさを訴え，実現不可能な契約であるとして部分無効を訴えた方がよいと思われる。

　厳格にいえば，合意が成立していないときに調停や審判申立てが可能であり（民766条），合意が存在すれば具体的権利はすでに形成されているので通常裁判所で履行請求をすべきことになるが，実務では既に合意が成立していても調停を申し立て，合意と同内容で調停成立としたり，あるいは，合意よりも増減して修正することも可能である。

(6) 調停不成立・調停に代わる審判

　調停が不成立となった場合，前記表（98頁）の①②⑤ではいずれも，調停申立ての際に審判の申立てがあったとみなされ，自動的に審判手続に移行する（家事272条4項）。③の夫婦関係調整調停事件が不成立となった場合は，養育費請求も終了する。

　家事審判法下では，③の離婚調停について，わずかではあるが「調停に代わる審判」が利用されていた。[7] この方法は，当事者間でほとんど合意ができているが一方が出席しなかったり，あるいは，不一致部分がほんのわずかであり，調停に代わる審判の結論を当事者が受け入れるとの予想が成り立つ事案に利用されてきた。しかし，異議が出れば審判は効力を失うた

---

7) 2011（平成23）年の「調停に代わる審判」の件数は，全国で79件にすぎない（司法統計年報）。

め（家事286条），裁判所はこの審判の活用に積極的ではなかった。

　しかし，家事事件手続法は，「調停に代わる審判」の対象を，別表第2の審判事件にも広げたので（家事284条），前記表（98頁）の①②⑤についても，「調停に代わる審判」を行うことができることになった。調停に代わる審判に対して適法な異議の申立てがあり，調停に代わる審判が効力を失った場合には，家事調停の申立ての時に当該事項についての家事審判の申立てがあったものとみなされ，審判手続に移行することになる（家事286条5項・7項）。審判書の記載に関する工夫をしてこの活用を広げてはとの見解もあり，[8] 当事者及び裁判所のいずれの負担も減らすことができるものとして，今後の活用を期待している。

(7) 離婚訴訟への附帯申立て

　離婚訴訟には，養育費請求の附帯申立てが可能である（人訴32条1項）。離婚判決確定後の養育費はもちろん，「別居後離婚までの期間における」養育費についても，附帯申立てがなされれば裁判所はその当否につき審理判断しなければならない（最二小判平成19年3月30日家月59巻7号120頁）。

　もちろん，別途，別居後離婚時までの婚姻費用分担の合意や審判があり決定している場合には，そこに養育費も含まれているので，離婚時までの養育費を附帯申立てすることはできない。

(8) 口頭や黙示の合意

　「口頭の合意」は，録音等の証拠がない限り合意の証明は容易ではないし，たとえ録音があったとしても合意成立と評価できる文言であるかにつき後に争いが生じやすい。

　「黙示の合意」は，義務者が一定金額を毎月送金し続ける，権利者は黙って受領し続け異議を出さないといった場合である。一定期間，この状況が継続すれば「申込み」及び「承諾」があるものとして黙示の合意の成立が認められる。何か月以上継続していれば合意の成立が認められると

---

[8] 小田正二「家事事件手続法の概要と運用に関する問題」戸時特別増刊号682号45頁等。

いった明確な基準はないが，少なくとも2～3回の送金では難しい。高額あるいは低額の送金を続けていた場合に，これを有利に援用したい側が，合意成立を主張している。

　しかし，口頭での合意も黙示による合意も，突然に一方的な減額がなされやすく不安定であり，当事者には必ず合意の書面化を促す。その際，立派な合意書とする前に，「毎月5万円送ってください」「わかった」といったメールの交換でもよいので，音声ではない双方の意思を示す記録を残す工夫をしたり，どんな紙で簡単な言葉でもよいので，双方の署名と日付を入れることをアドバイスし，義務者の一方的念書では拘束力がないことを注意喚起する。また，合意書も，簡単な合意書から公正証書又は調停調書まで，次第にランクアップして固めていけばよいことをアドバイスしている。

　義務者にはその逆で，簡単な書面であれ，合意があれば法的な拘束力が発生し，一方的に減額はできないこと，減額に相手が同意しなければ家庭裁判所における減額審判が必要なこと，したがって，自己の資力を十分に考慮して履行可能な額で合意することを助言する。

(9) 公正証書と調停調書の比較

　公正証書は当事者間に合意が成立した場合に公証役場（公証人）へ作成依頼することができ，調停は当事者間では合意ができない場合に家庭裁判所へ申し立てることができるものである。公証人は，合意内容が無効や取り消しうべきものでない限り，嘱託にかかる公正証書を作成しなければならない（公証人法3条，26条）。しかし，実際には，完全な合意に至っていなくても公正証書の作成を依頼し，公証人が合意形成の労をとる場合もあり，一方，合意が成立していても調停申立てをし，調停の初回時に調停成立とすることが可能である。裁判所の調停調書とすることによって，文言が洗練され法的にしっかりした合意文書に仕上げることができる。

　この2つを比較すると，上記や具体的手続・費用の違いのほかに，当事者にとって，①債務名義性，②履行勧告の利用の可否の違いがあるので，これをふまえて方法を選択する。

　すなわち，養育費の公正証書は，執行認諾約款が付けば債務名義となり（民執22条5号），強制執行可能な文書となるので，その点では調停調書と

同等の効力があるが，不履行の場合に，家庭裁判所の履行勧告や履行命令を利用することができない点が調停調書とは大きく異なる。したがって，代理人としては，裁判所は敷居が高く感じられるかもしれないが，可能な限り調停の方法を選ぶようアドバイスしている。

また，養育費と面会交流を同時に合意する場合，面会交流は金銭債権ではないので，たとえ公正証書で詳細な合意をしても債務名義とならない（民執22条）点にも注意する。調停調書の場合，面会交流についての文言が監護親がすべき給付の特定に欠けることがない場合は，不履行の場合に間接強制執行が可能となる（最一小決平成25年3月28日最高裁ホームページ）。したがって，養育費と同時に面会交流の履行確保も重要である場合には，調停が望ましい。

奥林潔公証人の報告によれば，取り扱った離婚の合意の公正証書のうち，弁護士が代理人となったのは1.6％，行政書士は15.1％である。[9] 行政書士の割合の方が大きいのは，行政書士が家事調停の代理人資格を有しないことによると思われる。

(10) 定期金債権と一括払い

養育費は，本質的に定期金債権であり，毎月ごとに養育費支払請求権が発生し（東京高決昭和31年6月26日家月8巻7号46頁），期限の利益喪失約款に親しまない性質のものである。仮に期限の利益喪失約款を付した合意をしても，その効果が発生することはなく，約款上残額一括返済をすべき状況に至ってもその後の事情変更による減額請求は認められうる（東京家審平成18年6月29日家月59巻1号103頁，公正証書に期限の利益喪失約款が付された例）。

また，まれには，当事者間で一括払いの合意をして履行することがある。権利者が養育費を確実に確保したいため，あるいは，一括払いにより今後の連絡を断ち切ろうとする場合などである。婚外子について，将来の継続的な父子関係を父母の少なくとも一方が望まない場合に，出生時にまとめた金額を支払うという場合もある。ただし，一括払いは金額が高いので，

9）奥林潔「離婚契約公正証書の利用の実際」ケ研312号8頁。

養育費ではあっても，高額の贈与税（相続税法21条の7）を課せられるリスクがある。したがって，一括払いの場合には，税務対策として，あるいは後日の増減請求に適切に対処するため，養育費であること及び月額がいくらでその何年分であるなどの計算根拠を示した合意書を残すべきである。なお，一括払いを強く要求する権利者がたまにいるが，本来定期金債権であるので，一括払いを強制できないことを説明している。

　なお，一括払いをしても後日の紛争が防げるわけではない。元の合意書に一括金の計算根拠まで記載していたとしても，養育費は事情の変更により増減請求ができるものであるので，義務者にとっては権利者からの増額請求や追加請求を遮断できないし，権利者にとってはある程度の事情変更を見込んで一括払いをしているので増額請求が認められにくいというリスクがある。

　また，監護親が低額の一括支払いを受けても，子ども自身から，別途扶養請求することは認められる（札幌高決昭和43年12月19日家月21巻4号139頁）。結局，一括払いは，子どもにとって必ずしも望ましい方法ではない。

(11)　養子縁組と養育費

　父母が離婚し，子が親権者の再婚相手と養子縁組した場合，非親権者である実親の扶養義務については明確な規定がない。離婚後に単独の親権者となった実親と養親は，再婚によって共同親権者になるが，親権の所在と扶養義務はもともと別の問題であり，親権を失ったからといって実親の扶養義務が消滅するわけではない。

　実務では，一般的には，共同親権者となった養親と実親が子に対して第一次的扶養義務を負い，非親権者である実親はこれに劣後する扶養義務を負担し（神戸家姫路支審平成12年9月4日家月53巻2号151頁），非親権者である実親の扶養義務がゼロになるとは限らず，事案によるとされている[10]。養親が病身で収入がない場合など，非親権者の実親も相応の義務を果たすべきであろう。ただし，負担する場合の計算式があるわけではなく，個別

---

10) 特段の事情がない限り，養育費支払義務を免れるとの見解もある。安倍嘉人・西岡清一郎監修『子どものための法律と実務』（日本加除出版, 2013年）［小田正二］83頁。

に判断することになる。

　一方，子との面会交流については，縁組後も非親権者について認められうる。この点と対比しても，実親の扶養義務を0とすることは，公平を欠くと思われる。

　なお，離婚より年月が経過し，面会交流が実施されていない事案では，子の縁組を非親権者が知らず，離婚時に決まった養育費を減額せず送り続けているという場合も生じる。養子縁組につき非親権者である親の同意は不要であるため（民797条），そのような場合が生じてしまう。親権者の代理人としては，法曹倫理上，勝手に非親権者に縁組の事実を通知することはできない。

(12) 父子関係の不存在と養育費

　養育費を支払い続けたが，後に実親ではなかったと判明し，父子関係不存在が確定した場合に，父による既払いの養育費分を不当利得として返還請求する事案が散見される。不当利得を認めるもの（大阪高判平成20年2月28日速報判例解説3号109頁）と認めないもの（東京高判平成21年12月21日判時2100号43頁）があり，実際に親子として同居生活がなされた態様等によることになる。

　父子間に血縁関係がないが，自分の子でないことを妻から知らされず嫡出否認の提訴期間を徒過し，父子関係不存在確認の訴えも却下された事案（法的父子関係の存在は確定したことになる）で，離婚後，元妻が元夫に対し子の監護費用の分担を求めることにつき，従前の過大な生活費の負担等を考慮して権利濫用にあたるとしたものもあるが（最二小判平成23年3月18日家月63巻9号58頁），親子関係を認めておきながら，扶養義務を否定するのは，背理であるように思われる。

(13) 祖父母などの義務

　妻が子を監護しているが，夫が病気，不就労その他の理由で扶養能力がない場合に，資産や収入のある夫方の祖父母に対して養育費を請求できないかとの相談がなされる場合がある。

　民法766条につき，祖父母等父母以外の者を監護者として指定しうるか

という論点では高裁の裁判例は消極的であり[11]、面会交流についても認めた例は極めて例外的である（東京高決昭和52年12月9日家月30巻8号42頁）。祖父母には孫に対する生活保持義務もなく、祖父母に対する養育費（監護費用）の請求は認められないが、直系血族として民法877条による扶養請求をすることは可能である。ただし、その程度は生活扶助義務にすぎない。また、母の祖父母にも同順位で扶養義務がある（民878条、879条）。

また、権利者が義務者の祖父母に対して、あるいは義務者の不貞の相手方で離婚後再婚を予定している者に対して、非監護親の養育費支払義務につき連帯保証を求める場合がときどきある。しかし、これらの者には保証に応ずべき義務もなく、子に対する生活保持義務もないので、保証は強制できない。そうした要望があっても代理人として取り次ぐことはまずなく、あえてする場合でもお願いする程度にとどまる。

(14) 養育費の始期

審判の場合、養育費の始期の認定も裁判所の合理的裁量に委ねられるが、調停又は審判の申立て時を始期とするものが多い（東京家審昭和54年11月8日家月32巻6号60頁、秋田家審昭和48年10月22日家月26巻7号32頁、神戸家審平成元年11月14日家月42巻3号94頁等）。ただし、申立て以前に請求した事実の証明があれば請求時から認められる。すなわち、裁判所の実務は一般に「請求時説」を採用している（松本38頁、婚姻費用につき）。

請求がなくても未成熟子が要扶養状態にあることは義務者にとって明白であるが、権利者が長く請求をせず債務を累積させて一気に請求することは義務者に酷である点も考慮し、上記のような扱いがなされている。したがって、義務者が裕福である場合等には、請求以前に遡ることもあり得る。

最近は、別居の直後などにメールでやりとりして請求していることが多く、何らかの請求の証拠が残っていることが少なくない。しかし、当事者のみで調停に出て、調停委員より、「調停申立て時からです」との説明を受けるとあっさり受け入れていることがある。事案間の公平を保つために

---

11) 仙台高決平成12年6月22日家月54巻5号125頁、東京高決平成20年1月30日家月60巻8号59頁。

は，調停委員から「証拠があれば請求時から」との説明も必要ではないかと思われる。

　婚外子の場合は，父子関係が確定してからでなければ請求権が発生しないが，それでは生後から認知確定までの間，父は不当に扶養義務を免れることになるため，認知の遡及効（民784条）に従い，子の出生時に遡って養育費の分担を認める例がある（大阪高決平成16年5月19日家月57巻8号86頁）。

⒂　養育費の終期──未成熟子

　養育費の支払い義務は，未成熟子，すなわち身体的・精神的・経済的に成熟化の過程にあるため未だ就労できず扶養を受ける必要がある子について認められる。実務は，20歳未満の子を一応未成熟子と扱い，終期につき，調停や審判では，「20歳に達する日の属する月まで」等の記載をしている。

　20歳未満であっても，就労し自活しうる収入を得ている場合は扶養義務は終了する。ただし，働いているといっても不定期・低額のアルバイト収入にすぎない場合は，直ちに子が成熟しているとまでは言えない。

　一方，養育費の終期を大学卒業予定の22歳3月とし，「22歳に達した後に到来する3月まで」等とすることが可能であるかについては，裁判例は分かれている。

　調停で父母双方が22歳3月までと合意しても調停条項は20歳までと制限する裁判所もあるし，合意があれば22歳3月までとの調停合意を認め，そうでない場合には20歳以降に新たに子が扶養の申立てをする必要があるとする見解もある。[12]

　一方，義務者父が医師，権利者母が薬剤師という事案で，薬科大学に進学している第1子は4年制大学を卒業すべき年齢まで，第2子については高校卒業後就職した場合は高校を卒業すべき年齢時まで，短大に進学した場合は短大を卒業すべき年齢時までと，こまやかな終期の認定をした例（大阪高決平成2年8月7日家月43巻1号119頁），22歳3月までと認めた例として，義務者父が医師（福岡高決昭和47年2月10日家月25巻2号79頁），義務

---

12) 斉藤啓昭「成年に達した未成熟子の養育費」判タ1100号166頁。

者父が小学校教員（東京家審昭和50年7月15日家月28巻8号62頁），義務者父が教育に熱心で子は中高一貫の私立進学校を卒業（大阪高決平成21年9月3日，平成21(ラ)423号（公刊物未登載），松本75頁）等がある。

　一般に，養育費決定時にすでに大学に進学していたり又は進学が決定している場合には22歳3月までと認定されやすい（既に大学に進学している子につき大阪高決平成2年8月7日家月43巻1号119頁）。

　実際には，終期を20歳までと決めても，その時に大学生であれば，義務者はそのまま大学卒業まで続けて養育費を支払うことが多い。しかし，義務者が支払いを拒否すれば，子自身が親に対して扶養請求をする必要があり子には酷であるし，訴訟経済にも反する。民法766条の文言上は，「子の監護に要する費用」であって未成年か否かを特定しておらず，20歳を超えても民法766条の適用ないしは類推適用を認めることが子の福祉に資すると思われる（岡健太郎「養育費の算定と執行」新大系②306頁）。

　なお，成人年齢の改正がありうるので，将来の紛争予防のため，「成人に達する月まで」ではなく，「20歳に達する月まで」との文言を使用している。

(16) 養育費と面会交流の関係——対価関係にはない

　養育費と面会交流は，いずれも，子の成長にとって重要な権利[13]であり対価関係にはない。例えば，DVのため面会を認めるべきでない事案でも養育費支払義務は発生するし，非監護親が病気等のやむを得ない事情により養育費支払義務を免れる場合であっても面会交流を認めるべき場合があり，対価関係と捉えることは子の福祉に反する。

　なお，養育費は子の生存にかかわるから面会交流よりも重要であるとの

---

[13] 面会交流の権利性やその内容については従来様々な説があったが，昨今，家庭裁判所実務が積極に転じたことにより，実務家の一部からは実施が容易でない面会の命令に反発して権利否定説の主張もやや目立つようになった。この点については，若林昌子氏の複合的・相対的性質論が的を得ていると考える。すなわち，子の権利であり義務ではない，監護親の義務であり，非監護親には監護親に対する権利であり子に対する義務，国は面会交流を保障する法制度を用意する責任がある，「子の利益」に反するときは制限を受ける権利であり，具体的権利は合意又は審判によりはじめて形成されるとする（若林昌子「面会交流裁判例の動向と課題—父母の共同養育責任と面会交流の権利性の視座から—」法律論叢85巻2＝3合併号393頁）。

主張もあるが，親に会えてようやく心の空白を埋め自分の人生が歩めると感じる子もいるほどアイデンティティの形成もまた子にとって重要であり，事案によって様々であるので，一般論として双方に順位をつけることは，むしろ子の福祉に資さない。ただし，子の生活が逼迫した状況にある場合には，調停では，面会交流よりもまず養育費の支払いを促すべきであろう。

対価関係にはないので，当事者が希望しても，「養育費の支払いにつき不履行が生じたときは面会交流を認めない」，「面会交流が実施されない月は養育費支払義務は免除される」等の文言を合意書に入れることはできない。ただし，実際にはそうした親の感情には無理からぬ面もある。

扶養義務を果たさず面会交流だけを求めることは一種の権利濫用であり，面会は制限されうるとの見解もある[14]。しかし，子自身が積極的に面会を望むならば，扶養義務が果たされていなくても面会は認めるべきであるし，権利濫用論は対価関係論につながる危険がある。

3 養育費の額

(1) 生活保持義務

民法766条による非監護親の監護親に対する養育費支払い義務の根拠は，親の未成熟子に対する扶養義務（民877条1項）にあり，その義務の程度は生活保持義務とするのが通説である。生活保持義務とは，「義務者の余力の有無を問わず義務者の生活を保持するのと同程度の生活を被扶養者にも保持させる義務」であり，「義務者に扶養能力がある場合に被扶養者の最低限の生活扶助を行う義務」である生活扶助義務よりも高い義務である[15]。算定表・標準算定方式も，生活保持義務の実現を目的とすると説明されている[16]。

しかし，実際には，算定表では生活保持義務が実現されない収入層がある。例えば，筆者の経験例では，父の収入が約800万円，母は約120万円，

---

14) 石川稔「離婚による非監護親の面接交渉権」別冊判タ8号288頁，北野俊光「面接交渉権」現代裁判法大系（新日本法規出版，1998年）259頁，榮春彦「面接交渉の具体的形成と執行」336頁，前掲注13)・若林404頁。
15) 中川善之助『新訂親族法』（青林書院新社，1965年）596頁。
16) 判タ1111号286頁2段4行。

母が13歳と17歳の子を監護している事案において，算定表の表4によれば養育費の額は12〜14万円となるので14万円との判決が出た。すると，父1人の収入は，800万円−14万×12か月＝632万円，母と子2人の実収入は，120万円＋14万×12か月＝288万円となる。父の元に残るのは，母子3人の生活費の倍以上であり，父は貯蓄が可能であるが，子らの生活は非常に逼迫していた[17]。

(2) 算定表と実務の変化

いわゆる算定表とよばれるものは，東京・大阪養育費等研究会が作成し2003年に公表した「簡易迅速な養育費等の算定を目指して—養育費・婚姻費用の算定方式と算定表の提案—」を指している（本稿では，左記の全体を「研究会提案」判タ1111号285頁，表1ないし19を「算定表」，同291頁の計算式を「標準算定方式」という）[18]。

算定表は，東京家庭裁判所や大阪家庭裁判所のホームページに掲載され，一般向けに算定表の使い方も示されている。諸外国でも実務で算定表が使用されているが[19]，その元になる計算方法はそれぞれである。

2002年の母子及び寡婦福祉法改正（前述）に伴い，厚生労働省は母子家庭等自立大綱（2002年）中に，養育費の額やモデル様式等に関するガイドラインの作成を盛り込んだが，結局，独自のガイドラインは作成せず，算定表を地方公共団体の相談業務に活用することとしたので，算定表は裁判所の内外で短期間に広まり定着した[20]。

この算定表以前にも，湯沢雍彦・下夷美幸「養育費算定方法の再検討と

---

[17] 松嶋道夫「養育費・婚姻費用分担における簡易算定方式と養育保障の課題」久留米大学法学67号226頁等にも類似事例が複数紹介されている。

[18] 算定表の説明・研究をさらに深めたものとして，濱谷由紀・中村昭子「養育費・婚姻費用算定の実務　大阪家庭裁判所における実情」判タ1179号35頁，岡健太郎・平城恭子「養育費・婚姻費用算定表の運用上の諸問題」ケ研289号103頁，菱山泰男・太田寅彦「婚姻費用の算定を巡る実務上の諸問題」判タ1208号24頁，岡健太郎「養育費・婚姻費用算定表の運用上の諸問題」判タ1209号4頁等。

[19] 例えば，全ドイツで利用されている養育費の基準表であるデュッセルドルフ表は50年の歴史を持つとのことである（床谷文雄「ドイツの親権法」戸時693号67頁）。

[20] 東京高決平成15年12月26日家月56巻6号149頁，大阪高決平成16年1月14日家月56巻6号155頁，仙台高決平成16年2月25日家月56巻7号116頁，最三小決平成18年4月26日家月58巻9号31頁等。

新方式の説明」（ケ研217号37頁）や東京家庭裁判所「養育費分担額査定の研究（その１）」（家月40巻４号212頁）などの分担額概算表が発表されていた。後者は，今の算定表の原型のようなスタイルであり，筆者は交渉や調停でもよく活用し重宝していた。しかし，合意できない場合には，双方が，収入資料，毎月の平均の収支表[21]及びそれを証明する資料を提出し，収支表をめぐって互いに細かな非難の応酬をすることも多かった。合意形成が困難な事案では，家庭裁判所調査官が個別に算定して調査報告書を作成したが，その事務作業は膨大であり，解決までに時間を要した。

算定表活用後，家庭裁判所調査官による個別の計算はなされなくなり，審判の理由中の事実認定も簡素となり，審判も調停における合意形成も早くなった。かつて，都心から遠くないある支部で，審判に移行すると審判が出るまでに１年を要すると担当審判官より宣言された事案を思い出すが，最近は，審判に移行後概ね１か月以内に審判が下されるとのことである（婚姻費用について，松本７頁）。

(3) 算定表の基本的な仕組み

算定表の元となる標準的算定方式は，それ以前の審判でよく採用されていた按分方式（労研消費単位方式・生活保護基準比率方式）とほぼ同じである[22]。すなわち，「子が義務者と同居していると仮定すれば，子のために費消されていたはずの生活費がいくらであるのかを計算し，これを義務者・権利者の収入の割合で按分し，義務者が支払うべき養育費の額を定める」という方式であり，生活保持義務を保障するための計算であることに由来する（判タ1111号286頁）。

研究会提案では標準的算定方式の詳細な説明がなされており，ここでは繰り返さないが，以下の手順で計算される。

　① 義務者・権利者の基礎収入を認定する。

基礎収入は，公租公課，職業費及び特別経費を控除して算出される。そして，公租公課は，「税法等で理論的に算出された標準的な割合」，職

---

[21] 最近も，収支表の提出を求める裁判所はあるが，提出しても算定表によって決めており，当事者にとってあまり提出の意味はないようである。
[22] 前掲注18)濱谷・中村35頁。

業費及び特別経費は,「統計資料に基づいて推計された標準的な割合」により計算し控除し,下記のとおりとしている。

```
給与所得者の基礎収入＝総収入×0.34～0.42
自営業者の基礎収入　＝総収入×0.47～0.52
　　※いずれも乗ずる割合は高額所得者の方が低い。
```

② 子に充てられるべき生活費を認定する。

生活保護基準及び教育費に関する統計から導き出される「標準的な生活費指数」によって，義務者・権利者及び子それぞれの生活費指数が割り出されている。

```
親　　　　　　　　　　100
0～14歳の子は　　　 55
15歳以上の子　　　　 90
```

③ 子の生活費を義務者・権利者双方の基礎収入の割合で按分し，義務者が分担すべき養育費を算出する。

(4) 標準的算定方式

研究会提案は，上記計算を簡易に示す「標準的算定方式」（判タ1111号291頁）も提案しており，算定表により額を求めることができない事案では，この算定方式に戻って計算することができるようにしている。

標準的算定方式　　　　　　　　　　　　　　　（判タ1111号291頁より）

①基礎収入＝総収入×0.34～0.42（給与所得者の場合）
　　　　　　総収入×0.47～0.52（自営業者の場合）

②子の生活費＝義務者の基礎収入 × $\dfrac{55\text{or}90（子の指数）}{100+55\text{or}90（義務者の指数＋子の指数）}$

③義務者の養育費分担額＝子の生活費 × $\dfrac{義務者の基礎収入}{義務者の基礎収入×権利者の基礎収入}$

※①の基礎収入割合は上記が正しく，判タ291頁の記載は誤りである。

①の基礎収入計算のため，総収入に乗ずる割合は，事案ごとに様々であるが，松本哲泓元大阪高裁総括判事作成の割合表が参考になる（松本57頁）。

(5) 収入の認定方法[23]

ア　収入の認定

　① 給与所得者

源泉徴収票の「支払総額」が総収入にあたる。就労期間がまだ短期間である者は給与明細等による。

　② 自営業者

確定申告による。自営だが確定申告すらしていない少額収入の場合もある。そうした場合でも，通帳への振込，収入の帳面など何らか収入を証明する資料を提出し，年収を推計する。

確定申告書の「所得金額」は，税法上の種々の観点から控除がなされた結果であるので，現実の支出ではないものは加算するなどして，例えば，下記のような修正を行う（判タ1111号292頁，詳細な説明として前掲注18）岡5頁）。

| 義務者の年収 | ＝ | 所得金額 | － | 社会保険料控除 | ＋ | 青色申告控除 | ＋ | 支払っていない専従者給与 | ＋ | 減価償却 |

　③ 給与収入と事業収入の両方がある場合の換算

例えば，会社員であるが家賃収入があるなど，基礎収入の割合が異なる複数の収入がある場合，収入全体の捕捉は，確定申告や地方税課税証明（所得金額の記載のあるもの）による。

この場合，下記のいずれかによって，どちらかの種類に換算して統一させ，算定表を利用する（松本59頁，前掲注18）岡6頁）。

　（i）給与所得者としての総収入から職業費と社会保険料を控除し事業所得者としての総収入に換算して同じに扱う。

　（ii）事業所得者としての総収入に社会保険料を加えて，「1－給与収入における職業費割合」で除することによって給与所得者の収入に換算する。

　④ 年金収入・配当収入

年金収入の場合，職業費が不要であるから基礎収入の割合を修正して

---

[23] 婚姻費用に関する松本39頁以下の豊富な審判例が参考になる。

いる。[24] 婚姻費用についてであるが，経費割合を40％（すなわち6割が収入）としたり，2割程度の職業費を要しないとして換算し給与収入として標準的算定方式を適用した例などがある（松本59頁の未公表例）。株式の配当収入も同様であろう。

イ　収入が不明の場合

当事者が収入資料の提出をしない場合や提出資料の信用性が乏しい場合，厚生労働省統計情報部の賃金センサス等を利用して推計する（判タ1111号291頁）。勤務先が判明しており，平均賃金より高額であることが予想されれば，裁判所による勤務先に対する職権調査という方法もあろう。

ウ　稼働していない場合

当事者が稼働できる環境・能力があるのに稼働しない場合は，統計資料によって潜在的稼働能力の推計を行う場合があるが，権利者の潜在的稼働能力は，就労歴，健康状態，子の年齢など諸般の事情を総合的に検討して判断される（婚姻費用事案につき大阪高決平成20年10月8日家月61巻4号98頁）。

算定表では，「パート就労者としての収入」としているが（判タ1111号292頁），定職に就くことが可能な場合には全労働者の賃金センサスで推計し，すぐに定職に就くことが容易でない場合には短期間労働者の賃金センサスで推計するといったように事案により異なる。専業主婦の女性の多くは，短期間労働者の賃金センサスで推計することになる（調停時報155号10頁）。義務者父が，潤沢な資産により生活し稼働していない場合は，男性の全正規労働者の賃金センサスで推計することになろう。

義務者父が強制執行を免れるために退職し，既に審判で定まった養育費の免除を申し立てた事案では，父が勤務を続けていれば得べかりし収入に基づき算定している（福岡家審平成18年1月18日家月58巻8号80頁）。

就労歴はあるが現在は専業主婦で4歳及び3歳の子の幼稚園・保育園への送迎をしているという事案で推計しなかった例（婚姻費用事案：前掲大阪高決平成20年10月8日），54歳の権利者妻につき賃金センサスによる同年齢のパート程度の年収（約128万円）を推計した例（婚姻費用事案：東京高決平成15年12月26日家月56巻6号149頁）などがある。

24）前掲注18)濱谷・中村40頁。

乳幼児を監護中の場合には一般には推計は認められていないが，筆者の経験した一番幼いものでは，約1歳8か月の子を監護中に最低賃金で計算した年収（153万円）を推計した厳しい審判例もあった。
　乳幼児を家庭で養育すべきとの考えは教育方針の選択肢の1つに過ぎないと考えるが，著しい保育園不足という社会事情を考慮すると，少なくとも3歳未満の子を監護している場合は推計するべきではないし（松本48頁も同じ），就学前の子がいる場合も，幼い子がいる女性の就職活動の困難さを考慮し，事案によっては推計に慎重であるべきと思われる。義務者が再婚した配偶者について被扶養者と認めるかという問題と関連する。
　エ　自営の収入について
　自営業であったり同族会社からの給与収入がある場合，当事者が収入を自ら操作できる立場にあり，源泉徴収票や確定申告が生活実態に照らし信用できなかったり，調停・審判中に給与が減額されていく場合がある。そうした場合は，数年分の法人の決算書類や個人の確定申告を提出し，事業収入の経年変化を確認すべき場合もある。信憑性が疑われれば，源泉徴収票による収入認定はなされず，生活実態からの推定，減額前の収入による認定，賃金センサスによる推計がなされる場合がある（松本43頁以下）。筆者の依頼者（義務者）が自分が社長である法人からの報酬につき，裁判中に2回減額してきたことがあったが，そうした行為は，義務者側の訴訟行為全般についての信用性を失わせることを説明している。
　オ　その他の収入
　　①　児童扶養手当・児童手当
　これらは，私的扶助の補充としての公的扶助であるので，収入に加算しない。
　　②　実家等からの援助
　権利者の父母（子の祖父母）等からの援助は権利者の収入に加算しない。子に対する第一順位の扶養義務は父母にある。

(6)　**算定表により求めることができない場合の計算**
　算定表により求めることができない場合，標準的算定方式を活用するなどして計算する。

ア　算定表を超える収入のある場合

算定表の義務者の年収上限は，給与所得者は2,000万円，自営業者は1,400万円であり，例えば15歳以上の子1人の場合の表2の養育費の最高額は26～28万円である。義務者の年収が上限を超える場合の解決方法は一律ではない。

研究会提案では「過去5年間の家庭裁判所の審判例を見ると，ほとんどが子一人当り月額20万円以内に収まっている……養育費の上限設定については，今後の議論に委ねることとした」としていた（判タ1111号292頁）。養育費は，子の衣食住の費用，教育費，医療費等であり，生活保持義務といってもおのずと上限があり，義務者の高額収入のうち貯蓄に回る部分までを養育費として認める必要はないとの考えが一般的である。実際には，表の上限の養育費額で合意することもあれば，標準算定方式で算定した額（上限額より高い額）やそれを参考にして上乗せして解決する場合もある。

また，上限を超えて養育費が必要な場合とは，多額の私学教育費・塾費や医療費・介護費等の特別費用が発生している場合であるが，そうした場合，上限の月額に教育費等を加算して合意することも多い。

イ　4人以上の子がいる場合

算定表は子3人表までであるので，4人以上の場合は簡易算定方式により計算している。例えば，権利者が4人の子（10歳，12歳，15歳，18歳）を養育している場合，簡易計算式の子の生活費の合計は下記の通りであり，これを父母双方で収入に応じて按分し分担する。

義務者の基礎収入 × (55 + 55 + 90 + 90) / (100 + 55 + 55 + 90 + 90)

ウ　義務者の再婚配偶者が稼働せず義務者に扶養されている場合

研究会提案では，義務者に扶養される再婚配偶者の生活費指数は生活保護基準によれば概ね55であり，15歳未満の子と同様に計算できるとしている（判タ1111号291頁の注2）。しかし，再婚の配偶者が，病気・高齢・乳幼児を家庭監護しているなど，稼働できない事情がある場合でない限り，稼働していない権利者につき収入推計することとパラレルに，被扶養者として扱わなくてよいのではないかと考える。

減額請求の事案で，義務者と再婚した妻も，育児休業期間経過後は義務者と再婚の妻間に生まれた子の養育費を負担できるとして，育児休業期間

後は元配偶者との子の養育費の減額を認めなかった例（福島家会津若松支審平成19年11月9日家月60巻6号62頁）がある。この審判は，再婚の妻が正規労働者として戻る職場があることを前提での認定ではあるが，こうした個別の判断がなされてよいのではと思われる。

　エ　父母が複数の子（きょうだい）を分け合って監護している場合

　例えば，長男A16歳を父が，二男B13歳を母が監護し，父の給与収入が800万円，母の給与収入が400万円である場合，仮に母がAも監護しているとすると，算定表の表4で求められる養育費額は，8〜10万円となる。このうち，Bの養育費として母が父に請求できる額は，下記により算定される（秋武234頁）。

　（8〜10万円）×55÷（90＋55）

　オ　義務者が，再婚配偶者との間の子や養子を扶養している場合

　研究会提案は，養育費の対象となる子と，他の子全員が義務者と同居していると仮定し，当該子に充てられるべき生活費の額を算出することができるとしている（判タ1111号291頁注2）。

　例えば，権利者が子A（15歳以上）を監護し，義務者に再婚相手方との間の子B（15歳未満）がいる場合，下記を父母間で収入に按分して負担する。

　子Aの生活費＝義務者の基礎収入×（90）／（100＋90＋55）

　カ　義務者が，離婚していないのに，内縁の妻や縁組をしていない配偶者の連れ子を扶養している場合

　いずれも，扶養義務がなく考慮されないとされている（秋武235頁，調停時報155号Q24）。ただし，離婚後の場合は，事実婚にも婚姻費用分担義務（民760条）が類推適用されるので（最二小判昭和33年4月11日民集12巻5号789頁），事実婚配偶者について，病気や高齢などにより稼動が困難な事情がある場合は，法律婚配偶者同様に被扶養者として扱うべきであろう。

(7)　特別な事情

　ア　特別な事情についての考え方

　研究会提案では，住居関係費，保険医療，保険掛金を既に特別経費として家計調査年報を用いて標準化し，26〜16％として，基礎収入算定の際に

控除している。すなわち，特別経費も典型的なものは既に考慮していることになる。

　そして，「この算定表は，あくまで標準的な養育費を簡易迅速に算出することを目的とするものであり，最終的な養育費の額は，各事案の個別的要素をも考慮して定まるものである。しかし，個別的事情といっても，通常の範囲のものは標準化するに当たって算定表の額の幅の中で既に考慮がされているのであり，この幅を超えるような額の算定を要する場合は，この算定表によることが著しく不公平となるような特別な事情がある場合に限られるものと思われる。」（判タ1111号292頁）としており，計算の根拠となる基礎収入の割合についても，「基礎収入の割合は，税法などの法改正や社会事情の変化によって変動を生じる。しかし，これを逐一反映させて計算することは，簡易迅速な処理を目指した標準的算定方式の作成意図に反することとなる。上記割合は，統計上の平均的数値を用いているから，多少の誤差は生じても，その数値は小さい。」「現実の経費等の支出状況が標準的な割合と異なるからというだけの理由でこれを修正するのは，簡易迅速な処理を目指して作成された標準的算定方式の目的に反することとなる。」（松本57〜59頁）とされ，実務では特別な事情はほとんど考慮しないものとされている。

　そして，例外的に特別事情を考慮して修正する場合，実額で算定する以前の算定方式によることも考えられるが，標準的算定方式・算定表により算定した上，これらでは考慮されていない額を加減する方法（別枠説）によることが多い。[25]

　しかし，こうした徹底した標準化により，個別の事情の捨象が行きすぎると感じられる場合があるように思われる。

　以下は，特別事情として，しばしば問題となる点につき述べる。

　　イ　住居費用

　前記のとおり，算定表では，双方の住居費は，すでに標準化して控除されている（判タ1111号289頁二段）。

---

[25] 前掲注18）濱谷・中村40頁。

① 義務者が権利者と子の住居の住宅ローンを払っている場合

養育費は，婚姻費用と異なり，夫婦財産の清算がなされた後あるいは同時（離婚判決の場合など）のことであることが多いので，義務者が権利者の家賃を支払ったり，権利者が義務者の居宅の住宅ローンを払っているという場合は考えにくい。しかし，離婚後も，義務者が権利者の居宅の住宅ローンを返済し，権利者には居住費が発生しないという場合はある。権利者が財産分与として自宅不動産の完全な所有権を得たが，残存する義務者名義のローンを離婚後も義務者が返済を続けると合意した場合，あるいは，権利者の自宅不動産は共有のままであり，義務者の持分につき権利者の使用借権を設定する合意をし，同じくローンは義務者が返済を続けるといった場合である。

いずれの場合も，権利者は住居費の支出を免れているだけでなく，義務者が権利者の住居費を支払っていることになるので，この場合は，特別の事情があるとして修正されうる。ただし，その額や方法は事案により異なり，①修正しない（権利者が無収入でもともと基礎収入算定における権利者の住居費留保が全くない場合），②返済額を義務者の総収入から控除して標準算定表により算定する，③算定表により求められた額から権利者世帯に一般的に要する住居費相当額程度を控除するなどの方法によっている。[26]

離婚の際に，義務者が権利者に対して権利者の居住する不動産を財産分与するだけでなく，ローン残を一括して繰上げ返済し，抵当権も抹消して分与する場合もある。こうした場合にも，ローン返済を続けている場合と同様に，養育費の計算に際し，義務者が居住費を支払っているとの扱いをすることが公平であると思われる。ただし，義務者が有責配偶者であり，慰謝料の一部としての趣旨でローン返済している場合もある。この繰上げ返済が，養育費の一部か，財産分与や慰謝料としてであるかを，ローン返済を合意・実行する際に明記したほうが後日の紛争を防ぎやすい。

---

[26] 前掲注18)濱谷・中村41頁，松本64頁。

② 義務者に住居費が発生していない場合

　義務者が実家で暮らしていたり所有不動産に居住しており，家賃も住宅ローンも発生していない場合がある。この場合も，基本的には考慮せず修正しないのが実務である[27]。

　しかし，現在の日本では，特に都会では，家計に占める居住費の割合は高いので，この点を事案に応じて，基礎収入割合を修正して算定しなければ，著しく公平を欠くと思われる。

ウ　教育費（私学費用・塾費用）

　研究会提案では，子の生活費指数を算出するに際し，年齢0〜14歳までについては，公立中学校の子がいる世帯の平均年収（828万4,332円）に対する公立中学校の学校教育費相当額（13万4,217円）を，15〜19歳については，公立高校の子がいる世帯の平均年収（864万4,154円）に対する公立高校の学校教育費（有償の時代の）相当額（33万3,844円）を考慮している。その結果，当事者の収入が上記平均年収を上回る場合には，結果として公立中学校・公立高校の学校教育費以上の額が考慮されていることになり（判タ1111号290頁），逆に上記平均年収を下回る場合には公立中学高校の教育費額も考慮されていないことになる。

　すると，上記以外の教育費，すなわち，私学の幼稚園から大学の費用，塾費用等の扱いが問題になる。一般に，義務者の承諾の有無，義務者の収入，学歴，地位などからその負担が不合理でない教育費（神戸家審平成元年11月14日家月42巻3号94頁）について，算定表より求められる額に加算する方法で考慮することが多い。

　例えば，高校の場合，下記の方法で加算する。

　　① 収入の高い層

　　　（私立高校の授業料年額−公立高校年額33万3,844円）を基礎収入で按分する。

　　　ただし，義務者の収入の相当に高い層では，公立高校以上の学費がカウントされていることになるので，上記を下方修正する必要が

---

27) 前掲注18) 濱谷・中村40頁。

ある。[28]
　② 収入の低い層
　　私立高校の授業料全額を按分する。
　なお、「義務者の承諾の有無」をめぐってしばしば対立がある。明確な承諾がある場合は問題がないが、同居中から私学に通学していた場合であってさえも、義務者は権利者が勝手に決めたと主張したり、本心は子の進学を希望しているのに事前の相談がなかったから支払わないと主張するなど、子自身が落胆するような主張が展開されることがある。子の福祉を重視し、かつ、社会にとっても子の教育が重要であることを考慮すれば、「義務者の承諾の有無」よりも、より客観的である「収入」「義務者の学歴」「社会的地位」を根拠にして決することが望ましいと思われる。

　また、現に進学している子については私学の学費は認められやすいが、進学前、例えば17歳の子が大学進学を希望している場合、希望しているだけでは加算は認められていない。しかし、子の立場に立てば、経済的な問題のため進学できないかもしれない不安にさいなまれながら困難な受験勉強を乗り越えるのは容易ではない。

　教育費に関しては、研究会提案のなかった時代に認められていた「子が私立大学に進学した場合は、○年○月、その入学金相当額を支払い、○年から○年まで、毎年○○円を教育費として加算する」といった柔軟な審判がなされることを期待したい。

　エ　特別事情を緩やかに

　算定表の導入直後は、裁判所は当事者に対し、算定表はあくまで参考であると述べて対応していた。2005年の文献では、「調停の場合は、まずは当事者双方の互譲による自主的解決を目指すべきであるから、必ずしも第１回調停期日に調停委員会の方から標準的算定方式・算定表を示しているというわけではない。」[29]とも記載されている。しかし、最近は、調停の初回から、調停委員が当事者に対して文書を示して養育費調停の進め方を

---

28) 秋武234頁。
29) 前掲注18)濱谷・中村38頁。

説明し，算定表により額を決めるものであると積極的にはたらきかけている。算定表がほとんど法律・規則化した扱いであるといっても過言ではない。

しかし，養育費は，個別の事案ごとに裁判官が総合事情を考慮して決定する審判事項であるという性質は変わっていないのであるから，特別の事情への考慮が，もう少し緩やかに認められてよいのではないかと感じている。

(8) 算定表の問題点

定着した算定表であるが，問題点も早くから指摘されていた[30]。2012年には，日本弁護士連合会より「養育費・婚姻費用の簡易算定方式・簡易算定表に関する意見書」が出され，2013年には，「自由と正義」3月号において「養育費・婚姻費用の算定を見直す―簡易算定方式の問題点と新たな算定方式の提言」という特集号が組まれた。この特集号における松嶋道夫氏及び竹下博將氏の指摘は詳細であるが，その概要に筆者の考えも若干付加するなら，例えば，次のような問題点があると思われる。

ア 養育費額が低い

義務者の収入が表の概ね中間より以下の層では，算定表により求められる額が低すぎて，生活保持義務を保障していない。逆に高額収入層では高すぎるとの意見もあるが，負担できない額ではないので，あまり問題とされていない。

イ 算定の対象となる基礎収入の割合が低すぎる

例えば，給与所得者の基礎収入の割合は0.34～0.42％とされている。すなわち，収入の0.66～0.58％もの部分を控除して双方の手元に留保した上で，残りの中から子の生活費を算定するので，子どもに生活保持義務を保障できないのは当然の結果でもある。また，収入の少ない親には留保されるものが少なく，男女の収入格差をより拡大して算定する結果となっている。

---

30) 松嶋道夫「養育費のセーフティネットとガイドラインについて―養育費保障基準の新しい提案」法律時報75巻13号304頁。

ウ 公租公課などの改訂が反映されていない

約10年の間に公租公課や社会保険料率の改定，高校授業料の無償化などの変化があったが，反映されていない。

エ 職業費が高い

基礎収入算定の際に控除される中でも，職業費（被服・履物費，交通費，通信費，書籍費，書雑費，小遣い，交際費）について，世帯全員分の支出額をもって職業費としており，就労に必要な部分と私的な部分を区別することなく算入されているため，その割合が20〜19％と高すぎる。このことが，基礎収入割合を下げ，子に生活保持義務を保障できない大きな要因の1つである。また，割合の幅がほとんどないため，双方の収入差がより拡大されて手元に留保され，多くは収入の多い方の義務者男性に有利になっている。

権利者の保育園費は職業生活に不可欠であり，生活費の中に占める割合は高いが職業費とされていない。

オ 特別経費を標準化することの問題

住居関係費，保険医療費，保険掛金を特別経費として家計調査年報を用いて標準化し，26〜16％としているが，「標準化可能な特別経費」とは論理矛盾ともいえ，これらの特別経費を控除すべきではない。

日本では住居費の割合が高いが，算定表では，義務者が実家や所有家屋に居住し住居費の負担が実際には0であっても，基礎収入計算の段階で標準化された居住費が義務者の手元に留保され，それを修正することなく算定されるので，他方で，権利者と子どもの世帯の方では，養育費を併せても生活費を捻出できない程度の低い家計になってしまうといった事態も起こりうる。

カ 教育費の加算に消極的である

私立学校の授業料など，教育費を養育費として加算すること及びその額の認定について現在の実務は消極的にすぎ，子の教育環境を保護できていない。

キ 生活費指数につき，15歳未満と15歳以上の差がありすぎる

ク 生活保護との関係について考慮されていない

ある層では，義務者には貯蓄の余裕が残り，一方，権利者と子は養育費を併せても生活保護水準以下という結果になっている。

交通事故の損害賠償額の算定基準のように、裁判所関係者や弁護士のいずれもが信頼しうる算定表への改定を期待したい。できれば共同作業が望ましい。

(9) 増減請求

養育費の増減請求の事案数は公表されていないが、長い景気低迷を受けて、減額請求申立が増加してきたように思われる。

扶養の程度又は方法は、権利者の需要、義務者の資力その他一切の事情を考慮して定められるものであり（民879条）、いったん取り決められたり、あるいは審判が下されても、その後に失業・病気・事故などにより父母の経済状態に変動があったり、子の教育費が増加したなど事情に変更が生じたときは、家庭裁判所は変更又は取消しをすることができる（民880条、東京高決平成10年4月6日家月50巻10号130頁等）。

しかし、いったん形成した合意の増減変更の請求は、相手方の反発も当然予想されるので、当事者にとってかなり心理的な抵抗があるものである。例えば、算定表によれば子が15歳になると養育費額は上がるが、そうした程度の増額請求もされにくく、20歳まで当初の額のままということが少なくない。

事情の変更といっても、当初の合意形成時に予想可能であった事情が生じた場合は増減が認められない（東京高決平成19年11月9日家月60巻6号43頁）。

当初の合意時に、当事者が算定表よりもかなり高い、あるいは低い額の合意をする場合がある。義務者が有責配偶者であるので離婚するために高額の養育費を申し出て合意した場合（実質には慰謝料の補塡の意味があるような場合）、あるいは、紛争の回避のため義務者のいうままの低い額で権利者が同意した場合などである。

こうした場合、算定表の水準とかけ離れているという理由だけで増減請求が認められるのではなく、額を変更すべき事情変更が認められるか否かによる。最初、算定表で求められる額は6万円であるが思慮不十分なまま14万円と合意し、支払いが苦しいので義務者が減額請求した事案で9万円（算定表による額の1.5倍）への減額を認めた例がある（東京家審平成18年6

月29日家月59巻1号103頁)。

4 取立て・執行

(1) 交 渉

　養育費の取決め率は37.3％と低いが，継続して支払われる率はさらに低く19.7％にすぎない（2011年全国母子家庭等調査）。養育費支援相談センターが，2011（平成23）年5月から7月にかけて実施したアンケート調査によれば，取決めから1～3年程度で養育費が支払われなくなる傾向があるとのことである（養育費制度問題研究報告8頁）。

　養育費の不払いが生じると，連絡可能な場合は，まず当事者自身が督促を行う。メールの普及は，離婚後の父母間で，住所や電話を都度知らせずに連絡することを可能にした。しかし，不履行となった時点で音信普通となっている場合は，請求を諦める権利者は少なくない。再び調停に行くことも，相談を受けることもわずらわしく，経済的に苦しくても紛争を抱えずに毎日を過ごしたいと考えるのも当然であるし，相談にいってもその先のステップである強制執行を考えると気が重い。せめて，後記(2)の履行勧告の申出までは，電話でもできるので行うようにアドバイスするが，それも躊躇する当事者がいる。

　不履行の救済には，身近で気軽に無料で相談でき，そこで取立てまで完了できるワンストップ型のサービスや立替払制度が必要である。

(2) 履行勧告・履行命令

　家庭裁判所の調停，審判，高等裁判所の決定，離婚判決及び離婚訴訟における裁判上の和解等により確定した養育費が不履行となった場合，権利者の申出又は申立てにより，家庭裁判所は，義務の履行状況の調査及び履行の勧告（家事289条，人訴38条1項）をし，又は履行を命ずることができる（家事290条，人訴39条1項）。

　履行の勧告及びそのための履行状況の調査は，家庭裁判所調査官が行っている（家事289条3項）。いずれも，印紙も不用であり，履行勧告については電話での申出も可能であるので，強制執行力はないが，当事者にとっ

て利用しやすい制度である。

　履行勧告の申立件数は，養育費のみでなく財産分与等の金銭債務を含む統計（人間関係調整の勧告を除く）であるが，2011年は15,411件と活発に利用され，うち，全部が履行されたものが4,975件（32.3％），一部履行が3,414件（22.3％）であり，一部履行も含めると54.4％の事案でその効果を上げている（司法統計年報）。

　一方，履行命令については，これも養育費以外の債務を含むが，2011年の申立てが73件，うち履行命令が発令されたもの30件と，利用は非常に少ない（司法統計年報）。過料が課されても権利者に支払われるものではないこと，履行勧告で効果を上げなければ，その次は強制執行が効果的であることによると思われる。

　家事事件手続法は，家事審判法下で利用されなかった寄託の制度を廃止し，履行勧告の規定を充実させた。養育費に関連する主たる変化は次のとおりである。

　ア　調査及び記録の閲覧・謄写
　①　調査及び勧告をする家庭裁判所は，義務の履行状況の調査及び勧告に必要な調査を，官庁，公署，その他適当と認める者に嘱託し，又は銀行，信託会社，関係人の使用者その他の者に対し，関係人の預金，信託財産，収入その他の事項に関して必要な報告を求めることができる（家事289条5項）。
　②　調査及び勧告をする家庭裁判所は，調査及び勧告の事件の関係人から当該事件の記録の閲覧等又はその複製の請求があった場合において，相当と認めるときは，これを許可することができる（同条6項）。

　従前も，②と同様の調査の規定（旧家審規8条）は，履行状況の調査又は履行勧告に類推適用されると解され，実施する裁判所もあったが，上記規定が明文化されたことにより，今後，義務者の資力や収入についての十分な調査が行われ，履行勧告がより効果を上げることが期待される。調査結果を当事者が閲覧又は複製できれば，勧告による効果が得られない場合でも，民事執行法の財産開示制度の不備を補い，強制執行の効果を上げることにつながる。

　イ　銀行調査の方法
　家庭裁判所による調査において，当事者が調査銀行の「支店」を特定す

ることが必要であり，本店一か所に調査をして全支店の情報を得る方法は採られていない。また，網羅的に多数の支店に調査する方法もほとんど採用されていない。しかし，義務者の財産情報を権利者は知らないのが一般的であるから調査が必要であるのに，権利者が支店まで特定できなければ調査できないとするのは背理である。

　銀行は，少なくとも本店においてすべての支店の顧客の口座情報をコンピュータ管理している。養育費は，一般の債務と異なり，未成年子の養育・生存にかかわる重要な債務であることを考慮すれば，養育費の確保のための調査に限って，本店で一括して回答しうる方法も検討されてよいのではないかと思われる。

　なお，執行力ある債務名義を有していた当事者が，受任弁護士を通じて弁護士法23条の2に基づく銀行への照会を弁護士会に依頼し，弁護士会が銀行に対し「債務者名義の口座があるか，ある場合，その支店，口座番号，口座種類，各口座ごとの預金残高」等の照会をし報告を求めた事案で，「弁護士会照会制度の司法制度における重要な役割に照らし，更には，決済機能を独占する銀行の公共的責任に鑑みれば，金融機関が守秘義務を負っているということだけで，顧客等の同意がない限り報告を拒む正当な理由があるということは相当でない」として，銀行の報告義務の確認をした判決があるが（東京地判平成24年11月26日金融法務事情1964号108頁，控訴），調査嘱託等についても参考になろう。

(3) 直接強制執行

　取立ての最終手段は民事執行法に基づく強制執行である。直接強制執行の執行機関は，不動産・債権は地方裁判所であり（民執44条1項，144条），動産は執行官である（民執122条）。勤務先が知れている義務者の場合は，給与差押えが一般的であり比較的執行は容易である。しかし，勤務先が不明の場合，離婚後何年も経ていると権利者が預金等の資産の所在を知ることは容易でなく，差押えは困難である。また，義務者が自営業者である場合も，差押え財産の把握が困難であり，間接強制執行の方法を採らざるを得ない場合がある。義務者の勤務先が変わり不明である場合，権利者が調査会社に有料の調査依頼をする方法が考えられるが，高価な調査費用を支

払える当事者は少ない。

雇用者に関しては，年金を取り扱う社会保険庁が勤務先情報を有している。子の養育費確保目的の場合に限定し，国が勤務先情報を権利者に開示する方法，あるいはさらにすすめて，国が立替払いをして権利者に代わって義務者の資産を差押え回収する制度を検討すべきではと考える。

ア　将来給付の差押え

婚姻費用，養育費，扶養料等の扶養義務に係る定期金債権については，その一部の不履行があるときは，期限未到来の給付についても過去の不履行分の差押えと同時に差し押えることが可能である（民執151条の2，将来給付の差押え）。そして，被差押債権が給与等の継続的給付に係る債権であるときは差押え後に受けるべき給付に及ぶ（民執151条）ので，1回の差押えにより，義務者が退職しない限り継続的に給与からの回収が可能である。

また，一般の金銭債権のための差押えでは，差押禁止債権の範囲が給与や退職金の4分の3であるのに対し，養育費等給与等の継続的給付に係る債権の場合は2分の1に縮小され，差押えの範囲が拡張される（民執152条3項）。差押禁止の趣旨は義務者の生活費の確保（生存の維持）にあるが，養育費等の差押えの場合は，差し押えるべき債権が義務者の負担すべき生活費だからである。

「継続的給付に係る債権」として認められているものとして，給与のほか，医師の社会保険や国民健康保険に対する診療報酬債権（請求債権者が婚姻費用の事案であるが最決平成17年12月6日民集59巻10号2629頁），議員の報酬，賃料債権（最判昭和44年11月6日民集23巻11号2009頁）などがある。この中には，期限が付される場合があり，自営の歯科医師の社会保険診療報酬請求権の差押えにつき，5年としたものがある（請求債権が一般債権の事案であるが札幌高決平成15年2月24日判時1833号135頁）。こうした，将来分差押えや差押え禁止範囲の縮小のためにも，養育費の合意をする場合に，その名目をあいまいな「解決金」としたり，慰謝料や財産分与と混同するような記載方法をやめ，養育費であることを明確にしておくべきである。

イ　差押禁止範囲の変更

執行裁判所は，申立により，債務者及び債権者の生活の状況その他の事情を考慮して，差押命令の全部若しくは一部を取り消し，又は給与等につ

き差押えが禁止される債権の部分について差押命令を発することができる（民執153条1項）。この条項により，差押禁止範囲が縮小される場合があり，債務者の横領による損害賠償債権のための給与差押えについて，給与全部の差押えを認めたものがある。[31] 養育費についても，義務者が給与以外の収入で生活していることが明らかな場合などには，給与全部の差押えが認められる可能性がある。

　ウ　財産開示制度

　養育費についてどんなに立派な債務名義を持っていても，義務者の資産が不明であれば強制執行による確保もできない。強制執行を実効的なものとするため，2003年の民事執行法改正により財産開示制度（民執196条以下）がもうけられている。しかし，これについては，①開示を強制する実効的な手段がない，[32] ②「知れている財産に対する強制執行を実施しても申立人が当該金銭債権の完全な弁済を得られないことの疎明があったとき。」との強制執行不奏功要件（民執197条1項2号）が課され迂遠である等の問題が指摘されてきた。[33] このため，諸外国に比して申立件数は少なく，養育費の強制執行のためには，ほとんど使われていないようである。虚偽陳述についての実効的な刑事罰や，上記の強制執行不奏功要件の廃止が必要と思われる。

(4)　**間接強制執行**

　2004年の民事執行法の改正により，扶養義務に係る金銭債権の1つとして，養育費債権について間接強制執行の方法も可能となった（民執167条の15以下）。間接強制は，執行裁判所が，債務者に対し，遅延の期間に応じ，又は相当と認める一定の期間内に履行しないときは直ちに，債務の履行を確保するために相当と認める一定の額の金銭を債権者に支払うべき旨を命ずる方法により行う（民執172条1項）。過去分についてのみではなく，当該定期金債権のうち6か月以内に確定期限が到来するものについても，間

---

31) 東京地決平成4年2月4日判タ783号265頁。
32) 出頭義務，宣誓義務，陳述義務が課せられるが義務違反に対する制裁は30万円以下の過料（民執206条）に過ぎない。
33) 三木浩一「わが国における民事執行制度の課題—財産開示制度を中心として—」リブラ2012年6月号（東京弁護士会）。

接強制が可能である（民執167条の16）。

執行裁判所は，民事執行法33条2項各号の区分に応じ，それぞれ当該債務名義についての執行文付与の訴えの管轄裁判所となる（民執173条2項）ので，同項6号によって，家庭裁判所が執行裁判所となる場合が多い。

差し押えるべき資産が発見できない，給与差押え等の直接強制執行をすると義務者が退職を余儀なくされ権利者と義務者が共倒れになることを回避したい，執行を受ける義務者との関係悪化の程度を少しでも減らしたい，雇主が親族なので給与が支払われなくなるなどの場合に利用され，効果を上げている。

養育費の額にもよるが，遅滞1日につき1,000円（月6万円の養育費の事案である大阪家審平成19年3月15日家月60巻4号87頁，月5万円の養育費の事案である広島家審平成19年11月22日家月60巻4号92頁等），1日5,000円（子2人で月3万円の養育費だが，債務者は養育費を支払うと債権者の親権を認めることになるので支払を拒絶すると申述している事案である横浜家審平成19年9月3日家月60巻4号90頁）等の間接強制金の支払いが命じられている。

なお，「債務者が，支払能力を欠くためにその金銭債権に係る債務を弁済することができないとき，又はその債務を弁済することによってその生活が著しく窮迫するときは」間接強制は認められない（民執167条の15第1項ただし書）。この支払能力の不存在は，債務者に主張立証責任がある。[34]

5 まとめ

以上，現在の実務について代理人弁護士の立場から感じる問題点を中心に述べてきた。個々の事案でどんなに努力しても，離婚をきっかけに，子どもが部活をやめなければならなかったり，進学を諦めたりといった事態が起きることについて，非力さを感じることがある。養育費については，公的で強力な支援を望んでいる。

（榊原富士子・弁護士／早稲田大学大学院法務研究科教授）

---

[34] 岡部喜代子「養育費・面接交渉の強制執行」家族<社会と法>26号54頁。

SECTION 4 弁護士からみた親権者・監護者の指定・変更の実務の実情

1 はじめに

(1) 面会交流・養育費と親権者・監護権者

「面会交流と養育費の実務と展望」と題する本書において，「親権者・監護者の指定・変更の実務」が取り上げられるのは，面会交流と養育費が，子と生活を共にする親権者・監護親と子と離れて暮らす非親権者・非監護親との間の法律関係であるという意味でそれぞれの前提問題であることと同時に，未成熟の子どものある夫婦の離婚紛争及び離婚後紛争の中で不可分にかかわり合い，絡み合う問題だからである。

激しい親権・監護権争奪戦を経て，父が母に対し，母が父に対し，相互に根深い不信感を募らせる次なる紛争テーマとして「面会交流」「養育費」が求められる流れでの解決の困難さ・履行確保の困難さは，実務に関与する者の共通した実感と思われる。

(2) 親権者・監護権者の指定・変更の実情

本テーマにかかる家事事件の増加傾向を司法統計年報家事編の新受件数の推移で見ると，以下のとおりである。

「子の監護者の指定」は，審判申立てが平成18年865件から同23年は1,658件に，調停申立てが平成18年693件から同23年は1,312件にそれぞれ倍増している。

「親権者の指定又は変更の申立事件」は，ここ10年ほどの間，調停事件が7千から1万件台で，審判事件が2,500件前後である。未成年の子のある夫婦関係調整調停事件（離婚）には，親権をめぐる争いが争点であるケースが多く，その点の合意がみられないため不調となる事件が少なくないことを含めると，調停・審判・訴訟それぞれの手続において，親権・監護権の帰属をめぐる争いが大きな紛争課題となっている（「子の引渡し」事件の新受件数は，審判が平成18年607件，同23年1,410件。調停が平成18年593件，

同23年988件)。

　親権者の変更のみは家庭裁判所の関与が必須であるが，親権者の指定及び監護者の指定・変更は，父母の協議でこれを行うことができる。したがって，その実情は，圧倒的多数を占める「協議離婚」における親権者指定等の実態の把握なくしては知り得ない。年間，約24万人の未成年の子が父母の離婚を体験しているが，父母のいずれが親権者に指定されたかなどの数値を厚生労働省の人口動態調査に見ることができるにとどまる。

　「子の利益」に沿って親権者が定められたか否か，「子の意向」は考慮されているか否か，父母の力関係の差の下で親権者が定められていないか，更には子が監護に欠ける状況におかれていないか等々，チェック機能の働かない場で親権者が定められた問題事例の増加を懸念する声は大きい。

(3) 類型と実体法
ア　親権者の指定
①　離婚の際の親権者の指定
　父母が協議上の離婚をするときは，その協議により，その一方を親権者と定め（民819条1項），裁判上の離婚の場合には，裁判所が，父母の一方を親権者と定める（同条2項）。
②　子の出生前に父母が離婚した場合
　親権は母に属するが，子の出生後に父母が協議で，父を親権者と定めることができる（同条3項）。
③　嫡出でない子の親権
　母が単独親権者であるが，認知後，父母の協議で父を親権者と定めたときに限り，父が行う（同条4項）。
④
　上記の協議が調わないとき，又は，協議をすることができないときは，家庭裁判所が，父又は母の請求によって，協議に代わる審判で定める（同条5項）。
イ　親権者の変更
　子の利益のため必要があると認めるときは，家庭裁判所は，子の親族の請求によって，親権者を他の一方に変更することができる（民819条6項）。

ウ　監護者の指定

　父母が協議上の離婚をするときは,「子の監護をすべき者」を協議で定め（民766条1項），協議が調わず，又は協議をすることができないときは，家庭裁判所が定める（同条2項）。

　民法766条は，婚姻が破綻して事実上離婚状態となっている父母の子の監護について，類推適用される。

　エ　監護者の変更

　家庭裁判所は，必要があると認めるときは，監護者の指定を変更し，その他子の監護について相当な処分を命ずることができる（民819条3項）。

(4)　子の利益最優先原則

　平成23年の民法の一部改正で，離婚後の子の監護に関する事項の定め等を規定する766条に,「子の利益を最も優先して考慮しなければならない」旨，明記され，820条にも,「子の利益のために」親権は行使されるべきことと明記された。親権者・監護者の指定・変更の基準は，一に「子の利益」であり，父母間の紛争の経緯・原因や感情とは別にある。

(5)　所　感

　近年の家事紛争全体の傾向として，内容面では,「多様化」「国際化」「高葛藤化」等が指摘され，いずれも解決困難化の要因となっている。

　また，当事者の「権利意識の高まり」も合意形成を困難にしているとの声を耳にする。この「権利意識」の高まりが,「子の権利主体性」「子の利益最優先原則」に思い至り，離婚紛争・離婚後紛争の解決の道筋において，父母それぞれが子と相手方との「新たな家族関係の構築」に協力する「理解」と「姿勢」に向かうことに繋げたい。

　平成25年1月1日施行の家事事件手続法は，調停・審判手続の全般を見直し，家事事件手続における子に配慮したいくつかの規定を新設した。

　民法の一部改正並びに夫婦関係調整，親権・監護権の指定・変更の手続に影響がある家事事件手続法による手続のそれぞれの変更点を概観したうえで，親権・監護権をめぐる紛争に関する新法の活用・運用と，弁護士として留意が必要と思われる事柄を考えてみたい。

2 実務における流れ

(1) 民法改正と新手続法による実務における変更と影響

ア　改正民法766条の影響

旧民法766条は,「父母が協議上の離婚をするときは,子の監護をすべき者その他監護について必要な事項は,その協議で定める。」との規定であったところ,平成24年4月施行の現行766条は,「子の監護をすべき者,父又は母と子との面会及びその他の交流,子の監護に要する費用の分担その他の子の監護について必要な事項は,その協議で定める。この場合においては,子の利益を最も優先して考慮しなければならない。」と規定された。

監護者の指定に加えて,新たに,面会及びその他の交流と養育費の分担が「子の監護について必要な事項」に列記されたことは,離婚後の単独親権のもとにあっても二親がそれぞれに子の成長に関わり続ける責任とその役割分担があることを明示している。子の利益を最優先して定めるべきことを「父母」に正面から課したことは,離婚による負の感情が,他方の親を子の養育から排除する方向に傾くことや責任回避の歯止めとなり得る意味で,実務の面でも,その意義は大きい。

協議の流れが,「子の利益」を軸に据えての父母の役割分担の具体化とその継続的な履行の確保を目的とする中で,当事者において「親権・監護権」の帰属が「子の意向」に沿って合意できるのであるなら,協議離婚によることに不足不備はない。裁判手続外での相談業務や協議離婚手続の受任業務にあたって,弁護士として,民法実体法の理念を当事者と共有しながら,子どもの問題の解決に向けて話合いを進めていくことにこの明文規定を活用していきたい。

しかしながら,協議離婚の交渉代理を務めるにあたっては,依頼者からの事情聴取のみで「子の利益」「子の意向」を把握し確認することには限界がある。もとより弁護士は,子どもの心理や人間関係調整の専門家ではない。父母の子に関する言い分に大きな食い違いがあったり,子に対する無関心からの親権譲歩であったり,打合せや相談の同伴で接した子どもの様子に不安材料を感じた場合などは,必要に応じて依頼者の了解のもとで,

子の日常を知る父母以外の者からの情報を得たり，専門機関に子の意向等の調査を委ねるなど，「子の利益・子の福祉」に欠けることのない慎重な配慮が必要であると考える。

　イ　親権規定の一部改正

　平成23年の民法の一部改正により，親権に関する規定の一部が改正された。この改正は，「児童虐待防止」の観点での親権制度の見直しであって，親権制度全般の見直しではない。

　親権喪失・管理権喪失の要件が見直され，親権停止制度が新設されたが，「児童虐待事例」ではない「父母間の子の奪い合い」の場面での親権喪失・親権停止審判申立ては　新制度の創設（民834条の2）・要件の緩和（民834条，835条）にかかわらず，想定外である。「親権者・監護者の指定・変更」等の申立てによるべき事案の一部につき，旧法下で「親権喪失」の審判申立てがあったとの指摘があり，その多くは取下げで終結した。いたずらに過激な申立ては，かえって紛争の深刻化を招き，「子の利益」を損なう。事件類型及び手続の選択には，慎重でありたい。

　ウ　家事事件手続法による変更と影響

　　①　子どもに関する家事事件手続上の変更と影響

　親権者・監護権者の指定・変更は，いずれも，子どもがその結果に影響を受ける事件であり，今般，家事事件における子の意思の把握や手続保障に大きな変更や新制度の導入がされたことから受ける影響は大である。

　　②　子の意思の把握

　家事事件手続法は，子の意見表明権（児童の権利に関する条約12条）を踏まえて，家事審判・調停手続における子の意思の把握について，65条に「家庭裁判所は，親子，親権又は未成年後見に関する家事審判その他未成年者である子（略）がその結果により影響を受ける家事審判の手続においては，子の陳述の聴取，家庭裁判所調査官による調査その他の適切な方法により，子の意思を把握するように努め，審判をするに当たり，子の年齢及び発達の程度に応じて，その意思を考慮しなければならない。」とする総則的規定を新設し，調停にも準用している（家事258条）。家庭裁判所に，「子の意思の把握・考慮」を法的に義務づけている。

③ 必要的陳述聴取

家事事件手続法は，15歳以上の子の陳述聴取を必要的とする事件を拡大した。本章の対象事件は，いずれも15歳以上の子の陳述聴取が義務づけられている（家事152条2項＝子の監護に関する処分の審判の場合，157条2項＝子の監護に関する処分の審判又は調停の保全処分（例外あり），161条3項，165条3項，169条2項＝親権者の指定・変更の審判，175条2項＝親権者の指定・変更の審判を本案とする保全処分により仮の地位の仮処分を命ずる場合）。

④ 手続行為能力

家事事件手続法は，一定の事件について，意思能力を有する子に，手続行為能力（家事事件手続における手続上の行為を自ら有効にすることができる能力（家事17条1項））を認めた。親権者の指定・変更の審判（家事168条7号），同調停（家事252条1項4号），子の監護に関する処分の審判（家事151条2号），同調停（家事252条1項2号）は，いずれもその対象事件であり，子の意思が反映しやすく手当てされた。

手続行為能力を有する子は，家事事件の結果により直接の影響を受ける場合，自ら利害関係人として参加でき，また，家庭裁判所は職権で子を利害関係参加させることができる（家事42条3項，258条1項）。子の手続行為を補うために，子ども自身が弁護士を手続代理人に選任できるほか，裁判長が弁護士を手続代理人に選任することができる（家事23条）。

子どもの手続代理人制度の概要とその役割については，本章第2面会交流の実務（64頁以下）に詳述されているとおりである。

この制度の導入にあたり，家庭裁判所調査官の活動との重なりが議論された。家庭裁判所調査官は，高い専門性を有し，子どもの意思の把握と考慮，監護状況の調査，父母に対する調整的働きかけ等々につき，専門性と知見，高度な技法の蓄積があり，裁判所の中に調査機関を有しない諸外国の「子ども代理人制度」を日本に持ち込むことは不要であり，手続代理人と調査官の活動内容・場面の重複からかえって混乱を招くとの反対であった。

調査官の調査は，調査の目的と範囲を画された裁判官の命令の下，家庭裁判所が法的判断をする資料を作る目的で行われることが基本である。

調査の過程において,「子の福祉」に合致した有意義な働きかけが行われることもあることは,筆者も経験済みではある。しかし,子どもの手続行為能力を補う「手続代理人」とは,存在意義も活動範囲も自ずと異なるはずである。大きな違いの一つは子どもからのアクセスのし易さである。

「父母の離婚によって受ける子どもの不利益が最小限である」ために,この新たな制度が活用されるよう,育っていくよう,また,調査官調査との適切な連携が図られるよう　前向きな運用を期待したい。

エ　家事調停・別表第2の家事審判に関する変更と影響

当事者らの手続保障や手続を利用しやすくする目的から制定された家事事件手続法は,当然のことながら,手続代理人にも,従前の実務の在り方から,新法の精神に沿って変更すべき留意や,新たに創設された制度の活用を求めている。

申立書写しの相手方への事前送付,調停・審判記録の閲覧謄写の許否に関する規定・運用の変更に照らし,いたずらに当事者間の感情の対立を激化させない書面の作成に留意が求められる。

管轄の見直し・申立ての併合（家事43条3項,255条4項）・手続の併合（家事35条）等は,あちこちの裁判所に関連事件が係属することによって紛争が拡大しがちであった従前の事件処理の流れの改善や予防に資する。証拠調べや事実の調査についての規律の変更点は,透明化によって当事者の納得に繋がることが期待できる。職権探知の限界の観点から,当事者の「協力」も明記された（家事56条2項）。電話会議システムの導入等,当事者の利便に資する制度も創設された。

事件当事者の経済的負担軽減の配慮も含めて,新手続法の変更点を活用し,合理的な紛争解決を目指して,家事事件手続法下での実務の在り方に意を用いたい。

オ　運用について

新手続法の下での運用については,各家庭裁判所と弁護士会の間で協議が重ねられ,新手続法は平成25年1月1日に施行された。弁護士会側からの指摘や要望を受け止めながらも,手続代理人がつかない一般事件当事者に対する配慮やその利便性を考慮しての家庭裁判所の準備は,弁護士から

見え難い部分の苦労や工夫が大きく存するものと推察される。
　新手続法の趣旨に沿った新書式が裁判所に用意され，手続代理人に対しても，基本的に，その利用が勧められている。
　当事者にとっても，従前以上に作成・提出が求められる書面・記載項目が多い。「迷いつつあるところ，調停の流れによって，気持ちを整理しながら方向性や方針を見極めたい」との状況にあって，どう記載したらよいか悩んだり戸惑う当事者からの相談も増加するものと思われる。
　調停段階から，手続代理人の書面の提出方法にも変更がある。
　また，調停の進行について，第一回期日の双方立会手続説明（東京家裁の例）など「新たな試み」も裁判所側から示された。当事者の対応能力や心身の状態に応じて，柔軟な運用を要請することも必要となろう。
　今後も，裁判所と弁護士会が運用協議を継続する中で逐次見直して行くことが予定されている。

(2)　**親権者・監護者の指定・変更の基準，判断要素について**
　親権者の指定・変更の基準は，一に「子の利益」であり，父母いずれが親権・監護権を預かることがより「子の利益」に適うか，意思能力のある子についてはその意向を尊重して決めることが求められている。
　親権の内容として民法が規定しているのは，身上監護権（民820条），居所指定権（民821条），懲戒権（民822条），職業許可権（民823条），財産管理権（民824条）及び一定の身分上の行為についての代理権である。親権は，父母の婚姻中は共同して行う（民818条3項）が，父母が離婚する場合は，その一方を親権者と定めなければならない（民819条1項・2項）。
　監護権者につき別段の指定がない限り，親権者の指定は監護権者の指定を含む。
　監護者の権限に関する民法の規定は，797条2項の代諾養子縁組についての同意権のみであるが，親権者の権限のうち身上監護権・居所指定権は監護者に属すると考えられることについては，概ね争いがない。
　子の養育，教育，監督，居所の指定の権利義務は監護権者に属し，親権者と別に監護権者が定められた場合は，親権者の権利義務はこれらを除いたものとなる。監護権者が死亡した場合は，監護権は親権者に復帰する。

親権者指定の基準について，従前は，裁判所内外で，現状優先（継続性の原則）・母性優先・兄弟不分離の原則などが言われてきた。

現状優先が原則とされるなら子を手元に置くことが最優先と，親権争奪の前哨戦として人身保護法に基づく手続による子の奪い合いが激化する中，平成5年，最高裁が，共同親権者間の幼児に対する監護は，親権に基づくものとして特段の事情がない限りいずれも適法であり，その一方の監護に顕著な違法性があるというためには，その監護が子の幸福に反することが明白であることを要する（最三小判平成5年10月19日民集47巻8号5099頁）と判示して後，別居中の夫婦の一方から他方に対する引渡請求について，人身保護法の適用を厳格に制限する流れとなっている。

共働き家庭の増加，父親の育児参加も進み，妻が働き主夫が育児を担う例もみられるなど，家族の在り方も価値観も多様化している。少子化・晩婚化が進み，また，国際結婚も増加し，父母の一方の母国も欧米・アジアにとどまらない。従前の原則への単純なあてはめでは，両親の離婚によって子が受ける影響を最小限に抑えることはできない。

子の意思の尊重，面会交流の許容性等を含めて，子の側・父・母それぞれに関する判断要素を具体的に比較検討し，「子の利益・子の福祉」に照らして総合的に決するのが，現在の実務である。

親権者指定の「判断要素」として裁判例等で考慮される要素は，①監護の実績（これまでの子どもの養育状況，別居前の主たる監護者，父母それぞれの監護能力，子どもとの親和性等），②今後の養育方針・養育環境等（収入等の生活能力・家庭環境・親族の援助の有無や内容，面会交流の許容性など），③不適格事由の有無（暴力・虐待・健康状態（身体面・精神面）），④子の事情として，兄弟との関係，健康状態，環境への適応状況と適応能力，⑤子の意思等である。はかられるべき子の利益は，「現在から将来に向かって」のそれであり，各要素を多角的複合的に比較検討して，判断するものである。

親権者の指定と変更の場合で基準が異なるか。変更の場合は父母双方の事情の比較衡量に加えて変更すべき特段の事情が必要であるとする立場と，子の利益をもとに変更の要否を考えれば足りるとする立場がある。子の意向を考慮しなければならないこと及び現に監護している親の監護実績も判

断要素に含まれているのであるから，実際上，いずれの立場にたっても大きな違いは生じないものと思われる（第一東京弁護士会司法研究委員会「子の奪い合いとその対応」19頁）。

　監護者の指定・変更についての基準は，親権者の指定・変更の場合と共通する点が多いが，監護権の内容にあたる判断要素がより重く考慮される。監護状況や子の情緒安定性，監護能力，子の意思，再婚の可能性等が考慮された例がある（近時の審判例として，子の生活基盤及び心情の安定を重視した東京家審平成22年5月25日家月62巻12号87頁，父母の監護能力を比較した新潟家審平成14年7月23日家月55巻3号88頁等）。

　高葛藤な親権・監護権の争奪事例にあっては，判断要素にあたる事柄について，有利な判断材料を用意しようと，実力行使による子の奪取，意向調査に備えての子への働きかけ等々「子の利益・子の福祉」から乖離した流れで推移する例がある。また，「他方の親のマイナス材料を探し出して感情的に激しく攻撃する」手法が見受けられる。父母間の不信感をより募らせるばかりである。

　現在の事実関係と過去の事情から推察される事情に基づいて「将来にわたっての子の利益」に適う親権者を判断することには，大きな困難を伴う。

　家事事件手続法が，新たに当事者の家事審判記録の閲覧謄写許可申請を，原則として許可しなければならないとしたことは，透明性確保の面で当事者の手続保障を図る趣旨であり，記録の閲覧謄写から「裁判所が何に重きを置いて判断しようとしているのか，その判断の材料として必要な主張・資料に不足はないか」対応することが，新法の趣旨に沿うものである。

　調査官の調査報告書から他方の親のあらを探し出して相手方の「マイナス材料を挙げての執拗な攻撃と感情的反撃」の応酬に終始する対応ではなく，子の成長発達に将来に向けて日常的に寄り添うに相応しい有利な材料を「子の利益の視点」から丁寧に説くことと「他方当事者の主張・立証材料の事実に反する部分の指摘」を基本に，実務に当たりたい。

(3)　**子連れ別居と親権者・監護者指定**

　「子連れ別居」は，「子の連れ去り」との批判がある。現状の変更には父母の同意又は司法判断を必須とする諸外国の立法例や，ハーグ条約加盟に

向けて国内担保法整備の過程にあっての社会的な関心の高まりも背景にある。子連れ別居が親権・監護権の侵害に当たる等の指摘は，一理あるところではある。

　実務的には，母子の安全面での差し迫った危険や困難が無い場合は，父（母）の同意のもとに別居をスタートさせることは基本であり，同意（子を連れて出て行くことを黙認するなどの黙示の同意を含む）を得られない場合は，「監護者指定の調停又は審判」を申し立て，必要に応じて保全の手続を検討することが原則である。別居がどのような形で始まったか，平穏公然なスタートであったか，一方の意思を排してのものであったかは，後の「親権争い」を熾烈なものとさせるか否かに大きく影響する。

　しかしながら，弁護士が相談を受けるのは，「子連れ別居後」であることも多く，その際，「子を元に戻すべき」とすることが適切なケースはまれである。乳幼児など，「置いて出れば，子の監護に欠けた」場合は，むしろ「育児放棄」と言うべき事態に陥りかねなかったもので，かえって「子の福祉」に反する。重ねての環境の変更は子の負担である。現状において，我が国の社会の意識としても，「（乳幼児の）子連れ別居」に対し，概ね否定的ではないと思われる。乳幼児を連れて母が家を出る形での別居は，別居時の規律や支援を欠く実情のもとで，やむを得ないケースもあるのではないか。転居先が知れることが母子の安全を損なうDV事例や，精神的・経済的・時間的面で母子の日々の生活に精一杯であって事前の法的手続を課すことが過酷な事例に，非難は酷である。

　しかしながら，突然子どもと引き離された親から，子どもの引渡しと監護者指定を求める形で紛争が始まる場合は，「子の連れ去りの違法性」が大きなテーマとされ，その非難防戦に争点が特化し「子の利益」が置き去りにされがちであり，いわゆる「予後」が悪くなる。非同居親が，子連れ別居を黙認又は放置することが想定される場合を除いて，別居後，時間をおかずに，子の監護に関する事柄を話し合う場を持ち，「固定化された監護状況」が優位にならない状況での，合意形成を目指すことが望ましいものと考える。

① 意思能力ある子の意向を確認することのないままに，母が「子連れ別居」を敢行した事例では，子が即時父のもとへ帰り，その後母からの

「面会交流」の申立てに対し，父は，争わないにもかかわらず，子が母に対する否定的感情を強め，「会いたくない」とした。子の年齢によっては，「子連れ別居」の強行が，母子関係（父子関係）を損なう例も現にある。手順・手続の選択を誤らないことが肝要である。
② 子が低学年の例で，「転校への配慮」から，母が単身別居を先行し，父が勤務で家を不在にする時間に，母が自宅に通い子の監護にあたった例では，その経緯と事実が，合意形成を可能とするだけでなく，母を親権者に指定する有利な材料となった（もとより，不可能を強いることはできない）。

「子連れ別居」は，我が国の現状にあっては，一律に違法合法が議論されるべき実情にはなく，子の年齢や別居時の監護の実情，どのような経緯で始まったか，「子の福祉」に欠けないための選択の手段が他にあったか否か等の具体的事実関係が問われるべきと考える。

「別居・離婚後も二親の愛育を受けて育つ子の利益」の視点から，「面会交流が行われるべき事例」にあっては，父母の対立構造を深刻化させない別居のスタートが望まれ，その前提として，支援の充実が求められている。

(4) 第三者の監護者指定，親権・監護権の分属

ア 第三者（祖父母）の監護者指定

民法766条により祖父母等第三者を監護者と定めることはできる。しかし，父又は母の監護養育を受けることが「子の利益」の基本であり，祖父母が父母間の紛争に乗り出して葛藤度を上げる流れは，子の利益に反する。父母ともに児童虐待（ネグレクトを含む）のケースや，父母ともに監護能力に欠けるケース以外では，「父母間」の親権・監護権の帰属の調整に留めるのが筋である。

イ 親権・監護権の分属

親権者と監護権者を別に定めることは，民法766条の想定する範囲にあり可能である。

家庭裁判所の実務は，親権と監護権を分属させることは，離婚後紛争の火種を残す恐れなどから，消極的であると思われ，分属の例は少ない（離婚調停成立又は旧家事審判法24条審判事件の未成年の子の親権者別の司法統計

によれば，平成18年：親権者父2,310件の内母監護者は220件，親権者母17,076件の内父監護者は27件。平成23年：親権者父2,105件中母監護者が138件，親権者母19,015件中父監護者が21件）。

　裁判所に持ち込まれる事件に限っては，離婚後紛争再燃を予防する配慮と解決に首肯できるが，一方裁判所の関与のない離婚家庭の実態は定かでない。父母の離婚にもかかわらず，子が二親の愛育を受けて成長している事例に，「親権者父・監護権母」「親権者母・監護者父」の事例も少なからずあるものと思われる。

(5)　手続選択

　「親権者の変更」は家庭裁判所の審判事項であるが，「親権者の指定」「監護者の指定・変更」は，司法の関与なく当事者の協議で行うことができる。弁護士として，相談や受任にあたり，「相談対応」「裁判所外での合意形成に向けての代理・支援」「保全の要否の検討と手続選択」「家事調停」「家事審判」「離婚訴訟の附帯請求」のいずれで対応するべきか，入口での選択と，どのような状況で次の手続に進めるかは，事案に応じて検討すべき重要な問題である。選択次第で，高葛藤化を招くこともあり，子との関係を損なわせる可能性もあり，解決に向けてのより良い道筋を慎重に検討したい（参考文献「子どものための法律と実務」安倍嘉人・西岡清一郎監修，日本加除出版）。

　「子の利益・福祉」が依頼者（父母）の意向と別にある可能性があるケースは，家庭裁判所を解決の場とすることが適当である。家庭裁判所調査官の専門性の活用が可能であることに加え，家事事件手続法は，子を独立した権利主体として一定の手続保障を図っている。新設された手続代理人制度は，諸外国の「子どもの代理人」制度と異なり，家庭裁判所の家事事件手続の範囲内の制度である。

　ア　保全について

　保全の要否は，「保全の必要性」と「子の利益・子の福祉」を第一義的に判断すべきである。

　子を迅速に取り戻すためにとり得る手続として人身保護手続，審判前の保全処分，民事保全手続，調停前の仮の措置が考えられるが，その選択に

ついては，共同親権下での適否，実効性，本体である親権・監護権の解決手続いかん等，ケースに応じて個別具体的に取捨選択されなければならない。

　子が監護に欠ける状況におかれている場合や，別居時の監護状況が変更される恐れ（外国に連れ去られる恐れを含む）があるケースなどは，緊急対応が必要である。旧法下では，本案である家事審判の係属が必要であったところ，家事事件手続法は，一定の審判事件については，家事調停の申立てがあった場合には，審判の申立てがなくても保全処分の申立てをすることができることが明記され，子の監護に関する処分・親権者の指定又は変更は，その対象事件である（家事157条1項3号，175条）。

　司法手続で間に合わないケースもあり，在日領事館対応など，専門性を有する弁護士の知見と協力が必要な例もある。

　イ　父母の合意による解決

　「父母それぞれが子の成長にどうかかわっていけるか」を冷静に話し合い，「親権（監護権）・養育費・面会交流」をセットで合意することが，「子の利益」に沿う解決であること，そして以後の養育費支払い及び面会交流の履行の確保に資することに，概ね異論はないと思われる。弁護士には，合意解決の可能性を損なわない事件処理の姿勢とスキルが求められている。

　もとより「合意解決」が見込めないケースも多々あり，事案をよく見極めたうえでの手続と時期の選択が求められてはいる。

3　事例紹介から

　本項記載の事例は，筆者が相談対応・事件受任・調停委員会の立場で関与した事例を基に，本書が一般書であることから，「事実関係」は，極力抽象化し，家族構成等には若干の創作を加え，経過中，本章のテーマとは関係がない夫婦関係紛争部分は基本的に削除し記載した。

　「もっと何かできたのではなかったか」「回り道させたのではないか」等の筆者自身の反省点を含めてのものである。

事例1　二親間の高葛藤事例
　　　夫（父）：50代，妻（母）50代，子：男子高校生
　夫が自営業の職場に転居する形で別居し，ほどなく，弁護士Ａを代理人に離婚調停を申し立てた。
＝経　過＝
① 父母の不和に悩む子を案じた一家の知人が妻に弁護士Ｂを紹介。
② 妻は，夫が主張する離婚原因（精神的DV等）を争い，破綻状態にないと反論し，離婚の成否をめぐって期日を重ねた。
③ 子は，体調不良や成績が低下するなど，両親の不和が原因と思われる精神的に不安定な状態にあり，妻は，子の大学受験が終わるまでの休戦を提案するが，夫は早期離婚決着を譲らず，即時提訴も辞さない構えであった。
④ 父の職場兼住居への行き来が続いていた子に対し，父は，大学進学後の一人暮らしを勧め，その費用及び学費等の負担は，母を介さずに直接行うことなど，子の自立へ向けての責任を果たすことを具体的に約束した。
⑤ 妻は離婚に理不尽さを払拭できないままであったが，訴訟より有利な離婚給付を確保することと，夫婦間の紛争に終止符を打って子に安定した受験期を過ごさせることが次善の道との気持ちの整理に至り，離婚に合意。
⑥ 子の意向は，「親権者母」であるも，「自分まで父にとられたら母が可愛そうと子は思っているようだ」と母は感じ，父は，親権へのこだわりなく，しかしながら父親としての責任は果たすと確約し，④の内容を含めて調停合意。
⑦ 子は，無事，希望する大学に進学し，一人暮らしを始め，父は⑤の責任を果たしている。

【実務への示唆】
　夫婦間の紛争そのものは「高葛藤」な内容であったが，子が父母双方との関係性を自ら維持構築できる年齢にあって，両親の紛争に巻き込まれながらも，母へのいたわりと父への理解を持ち，時期と内容の両面において，合理的な解決に子自身が導いたと感じさせられた事例である。子の教育には，熱心に取り組んできた父母である。
　弁護士は，依頼者それぞれの主観に振り回されがちであるが，本件では，

Aは一家との永年の付き合いがあり、Bは妻の了解のもとに紹介者を通じて一家のこれまでと現在の情報に接し、夫婦間の問題及び子の問題に、大きなズレのない認識を交換する中で、見通しを依頼者に示しつつ、それぞれの譲歩を引き出して、合意解決に至った。

裁判官が調停に立ち会われて、当事者の言い分にじっくり耳を傾けてくれたことも、当事者の気持ちの整理に資した事例である。

|事例2| **身体的DV事例**

父（夫）：30代、母（妻）：30代、子：男児（保育園児）

母は、父の暴力に耐えかねて子を連れて実家に帰り、家庭裁判所に離婚調停を申し立てた。父は、家裁の廊下で遭遇した母に、暴力を振るった。調停不成立。

その後、母子の連れ帰りを図ろうと保育園に現れた父が、園前路上で母に暴行をはたらき、逮捕拘留、起訴された。

＝経　過＝

① 起訴後、検察官及び父の国選弁護人より、離婚手続を進めた場合、出所後何をするかわからず、時期を置くのが適当であるとの見解を示され、母は、父の出所後、興奮状態が収まるまで、時期を待つこととした。前科があり懲役刑。

② 父の出所後ほどなく、子の小学校入学前に離婚に決着をつけたいと、母は、再度離婚調停を申し立てた。

③ 調停開始後、父は、その実父の紹介でA弁護士を、母はB弁護士を、それぞれ手続代理人に委任した。

④ 父は、離婚を拒否し、母子との同居の回復と、調停中の子どもとの面会を要求し続け、期日間に、A事務所方で怒鳴り散らし、所員を震え上がらせる等の暴挙に出、また、B事務所方でBに対して、入れ墨を誇示するなどして子どもに会わせろと迫った。双方代理人が対応する間、母子に対する直接の加害行動はセーブされた。

⑤ 調停不成立（期日を重ねて粗暴性を抑える可能性を探ったが、AB双方代理人揃って、当面、不可能との認識を共有するにとどまった）。

⑥ 訴訟提起を準備中に、父は行方不明となった。

【実務への示唆】
　身体的DV事例においては，暴力行為が家庭内にとどまり当事者間で暴力行為の有無が争点となる事例が多数であるが，一方で，本件類似の弁護士にとってハードな事例も少なくない。協議による離婚合意を目指す選択肢は，考え難い類型である。
　① 　家庭裁判所の警備体制・通報
　家庭裁判所内での暴力行為等の恐れのある事件については，申立書等の記載から得られた情報に基づき，事前に家庭裁判所の警備体制が準備される。新手続法施行に際して準備されている申立書等の書式には，警備の要否の判断に必要な情報を記載する欄が設けられており，代理人がつかない事件でも適切に事前の情報が得られるよう配慮されている。
　本事例では，夫婦間不介入の姿勢であった警察が，書記官からの連絡を受けて，以後の保護警備に前向きになったと，母は述べている。
　② 　期日における裁判所外での留意点
　調停委員会は，必要に応じて，帰途当事者が遭遇しないよう，当事者が裁判所を出る時間をずらすなどの配慮を行っている。
　しかしながら，待ち伏せして暴力行為に及ぶ例もあり，更には，秘匿している居所を突き止めようと後をつける例もあることを念頭において，依頼者に注意を促す必要がある。
　③ 　事務所対応
　特異な依頼者・相手方に苦慮することが少なからずある職種であり，多くの場合，毅然と対応し続けることにより収束するが，所員が一人で対応することにならないよう留意が必要である。複数代理人で受任することが適当な類型の事件と考える。
　④ 　DVと子
　本事例は，子に対する直接の暴力はなかったが，連れ去りを図ったこと，また，子の面前で母に暴力行為を行ったことから，少なくとも紛争係属中の面会交流は認めるべきでないケースである。
　なお，保護命令・接近禁止命令の申立て等を検討すべき事例については，内閣府男女共同参画局『配偶者からの暴力相談の手引―改訂版―』（平成17年4月），日本DV防止・情報センター編『弁護士が説くDV解決マニュ

アル〔第2版〕』(平成20年2月，朱鷺書房）等，参考となる文献が多数刊行されており，参照いただきたい。

|事例3| 精神的虐待事例
◇事例3-①
　　　父（夫）：50代，母（妻）：40代，子：小学校低学年（女児）
　支配的な夫のもとで過少な生活費でのやりくりを迫られ続けてきた母は，体調を崩し，子を連れて実家に戻り，別居が開始した。婚姻費用分担の調停申立手続を弁護士Aに依頼。髪の毛が抜け落ちるなどの母の心身の状況に接したA弁護士は，事情を聴取のうえ，精神的DVと認知し，母の依頼を受けて夫婦関係調停（離婚）調停も併せ申し立てた。

◇事例3-②
　　　父（夫）：50代，母（妻）：50代，子：女子中学生
　1年以上の家庭内別居後，子の意向にも沿って，母子が賃貸マンションに転居する形で別居。父は不和の原因が思い当たらず，母のわがままと断じた。父は，母から「離婚と終生の扶養」を求められ，非常識な要求にいずれ反省して戻ってくるはずとして，生活費（マンションの賃料も負担）や，子の学費等の支払を続け，多忙な仕事に没頭した。

＝事例3-①の経過＝
① 調停は不調に終わり，婚姻費用の分担を命ずる審判がなされた。
② 母（妻）は，離婚訴訟提起。被告父は，B弁護士に訴訟代理を依頼した。
③ 父は，別居後も，子が学校の帰りに父の職場に遊びに来ていたことなどを挙げて父子の良好な関係と子が父に会えないことの子へのマイナスを主張し，いかに父が子の養育に教育的な配慮を持って臨んでいたかを示す膨大な資料の提出等をもって，子の監護への関わりに強く拘った。和解の席で，当初，親権者を父と定めることを離婚条件と強く主張し続けたが，弁護士との打合せを重ねる中，事実上の監護を頼まなければならない実母が高齢であり，現実的ではないとの理解に至り，面会交流の要求に移行させ，訴訟中の面会交流実施に執着した。母は，離婚成立までは，断固拒否するも，離婚後は応ずるとした。
④ 親権者母，面会交流の合意，養育費の支払（審判で命ぜられた婚姻費用

と同額）を内容とする裁判上の和解離婚が成立。
⑤ 面会交流が履行されないまま推移し，父は面会交流の履行を求める調停を申し立てたが，母は出頭せず，時期を置くこととして取下げ。
⑥ 父からの再度の調停申立てのないまま，時間が経過した。子は，自分の意思で父の職場や祖母宅を訪れられる年齢に達した。

＝事例3－②の経過＝
① 夫は，不和の原因が思い当たらず，妻がカウンセリングを受けている機関を訪れ専門家から妻の状況等の説明と「修復困難」との説明を受けたが，自らにその原因があるとの認識を持つことはできなかった。
② 相談を受けた際，「例えば，仕事が忙しく，また，仕事に不満が嵩じていた時期に，家族に当たり散らしたりした時期はなかったか？」と尋ねたところ，あったかもしれないが，忘れるほど以前のことに過ぎず，当時は妻も普通に生活していたと返した。その頃の恐怖心などが，解消されずに深まることもあると示唆した。また，家族生活の中で，思春期の子が嫌がる父の行動がなかったか尋ねた。子の成長に父がついていっていないとの印象が拭えなかった。
③ 別居が固定化して後，子が口実をつけて，たまに家に顔を出すようになり，父との会話の際，「別居の原因は，自分にもあって，母に申し訳ない」との趣旨の言葉を父に告げた。父は，子の言葉の意味を解し得なかった。しかし，大学進学等につき，子は父に相談し，父は学費等の責任も果たした。
④ 長期別居のまま時間が経過し，父が要職を離れてゆとりを得た後，「今になってやっと妻の気持ちが判った気がする」と述べた。

【実務への示唆】
　事例3－①及び②の父母には，共通点が多い。
　　ⅰ　対外的関係において父（夫）が家族をリードし，その際，家族の意向に配慮を持たず，家庭人として不器用なタイプである。
　　ⅱ　無意識のままに，職場の上下関係と同様の関係を家族にあてはめ，また，仕事上のストレスを家庭で発散・消化しがちである。社会的な地位が高い業種・業務に就いている。

iii　父は自信家であり，他者の感情に対する感受性が鈍く，家族からの信号を見落としがちである。
　　iv　母は，自分の気持ちを外に出すことが苦手であり，父に逆らえず，限界を超えて我慢し，自己を責め，心身のバランスを失う。
　両事例は，父母の性格に由来する事例の解決の困難さを，子どもの成長が乗り越えたケースである。子どもの成長に加えて，父が子と会えない時期があっても，養育費の責任を果たし続けた背景が重要である。
　一方の当事者が精神的DVと主張する事例は，他方に破綻の原因が自らにあるとの認識が欠如しており，相手方への攻撃と自己の正当化に終始し，結果的に熾烈な親権の争いや面会交流の強烈な主張になりがちである。紛争の渦中で，「精神的DV」との非難を受け入れる例は少ない。
　しかしながら，子に対する愛情の有無は，別である。
　一部に，子どもと会えない状況を兵糧攻めで突破しようとする紛争があるが，父子の関係を長い目でみたとき，逆効果と言わざるを得ない。父の子に対する愛情の証として経済面で責任を果たし続けることは，いつか子どもに伝わるとのアプローチに，強烈な個性・特異な性格を有する父が耳を貸すこともあり，予後を良くする。

|事例4|　父が面会交流を拒絶した事例|

　　　　父（夫）：40代，母（妻）：30代，子：小学校低学年男児
　母が許すことができない父の違法行為があり，子の面前を含めて父母の喧嘩が絶えず，父が家を出る形で別居。母が離婚・親権・損害賠償・養育費を求めて調停を申立てた。
＝経　過＝
① 父は，親権の帰属を含めて母の申立ての内容に概ね争わず，損害賠償の支払い方法が主な調整課題となった。
② 父は，仕事を休めば解雇されると調停期日に度々欠席。
③ 母は，夫婦関係の修復は不可能であるとしながら，子が父を求めていることに胸を痛め，調停期日のたびに，子どもの作品や写真などを持参し父の子への関心の回復に働きかけることに腐心したが，父の期日欠席で父の受け取りは叶わなかった。

④ 父の期日出席が見込めない状況で，期日外で父と母の代理人が直接交渉。事実上の合意に至り，父は，調停成立期日の出頭を確約した。
　父からの自発的な面会交流の申出がないまま推移したことから，離婚について事実上合意した席において，「面会交流の意味」，母は前向きに応じること，子が父に会いたいと口にしていること等を，時間をかけて伝えたが，父は「子に会えば辛くなる」からと，子との面会を拒絶する姿勢を崩さなかった。
⑤ 母は，離婚によって父と断絶することを子に申し訳ないとしつつも，同居の回復は考えられないこと，別居後，相当期間父子交流はなかったこと，子に会う気持ちのない父に会わせてかえって子が傷つく恐れ等から，面会交流の取決めをせずに調停を成立させた。
⑥ 父母それぞれの生活の安定と損害賠償割賦金の完済を得てから等，時期を置いてあらためての面会交流の交渉を考えることとして，終結。
⑦ 割賦金と養育費の合計額の支払いは，父の収入に照らせば綱渡りの月額であるも，不払いの連絡はない。

【実務への示唆】

　未成年の子を持つ夫婦の離婚で親権・監護権の争いがないケースの中に，一方の親の子に対する無関心や，同棲相手との関係から子との繋がりを絶つ方向に向かう事例も少なくない。これらは，二親の愛育を受けて育つ子の利益が置き去りにされる意味で，「困難事例」である。子に会いたくないとする親が依頼者である場合には，弁護士による働きかけの余地があるが，依頼者ではない相手方が拒絶する場合は，対応に窮する。調停委員会・調査官による働きかけを期待したい場面である。当該事件の合意内容に盛り込まれるところまではいかないとしても，時期を待っての次の段階での前進につながることが期待できる。
　協議離婚では，離婚により非監護親と子との交流が絶たれる事例が多数に上るものと推察される。
　改正民法766条の施行に際し，「離婚届」用紙に，「養育費の取決めの有無」「面会交流の取決めの有無」をチェックする欄が設けられたことは，離婚当事者の意識をここに向ける一助になるものと歓迎できる。統計資料

とするにとどめずに，例えば，戸籍係窓口で，「なし」にチェックのある届出の受理にあたって，必要に応じ適切な相談機関の紹介等が行われるなら，「子の利益の確保」に行政が側面で援助することとなる。未成年子のある離婚全件に司法が関与する制度への移行は，家庭裁判所のキャパシティ等から当面望めないが，行政が，必要なケースについて，司法や相談機関に誘導する支援を行うことは，工夫次第で可能であり，期待したい。

|事例5| 面会交流継続の中で親権譲歩があった事例

父（夫）：30代，母（妻）：30代，子：男児（保育園児）2人

母の仕事は宿泊を伴う出張が多い業務であり，父は，有給休暇を活用するなどして，母が出張中の育児を，相当程度担当してきた。父が職場における不満を飲酒により解消し続ける中で夫婦関係は破綻に至り，母が子ども達を連れて実家に戻った。母が，離婚・親権を求めて調停を申し立てた。

＝経　過＝

① 職場での不満が高まっていた父は，家族まで失うことに激しく抵抗し，離婚やむなしとの気持ちに至るまで，期日を重ねた。その間，熾烈な親権争いが予想される中，双方代理人が調整しながら，面会交流を続けた。

② 期日間の面会交流で，父が子どもたちから母の生活状況を尋ねる等の不適切な言動があるとのクレームを受けて，面会交流の在り方について，調停委員会と双方代理人とで父に改善を求めた。面会交流に消極的であった母は，受け渡し方法や面会時間について，細かな要求を繰り返し，一方父も，子の一人が発熱して一人としか面会交流ができなかった場合にその補充の日を求める等，子の日常生活に差し障りかねない強烈な主張を行った。夏休みの複数日宿泊を伴う面会交流も実施され，当初，父子の交流は子の負担であるとしていた母も，子どもたちが父との面会を少なくとも嫌がってはいないと薄々感じる状況で推移した。

③ 宿泊を伴う面会交流も実施されたこと，父が離婚不可避との認識に達したこと（その過程で，父に職場の異動があって仕事上のストレスや不満が解消に向かった背景もあった）などから，離婚を前提に，親権の話合いに入った。

④ 父は親権に執着し，諸外国の立法例の文献を持ち出すなどして強くこだ

わったが，打ち合わせの際に，解決に向けて，その真意を聴取すると，
ア．月2回及び長期休暇中に複数日の宿泊を伴う面会交流が確保されること
イ．子どもたちが，親権者母の手続のもとで改氏をしないこと
ウ．母が再婚しても，父の許可なく養子縁組しないこと
が，確約されるなら，譲歩しなくもないと，気持ちを整理するに至った。
⑤　父母間の葛藤度は高く，イ・ウに関しては，現行法制度のもとで，親権者母の遵守を信頼するほかに確実な担保はないことに躊躇しつつも，調停での合意が，アの履行確保に資することの理解から，母を親権者と定めて，アの内容の面会交流を合意し，イ，ウを約し離婚調停が成立した。

【実務への示唆】
　離婚・親権者母に応ずれば，面会交流を行うが決まるまでは拒否する，との調停中の面会交流を拒絶する例が多かった時期の調停事例である。
　調停成立後暫くの間も，母の代理人弁護士は，面会交流の日程等調整の支援を続け，苦労した。受け渡しは，母の親族がサポートしたが，日程調整程度のサポートを低廉に受けられる機関の充実が求められる。
　面会交流のほか，「氏」「養子縁組」「進学」「大きな事故・病気の際の医療同意」等の局面で子とのかかわりを絶たれるから親権を譲れないとする当事者は少なくない。100か0かの離婚後単独親権制度の現行法のもとでの解決は，高葛藤の父母に，調停合意が遵守されることの信頼を前提とする決断を求めることであり，悩ましい実情にある。

|事例6|　祖父母の関わりと親権紛争|

　　　　父（夫）：30代，母（妻）：30代，子：女児（保育園児）
　妻は，義父母との二世帯住居で生活するようになってから義父母との折り合いが悪く，精神的疾患の既往症が再発し，入退院を繰り返すようになった。主治医は，症状の改善のために離婚を勧めるとの診断を下し，妻は，「離婚・子の親権・養育費」を求めて，夫婦関係調整調停を申し立てた。
＝経　過＝
　夫は，妻の病気が改善することを第一に離婚に応じるとしたが，「子が妻

の病気が原因で虐待を受けないか」と心配し，親権を主張した。

　妻の父母（子の祖父母）から虐待の心配がないことを事実確認のうえ，監護状況の具体的な内容を聴取した。妻が子と実家に戻って以来，定年後自宅で軽作業の仕事にあたっている祖父と専業主婦である祖母が適切に子（孫）の育児をサポートしていること，子は実家近くの保育園に元気に通っていること，祖父母が妻の服薬による病気のコントロールを確実に見守っていくこと等を具体的に説明した結果，夫は，家業の営業に忙しい夫の父母（子の父方祖父母）の支援による夫の監護より，子にとってより良い環境であると認識し，同時に，母子分離が妻の病気改善にマイナスと理解し，親権を譲り，養育費の支払いと，月1回程度の面会交流を合意した。

　元妻は，パート勤務を継続できるまでに病気は改善し，子は，元気に小学校に通っている。

【実務への示唆】

　上記の事例は，母方祖父母が　母の監護を適切にサポートする形で関与し，父及び父方祖父母との定期的な面会交流も確保された良好事例であるが，祖父母が夫婦の離婚・親権争い・面会交流紛争に積極的に関与しようとする事例は，紛争が激化する方向に傾くケースも少なくない。

① 夫婦関係の修復の可能性を失わせる言動に終始する例。
② 祖父母と孫の面会交流を強行に主張し，そのことが，「父（母）子の面会交流」の合意を困難にさせる例。
③ 合意された面会交流の場に，事前の監護親の了解なく祖母が同伴し，混乱させ，爾後の面会交流の履行を阻害させる例。
④ 子の引渡し執行を，祖父母が実力で阻止する例。
⑤ 父が祖父母同伴で母方に乗り込み，実力で子を奪おうとする例。

いずれも，実例である。

　父母いずれが親権・監護権を預かるのが「子の利益」に適うかの視点で合意し，又は，司法判断を受ける過程で，子のため，孫のため，良かれと思い込んでの祖父母の行動が，逆に作用する場合があることも念頭に置きながら，依頼当事者・その家族らに対応することも必要と考える。

　面会交流が，父（母）と子の間で順調に推移し，安定的に履行されてい

るケースは，その多くが　非監護親側の親族との交流の回復に発展している。

> |事例7|　子どもが日本から連れ去られた事例
> 　　　　父（夫）：30代，母（妻）：30代，子：幼児（男児）
> 　妻が子を置いて単身家を出た後，夫（夫の父は日本人・母は外国人）は，子を外国在住の父方祖母に預けた。
> 　本事例は，妻が，離婚・親権・子の引渡しと，調停係属中の面会交流を求めようと調停を申し立てたところ，既に子は日本を離れ，異国で祖母のもと，養育監護を受けていた事例である。子は，父と何度も祖母の国に行ったことがあり，子名義のパスポートの発行を受けていたという。少なくとも，別居時に，子のパスポートを持ち出し，出国を阻止する必要があった。国境を越えての子の連れ去りを防止する制度を持つ国は少なくないが，日本はその手当てがない。ハーグ条約加盟に向けての国内担保法制定の過程にあるが，加盟国は限られており，本事例の子が現に暮らす国も，非加盟国である。

【実務への示唆】
　①　国内でできることは，法的にはいくつかの手続が考えられる（大谷美紀子「国境を越える子の監護問題の法的処理の現状と課題」判タ1376号4頁等）。しかし，子の引渡しの執行は，極めてハードルが高い。国・地域によっては，子の所在確認さえ，困難な場合がある。現実問題としては，父に対し，子を日本に連れ戻すよう説得し，任意の別居時原状への回復を求めること等に限られるケースがある。海外での子の取戻しは，時間・費用を含めて大きな負担であり，その負担に耐えられる母（又は父）は限られる。精神的な負担も国内事例の比ではない。
　②　父母が日本在住の日本人であっても，外国に在る親族に子の監護を託すことが万一にもあり得るケースについては，特別の注意が必要である。[1]

1）本事例のような実務への参考文献として，松村徹「子の監護に関する処分事件の制度およびこれに関連する裁判例」判タ1376号29頁参照。

第4　弁護士からみた親権者・監護者の指定・変更の実務の実情

> **事例8**　親権者変更の事例
> 　　　父：40代，母：40代，子：中学生（男子）
> 　父と母は，子の親権者を母と定めて協議離婚。母が再婚し，その夫との同居家庭での生活に不満を募らせた子は，高校進学を前にして，自らの意思で，父のもとで生活を始めた。高校進学の手続等の必要もあって，父と母は，子の気持ちを確認し，その意向に沿って子が父の監護養育を受けて生活することに同意し，親権者を父に変更する手続を踏むこととした。

【実務への示唆】

① 　思春期以降の子どもが自らの意思で，非親権者である親元に生活を移す例は少なくない。子自らが行動をもってその意向を表明した以上，親権者を変更する父母間の合意は，子の意思を尊重する流れで得られる場合が多い。

② 　法は，「親権者の変更」には家庭裁判所の関与を必要としている（民法819条6項）。父母の合意のみでは変更を許さないのは，親権が義務を伴うものであって，いったん引き受けた以上安易に義務を放棄することを許さない趣旨であると説かれている。家庭裁判所は「子の利益のために必要があると認める」場合に，親権者を変更する旨の審判をする。

③ 　本事例のように，父母間で合意がある場合は，「合意に相当する審判」の手続（家事277条）によることができる。親権者変更の調停（家事別表2の八）を申し立て，手続当事者間に申立ての趣旨のとおりの審判を受けることについての合意が成立し，家庭裁判所が「子の意向」等，必要な事実を調査し，調停委員の意見を聴いたうえで，その当事者間の合意が正当と認められる場合に，家庭裁判所は合意に相当する，親権者を父に変更する審判をする。

④ 　子は，親権者の変更手続において，「審判の結果により直接の影響を受ける者」であり，その年齢に応じて，手続保障がある。中学生であれば，通常，意思能力を有し，手続行為能力が認められる。

　親権者の変更について，父母間に合意が調わない場合は，子の親族（父母を含む）が「親権者変更の審判申立て」を行う（民法819条6項，家事

別表2の八)。

離婚後，単独親権者が死亡した場合に生存親を親権者に変更する審判を求めることができるか否かについては，学説は諸説あるが，親権者変更の審判の一類型として裁判所に書式が用意されている。

4 共同監護，充実した面会交流事例

> 事例1
>
> 父Aと母Bは，Aの不貞が原因で，AB間の未成年の子C（乳児）の親権者をBとして協議離婚。Bは塾講師を勤め，主として週末及び平日は夕方から夜にかけての仕事にあたるため，Bの勤務中，AがB宅に通い，Cの監護にあたった。BがDと事実婚し，BD間に子Eが出生した後も，AとDが同時同所で，共同して週末と平日夕方から夜の間のC，Eの監護にあたる時期を経た。C・Eは，兄弟仲良く，Cと実父A（再婚家庭に子を有する）との交流，CとDとの関係は良好である。

> 事例2
>
> 父Aと母Bは，性格上の不一致で，AB間の未成年の子C（幼稚園児）の親権者をBと定めて協議離婚。離婚に際し，AはBに離婚後扶養の趣旨で財産分与し，Bはこれを原資に進学し，就職した。Bの学生生活中，子Cの監護は，父Aが適宜支援し，Bが宿泊を伴う学校行事の際は，Aに子Cを預けるなどし，小学校進学後も子は自由に（友達の家に遊びにいくと同じように，母に行先と帰宅時間を事前に知らせる）父方に遊びに行くなど，父子交流は充実した内容で推移している。

【実務への示唆】

離婚が，夫婦双方の気持ちが整理されて，「夫婦関係の解消」が双方の納得の上で合意されたケースで，「離婚後の事実上の共同監護」，「充実した非監護親との交流」が図られているケースがある。

事例1は，母Bの離婚原因を引きずらない強さと父Aの誠意が前提に

あっての事例であり，「乳幼児期の事実上の共同監護」を経て，親権・監護権の帰属いかんに関わらず，父母の離婚によっても，子が，二親の愛育を受けて育つ環境が維持され続けた実例である。

 事例2 は，満足な離婚給付があってそれを母が前向きに離婚後の自立のための勉学の費用に充て，父子交流が順調に推移しているケースである。

両事例に共通しているのは，母にも子育ての手代わりを必要とする事情があり，父に，これを担えるだけの育児の実績があった点である。

父の育児参加が増えている今日，離婚によって子の監護から片親を排除するのではなく，事実上，監護を分担させる方向での解決が可能なケースもあり，実例として紹介するものである。

高葛藤な離婚事例においては，期待し難い流れではある。しかし，葛藤度の強弱は，離婚の原因によることは否定できないが，当事者の性格や気持ちの持ち方による部分も大きく，時間がこれを軽減することもあり，また，離婚給付の満足・不満足，養育費の履行を含む相手方の誠意の有無にも影響されるものと考えられる。

主として高葛藤，困難事例を扱う弁護士にとっては，別次元の事例ではあるが，弁護士の関与のない上記の各事例に，「子の最善の利益」を優先させる解決への示唆が含まれると，紹介する次第である。

親権・監護権・面会交流・養育費の分担のそれぞれについて，権利義務としてその帰属や行使を争うのではなく，離婚後，父母それぞれが，子に対して何ができて何ができないかをすり合わせる中で　現実的な方向が見えてくると思われる。夫婦間の過去の清算と，親子間のこれからとをいたずらに絡ませずに当事者間で解決した例に，学ぶところは少なくない。

5 小括に代えて

(1) 新手続法と子――子の手続代理人への期待

家事事件手続法が「子の利益・子の福祉」への配慮から新設した「手続代理人」制度が，親権者・監護権者の指定・変更の事件類型において，活用され，有効に機能することを期待したい。

担い手は弁護士である。子への対応力と，充実した事前の研修が求めら

れることは当然であるが，日弁連と各地の弁護士会それぞれにおいて，子どもの権利擁護に高い専門性を有し実績と意欲ある弁護士を中心に受け皿が準備されている。

(2) 民法と子――親権制度全般の早期見直しへの期待

児童虐待防止の視点からの親権制度の一部改正が実現したが，現行親権制度は，多様化した家族の在り方，国際化等に追いついていない。

離婚紛争にあっても，「父母がそれぞれ，子に対してその責任や役割をどう果たしていくべきか」と発想する前に，「いずれが親権者として適当か」の熾烈な争いを招く現行法の枠組みは，時代に合わない。

家事事件の手続法が全面改正された機に，民法の親権規定全体（親子法）の見直しが加速されることを期待したい。

(3) 弁護士の父母当事者対応

裁判所の内外から，弁護士批判として，「依頼者の代言に終始している」「救世主願望があるのでは」「当事者以上に当事者化している」等々の声を耳にすることがある。依頼者のその時点での感情に支配された思いをそのままに果たすことに拘泥するなら，これらの批判を受けがちな事件処理に陥る。

子どものある夫婦の事件は，依頼者の心情に寄り添いながらも「離婚によって受ける子の不利益を最小限にとどめる」解決を目指すべきことを依頼者と共有して，その具体的な方向を検討しながら進めることが必要である。そのためには，依頼者が，気持ちを整理して「子どもの利益・子どもの福祉」に適う解決を目指して前に進めるような関わり方が，弁護士には求められている。言うは易く，行うは難い。一事件一事件，それぞれに悩ましい。

（山田攝子・弁護士）

第 3 章

民間・行政の支援の現場から

SECTION 1 FPICによる面会交流援助

1 はじめに

　今般の民法改正における面会交流の明文化は，まことに画期的な出来事である。なぜならこれを機会に世の大人たちは，親の離婚を経験した子どもの福祉を守る有効な手立てとして，面会交流を我が国の家族文化として育てていく努力義務を負わされたと考えられるからである。婚姻した3組に1組が離婚する現状において，離婚後の子どもへの支援は特別なことではなくなったのである。

　そのように考える立場から，FPICにおける面会交流の支援について述べる前に，ひとつの断りをしておきたい。FPICの面会交流援助活動は法律や制度の存否にかかわりなく，自力で面会交流を実施できない親子の要請に迫られ，止むにやまれずスタートした自前の家族臨床活動である。にもかかわらず，後からついてきた法律や制度が，自前の援助機関を準備することなく，FPICのような既存の民間機関を制度運用の支え手として期待し始めているように感じられる。民間機関は，独自の活動の創造性と自発エネルギーを喪失して制度に飲み込まれてしまわないように，自律的存在を維持し続けながら法律や制度と共存するための新たな自覚を迫られ始めた。そのような意味で，所与の標題は「制度の運用を支える」という冠が付いているが，FPICに存在するのは「子どもを支える」という意識であって，制度の運用を支える意識ではないことを断っておきたい。制度の運用，発展の責任は，あくまで制度を作ったものが第一義的に負うべきものであり，そのくらい本気で取り組まない限り，既存の機関を利用してお茶を濁すような発想では新たな家族文化は育たないどころか，面会交流を希望しながら実施できない「面会交流難民」を増やすだけになりかねない。

　断っておくべきことがもう一点ある。FPICでは，活動開始の当初から「面会交流」を用語として使用してきたことは周知のことと思われるが，面会交流「支援」ではなく「援助」という用語を使用している。家族臨床

活動が，制度や経済的支援までを包括するような支援活動ではなく，支援の一翼をになう専門的技法と経験の蓄積による具体的実践活動であることを自覚しているからである。以下の記述においても，「援助」を使用していく。

　平成24年中に，FPICの面会交流の累積受理件数が1,000件を超えた。どの１件を振り返っても，悲喜こもごもの忘れられない記憶がよみがえる。子どもの幸せのために，面会交流の普遍化と援助の輪の拡大を期待して，FPICの援助活動の一端と所感を述べてみたい。

2 FPICにおける具体的援助の流れ

　FPICの援助の流れは，ホームページ上に「利用案内」として掲載されているので参照されたい。ここでは，フォーマット的な手順の流れではなく，それぞれの手続の意義を説明しておきたい。

(1) 事前相談

　最初に必要な最も重要な手続である。援助内容の事前開示と面会交流の意義，援助の理念についての理解を深めてもらうことが目的である。
　FPICでは，子どもが喜んで面会を継続できることが面会交流において最も価値あることと考えている。そこで，父母が面会交流の合意をする前に，このような面会交流に対するFPICの考え方，それを実現するための援助内容，方法，ルール等を説明させてもらう。そして，子どもの福祉にかなった面会交流の内容を具体的に理解し，FPICが提供できる援助条件で援助を希望する両親だけに手を貸している。この趣旨を徹底するために，調停や審判で調書や決定が出る前の「事前相談」を援助の必須要件としている。

(2) 当事者合意の成文化

　父母の合意形成過程と援助活動の分離を明らかにしておくことが目的である。
　面会交流することも，第三者援助機関を利用することも，父母間で合意

すべきことであり，援助活動に従事する者は，合意形成には関与すべきでないと考えている。これは援助の中立性を担保する必要から生まれた知見であり，FPICでは父母間の合意の確認のために，申込みに際して合意文書（コピーで可）の提出を求めている。したがって，FPICからは第三者機関の援助の利用を勧めることもしない。

　父母の合意とはいえない審判書，判決書，決定書に基づく援助は，裁判所の判断に従った援助を行うことになり，援助開始後に双方との関係性の中で真の合意に変えていくために，援助者はたいへんなエネルギーを消耗することになる。FPICの知らないうちにFPICの利用を決めた審判書等の裁判所の決定文書では，内容によっては援助を断らざるを得ないこともある。

(3)　**申込書の提出**

　契約に基づく援助関係を形成するために行うのが目的である。

　父母それぞれから，自由意思と自己責任において行う申込みであることを「申込書」という文書によって確認したうえで，有償の援助契約を行う。合意の最終段階まで援助機関の利用を渋っていた当事者には，欠かせない意思確認である。

(4)　**具体的な援助の実施――援助の三本柱**

　ア　ペアレンティング

　　①　両親が親役割を自覚し，子のためにその役割を実行するのを援助する。

　　子ども中心の面会交流を実現するには，両親が権利を争う夫婦の関係から，子どものために協力し合う親同士の関係（フレンドリーペアレント）に変わって，継続可能な面会交流の具体的な実施方法を検討しなければならない。面会交流の調停はまさにこのような変革を促すペアレンティングの場であるのだが，すべての調停者が心理学や児童学の専門家というわけではなく良識ある市民による問題解決の場である以上限界がある。しかし，当事者がFPICの事前相談においてよく口にする言葉がある。「弁護士にも，調停委員にも，調査官にも同じことを言われまし

た。やっぱり面会交流は大事なんですね」と。この言葉は，問題解決に関与する関係者たちが，限界を感じつつも，懲りもしないで屋上屋を重ねながら語ってきた言葉の中の，なにかが当事者の心に届いたことを証しするものである。ペアレンティングは即効的には効果を確認しにくいが，いつでも，どこでも，関係者の誰でもが，根気よく働きかけ続けることによって，いつか当事者が夫婦から両親に変わっていくための後押し機能を発揮するものと思っている。FPICでは事前相談の成否が面会交流援助の成否を決めると言われ，父母に面会交流の意義，目的を理解してもらうことをペアレンティング援助の第一の柱と考えて，事前相談の中で最も力を入れている。

② ペアレンティングにおける親の視点転換を促すポイント

両親は，主観的には子どもが可愛く，子どものためにと思って主張していることが多い。それだけに，主張を頭ごなしに否定されては話合いの土俵に着く気にもなれなくなる。

ポイントの第1は，父母の主張や考え方をしっかり受け止めて理解することである。同情や賛成をすることではなく，なぜそのように主張するのか，なぜそう考えるのかの背景，理由を理解することである。理解するために必要なのは，援助者側の質問力と話題提供力である。上手な質問と話題提供の繰り返しの中から，主張の背景，理由が具体的に分かり解決のヒントが見つかる。

ポイントの第2は，父母の視点を「過去」と「現在」から「未来」へ転換させる話題を提供することである。別居親は不当な親子の隔離という，今現在の問題に躍起になっている。監護親はDVの恐怖から脱出し，やっと手に入れた小さな桃源郷を脅かすようなことは一切受け入れられない。親子とも同じ心情であり，子どもは別居親に会いたがっていないと主張する。父母の主張は対極にあるように見えるが，「現在」に縛られて身動きできなくなっている点においてはまったく同じである。しかし，子どもは時を待たずに将来に向かって成長する。問題の視座を「未来」に切り替えなければ，子どもの福祉は蚊帳の外ということになる。例えば，子どもの自己肯定感の獲得にとって「継続的な親との関わり」が不可欠であることを考えれば，いっときの濃密な面会より，継続でき

る面会の価値的優位性が理解されやすくなる。また，面会交流の価値が理解されれば，面会への抵抗の強い同居親に対しても，面会を「良薬口に苦し」とか，子どもの好き嫌いを克服させるために行う母親の料理の工夫や努力にたとえて，方法の工夫による実施を期待することもできるようになる。

③ 事　例

面会交流の継続の意味を考えるとき，参考になると思われる兄弟2人と父との面会の事例がある。

面会頻度は年に3回，かなりよそよそしい関係だった付添いから受渡し援助になるのに3年かかった。しかし，長男は中学2年生のころから，面会の際には部活や将来の進路をしきりに父親に相談するようになり，高校受験は母親ではなく父親に相談して受験校を決めた。二男が小学4年生になったとき，「父の仕事」という宿題が出た。なかなか言い出せずに不安定な日が続いたが，援助者が連絡役になって父からの詳しいデータや写真が得られ，宿題は上首尾に出来上がった。父も喜んだが，二男が言った。「ああ，すっきりした！」

イ　子どもの心の代理人

① 専門家型援助を標榜する根拠は，子どもの心の代理人としての援助にある。

家事事件手続法に規定された「手続代理人」は，いわゆる手続の代理人だけでなく，子どもの意向調査等を行い，子どもの司法面接に近い役割を担うことが推察される。その目的は，証拠として堪えうるだけの事実を子どもから収集することにある。

FPICの援助者は，子どもの代理人を自認してきたが，子どもとの関係では，手続代理人とはまったく異なる。子どもの司法面接で，二次被害の防止のための配慮事項とされていること，そのこと自体が，援助者の援助目的だからである。そこでFPICでは子どもの心の代理人という言い方をしている。

子どもの心の代理人の働きは，子どもが安心して面会交流を楽しめるように，物理的，身体的，心理的安全と安心を直接子どもに提供することである。心理的安心の提供は，主として2つの方法で行う。1つは面

会交流に対する不安や抵抗を事前に緩和させる必要のある時に行う子ども面接であり，他の1つは面会交流場面への同席である。いずれの場合も，子どもを緊張させる怖れのある質問型の会話より，子どもの気持ち（感情，意向）に寄り添って，受け止め，聴き取り，見守ることを主務とする。「子どもの意見，意向を聞くことの責任」の項で再度触れるが，子どもは，相手を信頼したときには，尋ねるまでもなく心情を吐露してくる。誰にも言えずに胸に秘めてきたことを，怒っていることを誰かに聞いてもらいたがっているのは事実である。子どもが，ここには自分のことを分かってくれている人がいるという気持ちになれたなら，面会交流は継続していくのである。

② 子どもの心の代理人は，子どもの安心感・安全感を守るために両親をコントロールしたり，介入を行うこともある。

事前に助言しておいても，初対面でオーバーアクションになる別居親は少なくない。このような時，子どもは怖気づいたり固まったりしてしまう。援助者は，別居親と子どもの間に割り込んで子どもの遊び相手になりながら，別居親に子どもへの接近の仕方から指示しなければならない。些細なことのようでも，子どもが別居親のテリトリーを訪ねるのでなく親が子を訪ねれば会える，別居親を「呼んできてもいい？」ではなく「呼んでくるね」と言って誘導する，直接の接触はできなくてもボールやおもちゃを渡しに行くことはできる等，子どもの心は実に繊細である。ひそひそ話や質問にはすぐ介入する。

ウ　実施場面への関与

面会交流の実施場面への関与という援助は，付添い，受渡し，連絡調整の3つの方法で行っている。これらは厚く広い援助から，薄く小さい援助へと3層の同心円のような関係にある。外側の輪から順次外して援助を軽減する。

① 付添い

1時間から3時間程度までの面会交流の間，遠近の差はあるものの，いわゆる同席者として面会親子に付添う。子どもの心の代理人として付添うのであるが，子どもの顔色，表情などを読み取りながら子どもが安心して楽しく面会できるようにサポートする。トイレ介助も重要な仕事

の1つであるため，介助の必要な子どもには，同性の援助者を付けている。面会の場所は，初回はFPIC内であるが，室内は2時間を限度としており，待機者のためにもできるだけ早期に室外での実施ができるよう心がけている。付添いは原則小学2年生までが対象である。

2回を限度とする短期援助は，付添い型の援助を行う。

② 受渡し

面会親子の親和性に問題がなく，子どもの心の代理人を必要としないケースで，監護親も別居親に子どもを託せるだけの信頼感を回復できたケースについては，時間管理や緊急時対応を主務とし，開始と終了時点にだけ援助者が立ち会う受渡し援助を行う。面会交流の日時，場所，参加者を事前に援助者が確認し，子どもの移動負担の軽減のために，現地集合，現地解散で行い，受渡し場所としてのFPIC事務所の利用は原則として行わない。当事者の合意のもとに，宿泊や祖父母との面会も行われている。

③ 連絡調整

まったく顔を合わせない関係というのは，意思疎通が難しい。毎回の調整に苦労している援助者が少なくない。最近，初回だけは受渡しを行う方向に軌道修正している。

(5) 自立への展望

FPICの援助は将来の自立実施を前提に出発しているにもかかわらず，完全な自立には想定外の時間を要している。契約期間は1年であるが，更新ができるため1年ごとに見直し，当事者が更新を申し出た場合，FPICが必要性を認めれば援助が継続する。新たな援助機関が誕生している現在，専門的援助の不要な段階（受渡し，連絡調整）に達した当事者には他機関の利用を勧め，FPICは救命救急士的な援助に徹したいと考えている。

3 面会交流の合意形成及び実施の際の留意事項

(1) 援助の要・不要ケースを混同した，議論の混乱に巻き込まれない

子どもの立場からいえば，面会交流における第一優先課題は「継続」で

ある。親権を不要とするそのときまで、交流の糸が繋がってさえいれば、そこから先は子どもが自分で糸を紡いでいくことができるからである。

　FPICの援助者は、面会交流の救命救急士である。援助ケースは、救命救急士の手を借りなければ、面会そのものの命が断たれるような瀕死の状態にある。そのようなときに、共同親権、共同養育の名のもとに、高頻度、長時間、宿泊など現実的でない要求を主張し続けても、会える機会が遠のくだけで子どもは喜んではいない。隗より始めよのことばどおり、「会えることをもってよしとする」、「とりあえず一度は会わせてみよう」から始めることが、子の福祉にとって実は極めて重要な決断なのである。自立的に実施できるようなケースについてのみ可能なことを、援助の必要なケースに求めて非難合戦を長引かせている愚を自戒してほしい。

　ここに、調停が成立してから面会の援助を求めてきた極端な2つの事例を紹介する。いずれも年に1度の面会を取り決めた9か月児のケースである。事前相談していれば、年に1度では子の福祉に相応しくないとして、再考することを援助条件として助言したであろうケースである。2つのケースが3年目にして明暗を分けた。

　1例は、室内で1時間実施の取決めをして始まった面会交流が、3年目にして半年に1度、室外で2時間を監護親が受け入れた。監護親に親子の楽しむ声を聞かせ、援助者が「あんなに楽しい時間が年に1時間というのは、あまりに残酷な話ではないか。子どもの成長は早い、残された時間は少ない」と助言したのがようやく耳に届いたのである。牛歩のごとき進歩ではあるが、面会親は予期せぬ朗報に顔を輝かせた。

　他の1例は、2時間の取決めを監護親が援助者の助言を受け入れて初年度から室外で実施した。遊び下手な面会親を補佐して、1年目は援助者主導でなんとか2時間の遊びをもたせたが、2年目は人見知りの激しい時期の子どもが頻繁に監護親を求めて2時間はもたなかった。この経過を踏まえた監護親が3年目の面会を1時間に後退させた。援助者の助言は双方それぞれに受け入れられず、面会親は不満を爆発させて援助者をなじり、援助を断ってきた。

　はじめの一歩がどれほど小さくても、積み上げていけるかどうかによって子どもの幸せは変わってくることがわかる2つの事例である。

(2) 子どもの意見・意向を聴く者の責任

　新しい家事事件手続法に明示された「手続代理人」は，家裁調査官，子ども代理人等がこの任に当たることになるものと思われる。子どもの司法面接は，二次被害の防止の観点から子どもの心への配慮が重視されているが，証拠能力を有する事実の収集が目的である。

　既に述べたように，面会交流の援助者たちは敢えて子どもの意見，意向を聴くことには消極的である。子どもは援助者を信頼し安心感をもつと，自分からさまざまな胸のつかえを吐き出し，聴いてもらいたがる。怒りや悲しみ，不安や困惑などそれはさまざまである。それでも中には防衛的なウソもあり，時間経過とともに変化する感情もある。将来の不安定，不透明な状況下では子どもは真実を語れないからである。子どもの意向を聴くということはそれほど難しいことなのである。子どもの意見表明は，子どもの権利であって責任ではない。やむを得ず子どもの意見や意向を聴く場合には，子どもに発言の責任を取らせないこと，聴いた者には子の最善の利益を実現する責任が生じることを忘れないでほしい。父母は「あなたがあのとき会いたくないと言ったから，会わせなかった」などという責任転嫁をしないでほしい。父母は，離婚の是非，面会の是非等を子どもに聴くより，最善の結論を出すことをのみ伝えるべきである。

　面会交流に関して言えば，子どもから否定的な意向を聴いた場合，大人がまずすべきことは，否定理由を除去・改善する方法をあらゆる知恵を絞って考え出すことである。援助事例の多くも，初めに子どもに言語化を求めれば面会拒否であろう。しかし，面会を重ねる中で子どもはどんどん変わってくる。本当に拒否しているのは年間数件であり，それさえ父母や援助者の条件整備が十分でなかったからかもしれないと思っている。父親が恐いとの理由で面会を拒否する子どもは少なくない。恐いと思っていた父親が会ってみたら優しかったので混乱する子どももいる。そのようなとき，援助者は「お父さんは，いま良いお父さんになるために一生懸命勉強しているのよ。もう前のお父さんとは違うから安心して遊ぼうね」と語りかけて混乱を収束させていく。

(3) 子どもが主人公であるための面会交流にはルールが必要である

以下にFPICが実践している面会交流のルール，継続の秘訣を紹介する。

① 子ども中心に日程調整する
- 生身の複数の人間が都合を合わせる面会交流は，100％履行を期待すると，それ自体が紛争の種になる。子ども中心に日程を決めて，80％の履行で折り合うのがコツである。

② 誰に会うかを子どもに事前に伝える
- 面会の目的は，子どもが離れて暮らす親の存在を知り，実像を自分の目で確かめ，親子の絆を強めることである。父母の取決めで，子どもが父親と会うことを，監護親はあらかじめ伝えておく。
- しかし，面会する親は，子どもに無理強いしてまで親と呼ばせない。

③ 子どもを板ばさみにしない
- 子どもは父母両方に愛され，認められたいと思っている。他方の親の悪口を決して言わない。
- 子どもにタブーをもたせたり，内緒話や事前の相談のない約束をしない。
- 金や物を期待する関係で成り立つ親子の関係を避けるために，プレゼントは，誕生日，クリスマスなどに限り，必ず事前に相談する。
- 乳児期を除き，面会場面に監護親は同席しない。子どもにとって面会は別居親との解放区にしなければならない。

④ 面会を子どもが安心して楽しめる時間にする
- 質問や問いかけは，緊張している子どもには尋問と感じられる。笑顔で，遊びに徹し，子どもから自然に話しかけてくるのを待って，聴き役に徹する。
- 暴力や暴言は，誰に対しても厳禁である。
- 面会中は禁煙である。飲酒や薬物を使用して面会に来ることも禁止である。
- 面会日以外に，直接子どもを訪ねたり，連絡したりしない。

⑤ 面会の継続のための父母の協力
- 時間についての約束を守る。
- 監護親は，面会後の子どもをほめるだけにして，根掘り葉掘り様子を

聞かない。面会が良くても悪くても子どもは疲れている。
・父母ともに，焦らず，あきらめず，粛々と実行する。
・子どもの父母の役割に徹し，元夫婦間の過去の話や現在の様子を尋ねない。

4 援助の困難事例

　円滑な面会交流が実現できないまま，中断や中止を余儀なくされる状況には，主として3つの場合がある。親の課題，子どもの課題，そして手続上の課題が未解決のまま，面会交流の場面に持ち込まれる場合である。

(1) 親の課題

　夫婦の関係から親同士の関係へ，視点の切り換えができていないことが最大の原因である。この課題を抱えている父母は，書面でルールや援助条件を受け入れているにもかかわらず，要求貫徹型に先祖返りしてしまう。相手の変化や成長を認められず，子どもの立場や感情が理解できず，非難，攻撃の対象を相手からFPICに換えて愚痴や不満を言い続ける。
　その中でも，繰り返し面会交流の意味を伝えたり，できた成果を明確化したり，機会あるごとに子の変化を検証し続けることによって，親役割を学習できるタイプがある。粘り強い援助者との付き合いを通じて，このタイプは，対立感情のスパイラルの中で非難している相手と同レベルに下がっていた自分に気づき，次第に自信と冷静さを取り戻し，「親」になっていく。いわば，適応障害型の一過性問題「夫」「妻」である。援助者としては，苦労は多いけれども苦労の甲斐のある付き合いである。
　これに対して，学習不能，援助の不毛を思わせるタイプがある。このタイプの援助には，常に目に見える合意書と申込書に基づいた契約内容の履行という意識が肝要である。援助者の個人的感想や意見は極力控え，できることとできないことを明確にして，揺るがず，粛々と実行することが最終的には信頼感につながる。それでも，思わぬことが不満の発火点になることがあり，援助者の間では地雷ケースと呼んでいる。援助者への激しい不信感や暴言に対しては，援助を辞退することもあるが，時には警察等関

係機関との連携等のリスクマネジメントの必要な場合もある。

　DVの加害者は後者のタイプとは必ずしも重ならない。有償の援助を自ら選択した父母がDV加害者の一般像ではないといえばそれまでであるが，過去のDVの加害者はFPICの援助の過程では，ほとんど問題を起こしていない。後者のタイプは，どちらかといえば人格の偏り，精神疾患等の問題を抱えている父母によく見かける。

(2) **子どもの課題**

　子どもは，年齢，同胞の有無，監護親の性別，祖父母との同居の有無等多様な条件の中で生活しているので，ひとくくりに論じることが難しい。しかし，大人側の理由はどうであれ，どの子どもも，見捨てられたことへの怒りと悲しみをこらえながら，監護親の感情に気づかってサバイバルしていることには変わりがない。

　特に，学齢に達した頃からは，面会に応じなかったり，監護親を悲しませた別居親に対する嫌悪感を露わにしたりする。ある小学6年の男児は，「母が死んでしまうのではないか心配で勉強が手に付かない」と訴えた。面会交流の要求はこのような子どもにとっては更なる負担でしかない。「これ以上はもう勘弁してくれ」との訴えのようにも思われる。しばしば登園・登校しぶりなどの他の問題行動が発現していることもあり，かたくなな拒否には，子どもの背後に面会の是非よりもっと深刻な悩みや問題が存在していることを考えなければならない。

　乳幼児の場合には，監護親との分離の困難が面会交流を困難にする事例も多い。これには2つのタイプがあり，1つは愛着性分離不安といわれる養育者との愛着形成の不全によるもの，他の1つは祖父母などによる過度の抱え込みによるものである。前者は監護親に同席の覚悟ができれば同席面会からスタートすることはできる。しかし，監護親との愛着形成ができていないので別居親はいつまでもオブザーバーでしかいられない。後者は保育園入所を先行させるなどして，日常生活において監護親から離れる経験ができれば面会も可能になる。しかし，祖母と同居していれば入所が難しいし，祖母への依存から孫を離すこともまた難しい。要は，監護親がその親から自立することが監護親としての優先課題なのである。

連れ去りの繰り返しによる子どもの心理的不安定は，その頻度，態様，生活の安定度によりPTSD的な後遺症は様々であり，過度の一般化は適切でない。他方親への悪口の吹き込み，周囲の過度の緊張感などがない場合には，「ぼく，大阪にもいたんだよね」とか「どっちも私のことが可愛いのはわかるけど，喧嘩はやめてよね」などと，子どもの口から連れ去りの話がわだかまりなく語られる。しかし，稀な事例ではあるが，過度の忠誠心葛藤を起こしていたり，監護親に反抗的になったりする例もあって，援助者の介在がかなりの長期間必要になる。

(3) 手続上の課題

最も典型的な問題は，事前相談を経ないで合意文書や審判書が作成される場合である。面会頻度，面会時間，固定的面会日時等を当事者又は裁判所の判断だけで決めて，実行の下請けを期待される。また，祖父母の参加，交通費の負担など，明文化されていない合意が含まれていると一方当事者が主張したりすることもある。第三者援助機関に援助を求めながら，並行的に当事者が連絡を取り合って子どもの学校参観や発表会に参加する取決めが行われていたりする。反対に具体的な取決めをせず実施を丸投げされることもある。

このようなとき，当事者からは裁判所の説明と異なるとのクレームがついたりして，出会いの最初からギクシャクすることになる。FPICでは援助者の助言によるか，補足合意書を作成するか，再調停をするかを選択してもらうが，当事者には，時間とエネルギーを費やして行った調停に対する不満が残る。

5 推奨事例

(1) すべての事例に援助は役立つ

子の福祉にかなった面会交流を望んでいるなら，援助の程度，内容は異なっても，知人，友人，親類縁者でない，専門的第三者，第三者機関の援助はすべて役に立つ。知人，友人，親類縁者は，途中で投げ出すなど，紛争の拡大に繋がることが多いので，援助者としては必ずしも向いていない。

調停の段階から，援助は最大限活用することをお勧めする。家庭裁判所は，期日の試行だけでなく，期日間にも試行面会を自立面会のトレーニングとして活用し，実施前の配慮，実施後の振返り，次回の工夫・改善の在り方などを家庭裁判所の関係者だけでなく，弁護士にも協力してもらえるまたとない自立訓練の場である。

　協議離婚でも，離婚意思の整理，確認の段階から，相談という形で専門家，専門機関の援助を受けることを勧める。特に紛争の初期段階では，自分の現在のことで頭がいっぱいのため，離婚後の子どものことまで考えられないことも多い。まずは，一人で悩まずに専門家に相談するところから始めることである。

　FPICでも，相談，ADR（民間調停）にはじまって，面会交流の援助のなかに「短期援助」という制度を設けている。自立訓練を望むケースに是非活用してほしいと思っている。

(2)　**面会させたいのに，父母が顔を合わせられない事例**

　FPICの利用の第一の理由は，面会肯定，父母の遭遇否定である。父母が子どもにとっての他方親との交流の価値を認めつつも，元夫婦としての感情のわだかまりや恐怖心がぬぐえずに，自力では実施できないことに特徴がある。したがって，父母の安全・安心さえ担保できれば，子ども中心のよい面会交流が実現しやすい。

(3)　**祖父母の介入でこじれた事例**

　祖父母の存在があったればこそ，面会交流が継続・進展できたという事例がないわけではない。祖父母は，親族の数が減少の一途をたどる今日，子どもにはかけがえのない存在である。にもかかわらず，付添い型のFPICの面会交流は，原則として別居親だけを対象にしている。それは，援助開始以前からの祖父母の介入が親世代の関係をこじらせたり，孫の奪い合いを誘発したりしていることが少なくないからである。もともと自立できていない父母が，自分は会えなくても我慢するから祖父母には会わせてやってほしいとか，余命何か月などという話は良くある。このような事例を自力で実施すれば，やがて祖父母は実力行使するし，監護親はドロッ

プアウトしてしまう。やむなく，双方の祖父母が関与しないことを調停条項に盛り込んでもらった監護親もあった。

　第三者援助機関では親子関係の安定を見極めつつ，完全拒否でも義務的でもない関係で，子どもと祖父母との関係を作り直す援助を行っている。とはいえ，本格的に祖父母の面会を解禁にする際には，「面会交流のための祖父母学校」の卒業者に限るなど，父母教育以上に祖父母教育が必要であると認識している。

6　今後への展望

(1)　ニーズの増加に対応した援助の多様化，役割分担

　FPICでは，「子どもの心の代理人」を自認した援助活動を行うことを理由に，専門家型の援助機関を名乗っている。今後は，協議離婚においても，面会交流の取決めをすることが当たり前になってくると思われるので，面会交流人口のすそ野が広がり，親教育的な相談だけ，受渡しや連絡調整だけの援助が役立つ対象者の増加が予想される。ニーズの多様化時代に向けて，援助機関もそれぞれの個性，得意分野を活かせるような役割分担ができることを望みたい。親の離婚を経験した子どもたちが，自ら援助者となる援助スタイルも生まれている。子ども中心主義を標榜するFPICとしては，今後の発展を期待したい。

(2)　ステップファミリーは面会交流の牽引車

　離婚と再婚の関係がスクラップ＆ビルドの自己完結型ではなく，関係の拡大・連鎖を重視するステップファミリー観に変わりつつある。旧来の離婚再婚観では，再婚家庭の構築を優先して再婚後の実親との面会交流が否定されがちであったが，縁を繋いでいくというステップファミリーの家族観によって面会交流観はむしろ肯定される時代になるものと思われる。

　ただし，観念が変わったとはいえ実践の歴史は浅い。この新風が子どものために吹くようにするには，父母も援助者もこれからさまざまな工夫を重ねていく必要があろう。

(3) **面会交流に対する公的援助の充実への期待**

　冒頭に述べたように，面会交流が子どもの福祉に適って実施されるには，その運用が国家的責任において行われる必要がある。民間の援助機関はあくまで補助的役割を担う存在である。平成24年度から国内的には厚生労働省が援助制度への支援を始めてはいるが，あまりにも準備不足のままのスタートであった。とりわけ援助者というマンパワー不足に対する施策が欠けている。今後の制度充実に向けた国の取組を期待する。遠からずハーグ条約が批准され，渉外事例についても面会交流の援助が求められるものと思う。担当の中央省庁における責任ある取組を期待したい。

　しかし，真に子どもの福祉，子どもの利益を最優先した面会交流の実現をするには，子ども法制全体の整合性ある法整備を待たなければならない。援助制度の充実，面会交流の実施だけにどれほど熱心に取り組んでも，それは子どもの幸せのほんの一部分にしか過ぎない。部分が全体をカバーすることはできないからである。

（山口惠美子・公益社団法人家庭問題情報センター常任理事／臨床心理士）

第3章　民間・行政の支援の現場から

SECTION 2　養育費相談支援センターの取組

1 養育費確保の実情と相談態勢

(1)　統計にみる養育費支払いの実情

　日本における養育費の支払状況に関する公的統計としては，厚生労働省が5年毎に実施している全国母子世帯等調査によるほかない。それによると，離婚母子世帯のうち養育費の取決め率（「養育費の取決めをしている」と回答したものの割合）は，2003年（平成15年）34.0％，2006年（同18年）38.8％，2011年（同23年）37.7％とほとんど変化がなく，受給率（「現在も養育費を受けている」と回答したものの割合）は，2003年（平成15年）17.7％，2006年（同18年）19.0％，2011年（同23年）19.7％とわずかに伸びている程度である。[1]

【表1】母子世帯の養育費の取決め状況及び受給状況の推移

年　度	取決め状況（％）		受給状況（％）		
	養育費の取決めをしている	養育費の取決めをしていない	現在も養育費を受けている	養育費を受けたことがある	養育費を受けたことがない
平成10年	35.1	59.7	20.8	16.4	60.1
平成15年	34.0	66.0	17.7	15.4	66.8
平成18年	38.8	58.3	19.0	16.0	59.1
平成23年	37.7	60.1	19.7	15.8	60.7

（各年度の全国母子世帯等調査から作成。取決め状況，受給状況ともに不詳は省略）

---

[1] 申告した養育費の80％が収入とみなされ，その金額によっては児童扶養手当の全額又は一部が削減されることから，回答にバイアスが生じる可能性も否定できない。

第2 養育費相談支援センターの取組

【図1】子の監護に関する処分調停事件の新受件数の推移

(司法統計から作成)

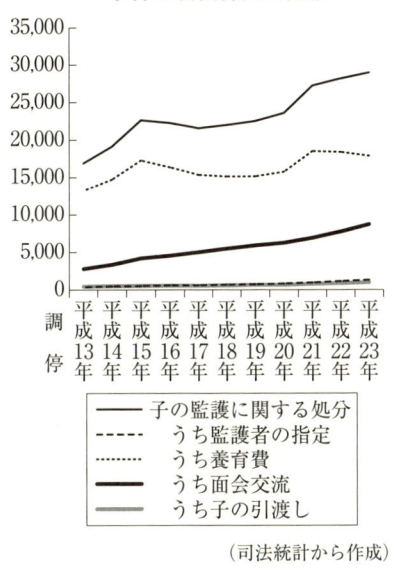

【図2】子の監護に関する処分審判事件の新受件数の推移

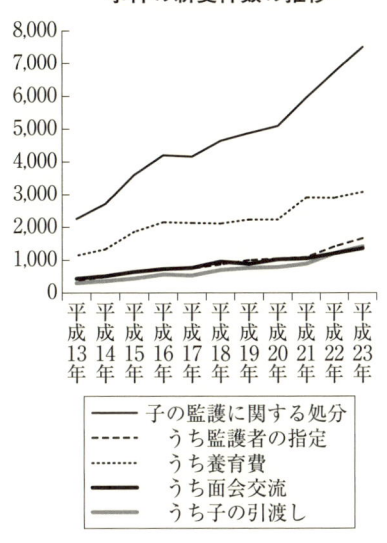

(司法統計から作成)

一方，司法統計によると養育費請求調停事件は2009年（平成21年）に前年度の15,800件から18,500件と急増した後，2010年（平成22年），2011年（平成23年）と横ばい状態である（**図1**）。また，養育費審判事件は2009年（平成21年）以降増加傾向にある（**図2**）。このように司法手続によって養育費の取決めをしようとするものは増加傾向にあるといえるが，母数となる人員数が少ないためか母子世帯等調査にはこれが反映されていないということになる。

なお，調停や審判を経て取り決められた養育費が，その後どの程度履行されているかについては，やや古い資料であるが2001年（平成13年）8月に東京家庭裁判所及び大阪家庭裁判所で行われた調査がある[2]。

---

2)「養育費支払いの実情調査の結果について」家月54巻5号（平成14年5月，対象数200件，回収率48％）。

【表2】調停成立後の養育費の支払状況

支払状況	件	%
期限どおり全額受け取っている	48	50.0
期限どおりではないが全額受け取っている	19	19.8
一部について受け取っている	23	24.0
全く受け取っていない	6	6.3
その他	0	0.0
計	96	100.1

「養育費支払いの実情調査の結果について」家月54巻5号（平成14年5月）

　それによると、離婚調停成立後約1年経過後、養育費を「期限どおり受け取っている」ものが50％、「期限どおりではないが全額受け取っている」ものが20％と合計70％が受け取っていることになり、「一部について受け取っている」24％を含めると実に97％が"現在も養育費を受けている"ということになる。この調査の回収率が2人に1人以下であることを斟酌しても履行率はかなり高いことが推定される。

　このことは2011年の全国母子世帯等調査における受給率の内訳において、「協議離婚」16.2％に対し「その他の離婚」37.2％と調停や裁判で離婚した当事者における受給率が協議離婚の倍以上となっていることからも傍証される。

　また、2009年（平成21年）に財団法人全国母子寡婦福祉団体協議会がその会員等約1,300人を対象として実施した調査によれば、「（養育費の）取り決めをした」と回答した者は45.0％、「定期的に受けている」者は20.9％、「ときどき受けている」者は3.3％と、こちらは取決め率も受給率も全国母子世帯等調査をやや上回っている。[3]

　また、NPO法人「しんぐるまざあず・ふぉーらむ」が平成22年にその会員等283人を対象とした調査によれば、「養育費を取り決めた」と回答した者の割合は63.9％、「定期的に支払われている」と回答した者の割合は49.7％（不定期に支払われている12.4％を含めると62.1％）と高い数字が示

3）「養育費を確保するための調査研究事業報告書」財団法人全国母子寡婦福祉団体協議会（平成22年3月）。

されている。[4] この数字は，全国母子世帯等調査との落差が大きいが，調査の実施主体によって回答に違いが出てくるものと考えられる。

さらに，2012年（平成24年）4月から施行された改正民法766条に基づいて協議離婚届の標準様式が改訂され，末尾に面会交流及び養育費に関する取り決めの有無を記入する欄が設けられた。同年9月10日の読売新聞の報道によれば，同年4月から6月までに協議離婚した子どものある夫婦3万2,757件のうち，養育費について取り決めたとしたのは1万6,075件（49％），面会交流について取り決めたとしたのは1万5,622件（48％）となっている。[5]

以上各種の統計を比較すると，日本の養育費の取決め率や受給率については調査主体によって数字に落差があり，第三者機関による客観的な調査が必要ではないかと考えられる。また，新しい民法766条は面会交流や養育費の協議についての努力義務を明示したに過ぎないものではあるが，この改正により今後どの程度取決め率や受給率が向上するか検証していく必要があろう。

(2) **相談態勢**

ア 相談窓口（母子自立支援員と母子家庭等就業・自立支援センター）

養育費に関する自治体の相談窓口としては福祉事務所を中心に配置されている母子自立支援員と，母子家庭等就業・自立支援センターに配置されている養育費相談員とがある。この2つの職種は，いずれもひとり親家庭の自立支援を目的とした業務を行っているが，その成り立ちも任用形態も異なるものであり，相互に独立して業務が行われている。

母子自立支援員は母子及び寡婦福祉法第8条に基づいて自治体の長から委嘱されるものであり，平成23年度，全国で1,601人（常勤419人，非常勤1,182人）が配置されている。その職務内容は，ひとり親家庭や寡婦を対象として，就業就労支援，生活費の貸付及びその償還その他自立に必要な情報提供，相談など幅広い。しかし，この母子自立支援員が行う相談の中に

---

4) NPO法人しんぐるまざあず・ふぉーらむ「母子家庭の仕事とくらし③」（2011年3月）。
5) 2012年（平成24年）9月9日付読売新聞（朝刊）記事。

占める養育費相談の割合はわずか1%（7,796件，平成23年度）に過ぎない[6]。
　一方，母子家庭等就業・自立支援センターの多くは母子寡婦福祉団体が自治体から事業委託を受けて運営されており，全国の都道府県，政令都市，中核市及び一般市等に設置されており，その多くに「養育費専門相談員」が配置されている[7]。

イ　相談窓口の利用状況

　当事者が養育費について相談する相手について，平成23年度全国母子世帯等調査によれば，親族43.9%，家庭裁判所24.4%，弁護士24.4%，知人8.8%，自治体・母子自立支援員5.9%となっており（表3），自治体の相談態勢が十分に活用されているとはいい難い数字が示されている。この数字の背景には，養育費の相談には多分に法律相談が含まれるため，相談があっても家庭裁判所や弁護士など法律専門家にリファーするケースが多いことなどから，養育費相談としてカウントされないのではないかと考えられる。しかし，注目すべきことは養育費に関して「誰にも相談していない」という母子世帯が全体の45.6%もあることである（表3）。これに養育費の取決めをしていないという回答が60.1%あること，及びその7割が「相手に支払う意欲や能力がない（48.6%）」，「相手と関わりたくない（23.1%）」という理由であることを併せて考えると（表4），相談や支援に対する潜在的需要は大きいと考えられ，これらの当事者を対象としてニーズを掘り起こしていくことが，ひとり親福祉行政の課題の一つであると言えよう。

---

6) 平成24年10月24日「ひとり親家庭の支援について」厚生労働省雇用均等・児童家庭局家庭福祉課。
7) 平成20年7月22日厚労省雇児発第0722003号「母子家庭等就業・自立支援センターの業務について」。ただし，養育費専門相談員の全国的な配置人員に関する統計はない。

第2　養育費相談支援センターの取組

【表3】母子世帯の母の養育費の主な相談相手

総数	相談した									相談していない	不詳
	親族	知人・隣人	県市区町村窓口・母子自立支援員	弁護士	家庭裁判所	母子寡婦福祉団体	NPO法人	その他			
平成18年 (100.0)	(54.4) (100.0)	(45.9)	(7.1)	(3.6)	(14.1)	(25.5)	(－)	(－)	(3.6)	(42.9)	(2.6)
平成23年 1,332 (100.0)	724 (54.4) (100.0)	318 (43.9)	64 (8.8)	43 (5.9)	90 (12.4)	177 (24.4)	2 (0.3)	－ (－)	30 (4.1)	608 (45.6)	－ (－)

（平成23年度全国母子世帯等調査から）

【表4】母子世帯の母の養育費の取決めをしていない理由

	相手に支払う意思や能力がないと思った	相手と関わりたくない	取決めの交渉をしたがまとまらなかった	取決めの交渉がわずらわしい	相手に養育費を請求できるとは思わなかった
平成18年 (100.0)	(47.0)	(23.7)	(9.5)	(3.4)	(2.6)
平成23年 801 (100.0)	389 (48.6)	185 (23.1)	64 (8.0)	37 (4.6)	25 (3.1)

（平成23年度全国母子世帯等調査から）

ウ　相談以外の支援制度

　母子自立支援員や母子家庭等就業・自立支援センターの養育費相談員が行う当事者支援活動には，相談のほか①裁判費用の貸付，[8] ②書類作成支援③裁判所等への同行支援[9] などがあり，これらの支援のために予算的措置を講じている自治体もある。DVケースなどで家裁への同行支援を行って

---

[8] 平成15年4月母子寡婦福祉資金の一環として養育費の確保に係る裁判費用について，特例として生活資金12か月分（約123万円）を一括して貸付できることとされた。
[9] ②，③とも平成20年7月22日厚労省雇児発第0722003号「母子家庭等就業・自立支援センターの業務について」。

いるところもあるが、全国的に見ればこれらの制度は十分に活用されているとは言い難いのが現状である。平成25年1月から施行された家事事件手続法に基づく調停や審判の新しい運営に対応して、このようなケースワーク的支援が自治体の相談員等によって効果的に活用されることが望まれる。

2 養育費相談支援センターにおける相談内容

(1) 相談統計

養育費相談支援センター（以下「相談支援センター」という。）は、母子家庭等就業・自立支援センターや母子自立支援員の相談能力の向上、人材育成を主たる目的として平成19年10月に設置された。[10] ただし、東京の本部事務所においては当事者からの電話やメールによる直接的な相談業務も行っており、開設以来5年間（19年10月から24年9月まで）に合計2万2千件余の相談が寄せられている。

平成19年10月から24年3月までの5年間（19年度は6か月）の合計で見ると、男女の比率は男性が14.5％、女性が85.5％と女性が圧倒的に多く（**表5**）、相談時の婚姻関係については離婚前が33.6％、離婚後が56.5％、婚姻外が6.6％となっており、男女比、婚姻関係ともに5年間を通じてこの割合にはあまり変化がない（**表6**）。

相談内容は、①請求手続、②養育費算定、③不履行、④減額請求、⑤強制執行、⑥面会交流の順である。この順位とそれぞれの割合はあまり変化がなかったが、民法766条の改正を受けて平成23年、24年と面会交流の相談が増えている。面会交流に関しては平成23年度までは養育費に付随する形で相談を受けていたが、平成24年度からは、面会交流プロパーの相談にも積極的に応じることとしたこともあって、平成24年度上半期の相談件数は350件で、順位も4番目となっている（**表7**）。

---

10) 事業名の「相談支援」というのは「相談態勢を支援する」という趣旨であるが、あっせんや取立てなどの具体的な支援を行う機関と思って相談してくる当事者も少なくない。

第2　養育費相談支援センターの取組

【表5】養育費相談支援センターの受理した相談件数の推移（性別等）

性別	平成19年	(％)	平成20年	(％)	平成21年	(％)	平成22年	(％)	平成23年	(％)	合計	(％)	男女比％
男性	176	(11.4)	473	(14.8)	729	(14.1)	920	(13.3)	774	(14.4)	3,072	(13.8)	14.5
女性	1,185	(77.0)	2,540	(79.5)	4,232	(82.0)	5,805	(83.6)	4,404	(81.8)	18,166	(81.8)	85.5
関係機関	172	(11.2)	175	(5.5)	159	(3.1)	68	(1.0)	174	(3.2)	748	(3.4)	
不明	7	(0.4)	5	(0.2)	42	(0.8)	147	(2.1)	30	(0.6)	231	(1.0)	
計	1,540	(100.0)	3,193	(100.0)	5,162	(100.0)	6,940	(100.0)	5,382	(100.0)	22,217	(100.0)	

（平成19年度は19年10月から20年3月までの6か月間の合計）

【表6】養育費相談支援センターの受理した相談件数の推移（相談時の婚姻状況別）

	平成19年	(％)	平成20年	(％)	平成21年	(％)	平成22年	(％)	平成23年	(％)	合計	(％)
婚姻外	92	(6.0)	243	(7.6)	372	(7.2)	436	(6.3)	330	(6.1)	1,473	(6.6)
離婚前	452	(29.3)	1,055	(33.0)	1,665	(32.3)	2,352	(33.9)	1,938	(36.0)	7,462	(33.6)
離婚後	849	(55.1)	1,815	(56.9)	2,931	(56.8)	3,967	(57.1)	2,988	(55.6)	12,550	(56.5)
その他・不明	147	(9.6)	80	(2.5)	194	(3.7)	185	(2.7)	126	(2.3)	732	(3.3)
計	1,540	(100.0)	3,193	(100.0)	5,162	(100.0)	6,940	(100.0)	5,382	(100.0)	22,217	(100.0)

（平成19年度は19年10月から20年3月までの6か月間の合計）

【表7】養育費相談支援センターの受理した相談件数の推移（相談内容別）

	平成19年	(％)	平成20年	(％)	平成21年	(％)	平成22年	(％)	平成23年	(％)	平成24年	(％)	合計	(％)
請求手続	208	(10.4)	981	(26.5)	2,073	(32.9)	2,925	(34.3)	2,290	(34.0)	1,350	(32.3)	9,827	(31.3)
養育費算定	166	(8.3)	774	(21.0)	1,308	(20.7)	1,707	(20.0)	1,463	(22.0)	949	(22.7)	6,367	(20.3)
減額請求	0	(0.0)	229	(6.2)	476	(7.6)	566	(6.6)	467	(7.0)	274	(6.6)	2,012	(6.4)
増額請求	0	(0.0)	64	(1.7)	114	(1.8)	165	(1.9)	93	(1.4)	66	(1.6)	502	(1.6)
不履行	459	(23.0)	716	(19.4)	1,058	(16.8)	1,268	(14.9)	1,014	(15.0)	470	(11.2)	4,985	(15.9)
強制執行	101	(5.1)	201	(5.4)	289	(4.6)	525	(6.2)	366	(5.4)	197	(4.7)	1,679	(5.3)
面会交流	33	(1.7)	90	(2.4)	134	(2.1)	226	(2.7)	220	(3.2)	350	(8.4)	1,053	(3.4)
婚姻費用	35	(1.8)	93	(2.5)	157	(2.5)	236	(2.8)	184	(2.7)	147	(3.5)	852	(2.7)
その他	329	(16.5)	383	(10.4)	680	(11.0)	901	(10.6)	632	(9.3)	375	(9.0)	3,300	(10.5)
養育費一般	662	(33.2)	168	(4.5)	－		－		－		－		830	(2.6)
計	1,993	(100.0)	3,699	(100.0)	6,289	(100.0)	8,519	(100.0)	6,729	(100.0)	4,178	(100.0)	31,407	(100.0)

（複数の相談内容はそれぞれカウント。平成19年度は19年10月から20年3月までの6か月間の合計、平成24年度は4月から9月までの6か月間の合計）

(2) アンケート結果

相談支援センターは，平成23年度「養育費確保に関する制度問題研究会」の研究の一環として平成23年5月から7月にかけて，電話による相談者からアンケートの聞取りを行い，一応の情報が得られた315人について集計作業を行った[11]。

回答者のうち男女の割合は，男性13.0％，女性87.0％であり，相談時の婚姻関係は「離婚前」125件（39.7％），「離婚後」176件（55.9％），「非婚」14件（4.4％）であった。このうち養育費の取決めや履行状況を知る手掛かりとなる離婚後の相談176件の回答から相談者のプロフィールや特徴を概観してみたい。ただし，このアンケート調査は，個々具体的な目的を持って相談をしてきた当事者からの聞取りによるものであるため，子どものある離婚夫婦一般の傾向を推定するものではないことを強調しなければならない。

離婚後の相談者のうち男性は14.2％，女性は85.8％であり，年齢は男女合わせて30代が43.8％，40代が37.5％，20代が15.3％となっている。

職業はパート等と会社員が同数で34.1％，続いて無職23.9％，自営業5.7％である。

年収は200万円未満の者が56.8％（うち無収入22.7％），200万円以上～300万円未満が21.0％となっている。相談者の85.2％は再婚していない。子どもの数は1人が43.8％，2人が42.6％，3人が13.1％となっている。離婚の種類は協議離婚67.6％，調停・裁判離婚等が31.8％である。離婚後1年未満のものが37.5％，1年～3年未満が23.3％，3年～5年未満が16.5％となっている。

相談者には養育費を受け取るべき権利者と支払うべき義務者が混在しているが，その9割は権利者であり，ここから推測できる権利者のプロフィールは，「離婚後1～3年，2人の子どもを抱えて定職がなくパートなどで苦しい生活を余儀なくされている母親たち」というイメージである。調停や裁判で取決めをした者が全体の34.1％あるが，相談内容はおおむね

---

11)「養育費確保の推進に関する制度的諸問題」養育費相談支援センター 平成24年8月，養育費相談支援センターのホームページに掲載。

不履行に関する相談であるから調停後の履行確保に関する相談が決して少なくないことを示している。

　離婚時に養育費の取決めがある者は78.4％であり，これは平成23年度の全国母子世帯等調査の37.7％に比べると2倍以上の数字である。

　つまり相談支援センターの相談者の8割近くは何らかの形で取決めをしている者が多く，その相談内容は養育費の不履行に対する手段や方策に関するものが多いことを反映した数字となっている。

　取決めがあると答えた者138人のうち調停や裁判等によるものが43.5％，公正証書によるものが22.5％と全体の6割以上が法的な効力のある取決めをしている。養育費の金額は3万円台が最も多く21.8％，次いで2万円台（18.8％），5万円台（18.8％）となっている。

　取決めがあるのに一部でも支払われない者の割合は70.3％となっており，全部履行の割合は29.7％ということになる。また，一部不履行のうち，支払われなくなるまでの期間は1年未満が34.6％であり，3年未満までに不履行となるものは66.7％となっている。

　なお，面会交流については取決めをしている者が29.5％，取決めがないものが65.9％となっており，取決めがない者の理由のうち22.4％は相手が会いたがらないというものである。また，同居親が非同居親から面会交流を求められていないという者が51.7％ある一方，同居親（離婚後・同居親128人）に限ってみると，「会わせたい」，「会わせてもよい」，「子どもに任せる」の合計が，59％程度あることが伺われる。

　このアンケートで特徴的なことは，養育費について何らかの取決めをしていても3年未満に7割が不払いに陥ってしまうという数字である。平成23年度全国母子世帯等調査によれば，離婚後0～2年以内には26.8％であった受給率が4年以降は15.6％と減少していることと併せて考えれば，養育費は取決め後極めて短期間に支払われなくなっていく傾向があることが顕著であるということができよう。

3 相談内容の特徴と問題点

(1) 請求手続に関する相談

　平成19年10月の相談支援センター創設当時は養育費を請求することができることについての認識も乏しく、養育費算定表についてもあまり知られていなかった。したがって、当初は、請求の可否や請求についての基本的な手続案内が主たる助言内容であったが、養育費請求の権利性の認識や算定表についての周知が広がると同時に、増額、減額など事情変更に関する問題や、履行確保の方策など相談内容も複雑で難しくなってきている。

　特徴的なものは、離婚時に養育費についての取決めをしなかったが今からでも請求できるか、離婚時に養育費は要らないと言ったり、念書を書いたりしてしまったがそれでも請求できるのか、といった請求の可否に関する相談である。また、これまで一人で子どもを育ててきたが過去の養育費を請求できるかという相談も少なくない。過去の養育費については、審判の流れは申立て時からとするのが一般的であるが、インターネットのサイトなどに過去に遡ることができるといった解釈が表明されているものもあり、調停や審判で、個別の事情や経緯を説明してはどうかといった助言をすることもある。

　また、相手の住所や財産状況が不明であるために請求手続が行えないがどうしたらよいかという相談も少なくない。住所については戸籍の附票をとることを助言しているが、勤務先については公的な探索手段がなく、住所、勤務先の探索に対する制度整備のニーズが高いことが感じられる。

　このような離婚後一定期間を経た当事者からの相談に対しては、取決めをしなかった経緯や背景をよく聞いて、単に請求手続についての情報を提供するだけでなく、できれば関係を持ちたくなかった相手と今後交渉をしていく心情や子どもと相手との関係が再開する不安への対応など精神面でのサポートが必要となることも少なくない。

(2) 再婚に関する相談

　権利者又は義務者の再婚に伴う相談が増えている。最も多いのは子どもを育てている権利者（多くは母親）が再婚した場合である。権利者の連れ

子が再婚相手と養子縁組を結んだときは，親権者である養父が第一の扶養義務者となるため，義務者たる実父の養育費の負担は大幅に減額されるか免除されるとされている。しかし，これに対しては養子縁組をしていても実父の負担義務は変わらないとする意見もあり，逆に，養子縁組をしていない場合でも，権利者の子が権利者の再婚相手と同居して事実上の扶養を受けている場合に，義務者の負担割合の軽減が認められることもある。

　一方，義務者が再婚し，新しい配偶者や配偶者との間に生まれた子を扶養することになった場合は，減額が認められることが多い。しかし，権利者側から見れば，自分が苦労して子育てをしているのに，相手は幸福になって，しかも養育費の減額が認められるのは心情的に受け入れられないという気持ちになることも無理からぬところである。

　さらに，義務者が再婚した場合でも，権利者との間の子との面会交流は原則的に認容されると考えられ，このような場合も養育費支払いが免除又は大幅に軽減されることが相当かという問題も生じる。

　このように，再婚と養育費あるいは面会交流との関係は，子の利益を最優先して考えるというこれからの離婚後の親子関係のあり方に関わる問題として，相談は当事者と共に新しい関係をどのように創っていくかを考えるという作業になる。

(3) **養育費算定に関する相談**

　養育費算定表[12]はインターネットで公開されていることもあり，近年一般にもかなり知られてきたため，相談内容も，例えば正確な収入の把握に関する問題，子の教育費など特別経費に関する問題，再婚の場合の算定など，算定表だけではすぐに解決できない問題に関する質問や相談が増えている。

　また，算定表の示す標準的な額に対する評価については，当然ながら権利者と義務者では意見が分かれる。算定表が示す金額の低さに驚く相談者も少なくないが，離婚した相手である義務者と同等水準の生計費を想定し

---

12) 東京・大阪養育費等研究会「簡易迅速な養育費の算定を目指して―養育費・婚姻費用の算定方式と算定表の提案」判タ1111号（2003年4月）。

ているための不満や，相手の収入にかかわらず，子どもの養育に必要な実費を想定して請求していることによる不満などがある。しかし，相談の内容は金額よりも継続的な履行の確保を求める声の方が大きいのが実情である。

相談で多いのは自営業者の正確な収入の把握についてである。離婚した権利者には，義務者の収入を証明する資料を入手することができず，そのため，養育費が不当に低く抑え込まれるといった不満が多く，自治体や税務署など公的機関の協力を求める声が多い。

また，算定表における生活費指数には学習塾の費用や学校内外のスポーツクラブなどの費用が考慮されていないが，現実には学校教育費以外の教育費支出の割合が少なくないのが実情である。

その他，住宅ローンや負債などの扱いなど，特に家庭裁判所の調停，審判における養育費の算定に当たって，個別の事情が十分に考慮されないことについての不満が多く寄せられている。

以上のうち，特に，「子どもの教育費」をどう担保するかという問題は養育費問題を越えて総合的抜本的に検討されるべき課題であろう。

また，再婚家庭が増えており，権利者，義務者の一方又は双方の再婚相手に一定の収入がある場合どのように算定するかについては十分に説得力を持った回答ができない場合があり，なお検討を要する問題がある。

(4) 履行確保・強制執行

履行確保に関する相談のうち，債務者と連絡がつかない，住所や勤務先が分からないという相談が少なくない。住所の調査については既述のとおり戸籍の附票の請求手続について教示しているが，債務者の勤務先や職業等を探索する方法に関する相談には満足な回答をすることができない。現行の制度では権利者に義務者の勤務先や収入，資産の調査をする手段が全くないため，相談の体をなさないのが実情である。養育費支払義務が扶養義務の中でも生活保持義務として位置付けられ，他の債務に優先すると考えられていることを考えれば，義務を履行しない債務者に対しては，権利者（債権者）の請求によってその住所や勤務先あるいはその財産状況を明らかにしなければならないという制度設計が考えられてもよいように思わ

れる。

　平成19年の相談支援センター開設当時は，強制執行は権利者と義務者の関係を決定的に悪化させるというデメリットがあるとして，相談者にもためらいがあり，相談に応じる側も「最後の手段」としてその選択には慎重であるべきであるといった姿勢であった。しかし，次第に強制執行に踏み切る義務者が増えており，かつ，弁護士に依頼せずに一人で手続を進める義務者も増えている。しかし，一般的には強制執行から取立てまでの手続を小さい子を抱えた権利者ひとりに取らせることは酷に思われることが少なくない。

　間接強制についてはその制度の存在を知っている相談者はほとんどいないのが実情である。また，家庭裁判所に間接強制を申し立てようとしても，実効性が少ないとして受付段階で再考を促されたという事案もある。しかし，権利者の勤務先が分からない場合や資産が把握できない事案の場合，また，直接強制によると義務者が勤務先を退職するおそれがあるといった場合には有効な制度であることを助言している。

　なお，調停等家庭裁判所による取決めについては，履行勧告の制度を利用することが効果的である[13]が，相談者の中には調停等による債務名義があるにもかかわらず，履行勧告の制度自体を知らないというものも少なくない。確実な履行確保のために，調停委員会や裁判官，書記官が，調停や訴訟が終了した際に，不履行の場合の諸手続に関して当事者双方に十分説明しておくことが望まれる。

(5) 調停・審判に関する相談

　養育費に関する調停，審判が増加しているが，これに伴って調停に臨む際の留意点や調停の進め方に対する不満などの相談も増えている。多くは，自分の言い分が聞いてもらえず，相手の言い分ばかり聞いているといったものであり，このような相談に対しては，相談者が相手方や調停委員に対して自分の主張したいことをよく整理して分かりやすく説明するためのア

---

[13] 平成22年度履行勧告事件における終局時の履行状況をみると全部履行が30.9％，一部履行が22.5％と50％以上が勧告後履行している。「家庭裁判所事件の概況―家事事件―」家月64巻1号（2012年）。

ドバイスをすることが多い。十分意見が聞いてもらえず，不公平感を持ったという相談者の主張についてその具体的な内容を聞くと，相手の収入の認定，算定表の説明，特別経費の考え方，住宅ローンや負債など財産分与との関係など，個別の事情について自分の主張が入れられなかった，納得のいく説明が得られなかったというものが多い。電話相談は，一方当事者である相談者からのものであるから，その不満や主張を客観的な事実として受け止めるわけではないが，当事者が調停の争点やその帰結について，相手方の主張や事実関係，調停委員会としての意見などについて，当事者に分かりやすい言葉で説明し，何が問題となっているかが当事者に理解されているかどうかを確認しながら話合いを進めていくことが必要であることを感じることがある。

4 当事者支援の在り方と制度的課題

(1) ニーズの掘り起こし

　母子自立支援員等を対象とした研修の際に自治体の担当部局を訪問することが多いが，養育費についても面会交流についても，市民県民からのニーズが見えてこないため，行政としての企画が立てにくいといった声をよく聞く。1で見たように，母子家庭等就業・自立支援センターの養育費相談員や母子自立支援員による養育費相談の件数はまだまだ少なく，面会交流に至ってはその必要性を感じて自ら自治体の窓口に相談にくる当事者は極めて少ないのが現実である。しかし，一方では民法改正や家事事件手続法の制定に見られるとおり，子の利益の実現を中軸とする新しい家族法の理念が浸透していくことが予想され，養育費も面会交流もその実行が当然のことと考えられる社会に向かっている。

　調停や審判の新受件数の増加に見られる傾向が意識的自覚的な層のものからさらに一般化することが予想される。

　養育費や面会交流についてはどこに相談したらいいか分からない，そもそもこのような家族間の問題について市役所の窓口に相談することができるのか，といった意識が少なくないのが実情である。

　したがって，行政はこのような状況に対して，問題の所在や今後あるべ

き方向を踏まえた情報提供や広報活動を充実することによって，潜在的なニーズを掘り起こしていくことが課題となる。

(2) **自治体の窓口相談と司法のギャップ**

統計にも見られるとおり，養育費や面会交流に関する家庭裁判所の事件は増加の一途をたどっており，家裁調査官は子どもの調査に多忙を極めているようである。一方，母子家庭等就業・自立支援センターや母子自立支援員の相談現場から見る限り，自治体の相談窓口を訪れる当事者の数は決して多くなく，特に面会交流については，その意義や必要性が一般に広く認識されているとは言い難いのが実情である。

また，これらの窓口からみる当事者特に養育費を負担すべき義務者の多くは，離婚後自分の子どもに関心を示さず，権利者の多くがこのような義務者と関わりを持たない選択肢を選ぶ傾向がある。このため，養育費確保や面会交流に関する行政や当事者支援は，離婚後の子の福祉を実現するために，このような当事者にどのように働きかけるかという課題を背負っている。一方，司法の側においても，養育費や面会交流における司法判断が子の最大の利益の実現を志向する方向に定着してきている実情にあって，法が期待している理念の実現のために，行政が行う広報や相談態勢の整備に協力し，手続案内（相談）に関する連携を充実させていく必要があろう。

(3) **養育費確保に関する制度的整備**

養育費に関する自治体及び相談支援センターの相談業務については，結局のところ現行の手続に関する情報を伝達するにとどまり，取決めの斡旋や調整をしたり，履行の確保のために一定の公権力を発揮したりするような権能は与えられていない。養育費確保のための，取決めの義務化や，履行確保に対する強制力の付与に関する制度整備がなされるならば，その制度の円滑な実施のための新しい当事者支援事業が構築されることになろう。[14]

---

14) 養育費相談支援センターでは受託事業の効果的な推進のために，平成23年度以降，運営委員や学識経験者からなる「養育費確保に関する制度問題研究会」を立ち上げ，相談者に対するアンケートや相談員からのヒアリングに基づいて平成24年8月に「養育費確保の推進に関する制度的諸問題」（前掲注11）を刊行した。この報告書において各研究員による当面する制度的課題についての問題提起が行われている。

ただし，このような制度改革には財政上の問題や省庁横断的な調整などがあり一朝一夕には進まないことが予想される。

　相談支援センターの立場からは，生活保持義務という法的に極めて強い義務を持つとされている養育費負担義務者の所在や勤務先，収入や財産状況の調査について，権利者からの請求がある場合にこれを探索したり開示したりする制度整備が喫緊の課題であると考えられる。

(4)　**養育費の意義についての幅広いコンセンサスの形成**

　養育費と面会交流は親の離婚を経験する子の最善の利益を実現するための車の両輪であると考えられるようになってきた。養育費について言えば，これまで，面会交流とセットで取り決めなければならないものという認識が一般に広く共有されていたわけではない。実際，相談支援センターの相談窓口では，面会交流が強制されるのであれば養育費は請求しなくてもよいという相談者も少なくないのが実情である。このような国民の現実の意識を踏まえて，養育費が持つ本来の意義の認識が改めて幅広いコンセンサスになっていくような方策を考え実行していく必要がある。養育費を負担することが社会的な常識と考えられるような意識改革は，その権利義務を明確にする制度改革を裏側から支えるものだからである。

（鶴岡健一・公益社団法人家庭問題情報センター(内)養育費相談支援センター長）

第3　東京都の取組　～東京都ひとり親家庭支援センター「はあと」での支援～

SECTION 3　東京都の取組
～東京都ひとり親家庭支援センター「はあと」での支援～

1 東京都のひとり親家庭の現状と問題点

(1) 東京都のひとり親家庭の概要

　東京都のひとり親家庭については[1]、平成14年をピークに、離婚件数・離婚率ともに減少傾向にあり、全国の趨勢と相似している。離婚件数・離婚率は、全人口を母数としているため、離婚の母数となる結婚件数の減少が影響して、減少傾向にあるものと思われる。全国の人口動態統計の特殊報告では、結婚した夫婦を母数とした場合の離婚率をみており、こちらについては全年代、特に若い世代での離婚率は上昇している。また、子どもの側から見れば親の離婚を経験している子どもの割合は増えている傾向にある。

　東京都では、都内の母子家庭・父子家庭の世帯数を毎年推計しているが、母子家庭が約15万世帯、父子家庭が２万世帯弱[2]で、圧倒的に母子家庭が多い。しかし、統計的な数字からは明確に見えてこないが、「イクメン」という言葉にみられるように、子どもの養育に積極的に参加する父親が増えていることもあり、支援の現場では、父子家庭が増加傾向にあると感じる。

　ひとり親となった理由では、離別が約８割、死別が約１割、未婚が約１割となっている。傾向としては、親が若い年代で離婚するケースが増えており、離婚時の子どもの年齢も、１歳未満が約２割、１～３歳未満が約２

---

1) ひとり親に関するデータはあまり多くはない。国の場合は国勢調査・全国母子世帯等調査、東京都の場合は東京都福祉保健基礎調査があるが、いずれも５年に１度の統計であり、細かなトレンドを追いかけることができない。東京都福祉保健基礎調査の、母子家庭・父子家庭に関する現時点の最新データは、平成24年度の調査の速報である。
2) 国の国勢調査では、世帯単位での把握であり、ひとり親家庭が実家で三世代同居している場合には、親世代の世帯としてカウントされてしまうため、東京都では、三世代同居を含めた母子世帯・父子世帯数の推計を行っている。国も、同様に、全国母子世帯等調査において、母子世帯・父子世帯の推計世帯数を算出している。

割となっている。離婚時に，子どもがまだ乳幼児であるケースが多いという状況は，養育費や面会交流を考えるときに，子どもが小さいということが，別れた親にとってのモチベーションにつながりやすいなど，重要なファクターといえる。

母子家庭と父子家庭を比べると，母子家庭の特徴としては，現代の離婚の形態は，母親が子どもを連れて家を出ることが多いことから，持ち家率が非常に低いということ，また家を出ることにより地域から分断されやすいことが挙げられる。就業の面では，子どもを抱えて新たにあるいはブランクの後に就労することもあり，就業率は8割以上でありながら，非正規就労（パートなど）が約5割であることなどが挙げられる。

父子家庭のほうは，持ち家率が高く，ひとり親家庭になる前から就業していたということもあり正規雇用が多く，年収も若干高い傾向にある。しかし，ここ数年，離婚の際の年代が低下していることや，雇用情勢の変化等により，父親についても経済的基盤の脆弱化がみられる。

(2) ひとり親家庭への行政の支援策

東京都の場合，ひとり親家庭への施策は，4つの柱から構成されている。

ア　就業支援

就業相談や仕事のマッチング，資格取得等への支援などで，ひとり親家庭の自立支援策の中心的役割を果たしている。東京都ひとり親家庭支援センターにおいても，就業支援を行っている。ひとり親家庭への支援施策に加えて，国のハローワークなどを中心とした雇用施策全般の拡充により，支援メニューは豊富である。

イ　相談支援の整備

ひとり親家庭の生活に関する相談支援で，地域の母子自立支援員や，東京都ひとり親家庭支援センターが，その窓口となっている。

ウ　子育て支援・生活の場の整備

子育て支援施策や，住宅施策など，生活の安定に資する施策である。子育て支援施策は，主に保育や学童などであるが，子育て世帯全体に対しての施策の充実が全体的に図られており，ひとり親家庭についても利便性が高くなっている状況にある。なお，保育や学童については，ひとり親家庭

についての配慮が規定されている。

　　エ　経済的な基盤

　国政策としての児童扶養手当があり，さらに東京都では，従来から父親も対象とした児童育成手当制度がある。その他，国制度である母子福祉資金の貸付がある。

(3) **離婚家庭が抱える問題点**

　ひとり親家庭の自立のうえで，就労の確保による経済的な安定は不可欠であり，離婚家庭にとっては，養育費の確保もその重要な要素である。

　就労の確保については，特に母子家庭において，安定的な雇用に結び付きにくいという課題がある。母子家庭の母は，子育てのため仕事にブランクがあったり，仕事の経験をしたことがない専業主婦であったりすることも多く，就業環境が厳しい中，希望する仕事に就きにくい状況にある。また，母子の関係が緊密であるため，まずは子どもの養育や保育を優先し，それと両立できる範囲での短時間勤務を選ぶなどの傾向にもある。

　養育費については，取決めや受取りの実施率が低調であるという課題がある。現在の日本においては，離婚の約９割が協議離婚であり，子どもの福祉のため，離婚時に養育費や面会交流について取り決めておくのが理想だが，どうしても夫や妻と別れたい，離婚したいという目前のことに気持ちが集中してしまいがちである。東京都ひとり親家庭支援センターにおいても，養育費や面会交流について，その時に考えて話し合っておかないで，あとになって，「どうしよう，養育費をもらっておけばよかった」「面会交流の頻度をきちんと考えておけばよかった」と相談に来られる方が多い。また，離婚時の父母の年齢の若年化に伴い，母だけでなく父も経済基盤が脆弱であるなど，養育費そのものの支払が難しい状況もある。

(4) **養育費・面会交流の実態**

　養育費については，平成24年度の都の調査結果からは，養育費を受けたことがない世帯は56.8％（その前の平成19年度の調査では67.3％）で，およそ６割弱が受けていないということになる。これについては，国の平成23年度調査でも，取決めをしているという回答は32.9％で，実際に受け取っ

ているのは28.8%である。特に，取決めを行っている割合は，協議離婚26.4%，その他の離婚65.6%と差が大きい。

東京都の場合，面会交流については，平成24年度の調査では，「行ったことがある」割合が55.1%，「行ったことがない」割合が40.6%であった。「行ったことがある」場合の交流の頻度としては，「月1回以上」23.5%，「2～3か月に1回」21.9%となっている。

2 東京都による面会交流支援事業開始の経緯と現状

(1) 支援拠点としての「東京都ひとり親家庭支援センターはあと」

各都道府県等には，ひとり親家庭支援施策の中心的役割を果たす，母子家庭等就業・自立支援センターが設置されている。東京都では，センター事業として，飯田橋に2つの窓口「はあと」（生活相談・養育費・面会交流支援を実施。場所：セントラルプラザ），「はあと飯田橋」（就労相談を実施。場所：東京しごとセンター）を開設している。はあと及びはあと飯田橋の運営については，一般財団法人東京都母子寡婦福祉協議会に委託し実施している。

(2) 相談の状況

「はあと」では，生活相談・就労相談・養育費相談を行っているが，この相談件数は年々，増加している。このニーズに応えるため，平成23年4月からは，土日も含めて毎日（年末年始以外）対応する体制を整えた。その結果，平成23年度の相談実績（生活相談・就労相談の計）は，5,189件と，センター開所以来，初めて5,000件を超えた。

養育費については，一般的な相談に対しては，まず相談員が電話でインテークとして相談を受け付けている。専門的な相談は，専門的な知識を持つ相談員により，予約による来所面談という形で実施している。この相談も，年々，増加傾向にあり，平成23年度の実績は，一般相談が408件，専門相談は143人となった。

それぞれの相談は，課題が絡まり合って持ち込まれるのが実情であり，それを相談の中で解きほぐして，手の付けられる問題や，緊急性の高い問

題から一つひとつ対応している。

(3) 国による面会交流支援の事業化

　平成23年6月3日に公布された「民法等の一部を改正する法律」において，協議離婚時の面会交流や養育費の取決めが明記された。同法律の制定過程において，衆議院からは，離婚後の面会交流等の継続的な履行を確保するための面会交流の場の確保に係る措置，参議院からは，面会交流の円滑な実現を確保するための制度の設計に係る措置について，それぞれ附帯決議が付された。

　平成24年4月の改正民法施行に際して，国は，面会交流の実効性を担保すべく，面会交流の支援の事業化を図り，都道府県・指定都市・中核市が行う母子家庭等就業・自立支援センター事業の一部として位置付けた。

　母子家庭等就業・自立支援センターでは，もとより，養育費相談を行えることとなっており（母子家庭等地域生活支援事業），実施に際して「養育費に関する相談の他，面接交渉等の問題も含め相談に応じるとともに……」と規定されていた。面会交流支援と養育費相談は，車の両輪に例えられるように密接な関係があるため，国としては，同じ機関で相談支援を行うことで，実効性と相乗効果を期待したと考えられる。

　国は，本事業について，以下のような実施条件を掲げている。

3　実施主体
　（センター）事業の全部又は一部を母子福祉団体，社会福祉協議会，公益社団法人家庭問題情報センター，社会福祉法人，NPO法人等へ委託することができ，事業の内容に応じて委託先が複数になってもよい。また，面会交流支援事業の全部又は一部を適切な者に再委託することができる。

支援の対象者
　支援の対象者は以下の全ての要件を満たす者とする
　a　概ね15歳未満の子（家事事件手続法上，意思能力を有さないと認められる年齢）
　b　同居親及び別居親とも児童扶養手当支給と同様の所得水準にある
　c　面会交流の取決めを行っている者で，本事業の支援を受けることに父母間に合意がある
　d　過去に本事業の対象となっていない

(4) 東京都の事業化の検討

東京都では、「東京都ひとり親家庭自立支援計画」(第2期：平成22年度〜平成26年度) において、「ひとり親家庭に育つ子供の健全育成と将来の自立に向けた支援」という視点を打ち出している。

改正民法による法的整備や、国の事業化による支援内容の明確化など、面会交流支援事業の実施に向けた条件が調ったこともあり、都としても、ひとり親家庭に育つ子供たちの福祉の確保策の一環として、同事業に取り組むこととした。国のスキームに基づき、同事業を、東京都ひとり親家庭支援センター事業 (以下、「センター」という) として位置づけた。

しかし、面会交流支援自体は、民間団体が先行して実施しており、行政での実施実例はないため、具体的な事業化に際して、ノウハウがないことが課題であった。

また、センターにおいて、従来「面会交流支援はセンターの役割にはなかった」ため、ひとり親家庭から面会交流に関する相談を受けることがなく、ごくまれに相談があっても、各種団体を紹介するにとどまり、対応の経験やスキル、ノウハウがなかった。

面会交流支援の実施に当たっては、①離婚や親子関係に関する法的な知識と実務経験、②親子の状況を把握するソーシャルワーク的なスキル、③交流支援実施のスキル、④DVなど危険な事例への対応力、など、様々な専門的な知識経験が求められる。

行政が提供する面会交流支援として一定の高い質を確保するためには、上記に掲げたような知識経験を有する支援者の確保が不可欠である。そのため、都としては、専門的なスキルをもち、面会交流支援の実績を積んでいる公益社団法人家庭問題情報センター (以下、「FPIC」という) の相談員を、センターの面会交流支援員として位置付けることとした。

(5) 東京都の面会交流支援事業の実施方法

現在、東京都の面会交流支援事業は、次のような実施方法で行っている。

第3　東京都の取組　～東京都ひとり親家庭支援センター「はあと」での支援～

【図】支援の流れ

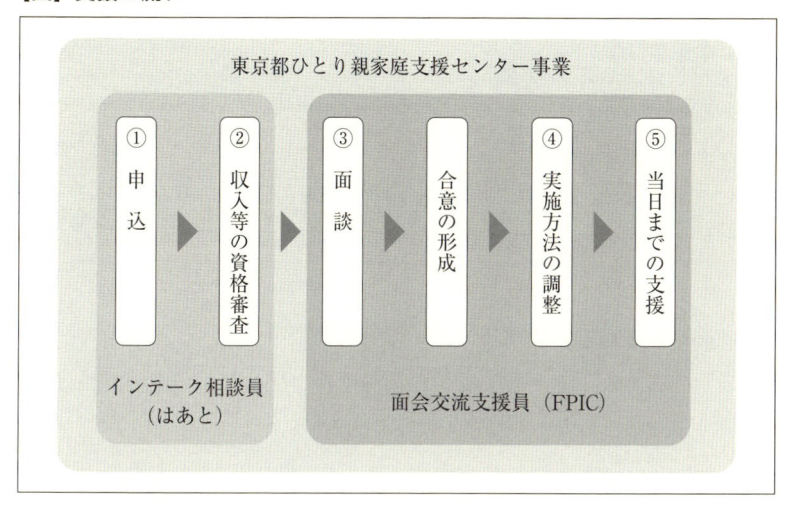

```
東京都ひとり親家庭支援センター事業

① 申込 → ② 収入等の資格審査 → ③ 面談 → ④ 合意の形成 → ⑤ 実施方法の調整 → 当日までの支援

インテーク相談員（はあと）　　　　　面会交流支援員（FPIC）
```

- **支援対象者**
  ○中学生までの子供のいる方
  ○子供と同居されている親については，都内に住所を有すること
  　　子供と同居されていない親については，必ずしも都内に住所を有することは要しませんが，本交流支援事業において，都内で行う面談や実際の交流に来ていただくことができることが必要です。
  ○子供と同居されている親，同居されていない親双方が以下の条件を満たすこと
  　・児童扶養手当受給相当の年収であること
  　・双方に面会交流を実施する旨の合意がされていること
  ○子供の連れ去り，配偶者暴力などのおそれがある場合は対象となりません。
  ○過去に本事業の対象となった方は再度の申込はできません。

- **受付窓口**
  東京都ひとり親家庭支援センター「はあと」
  　☎　03－5261－1278（年末年始を除く毎日）
  　※9時から16時30分まで（養育費相談電話と同じです）

- **費用等**
  面会交流の支援を受ける費用は**無料**です。
  　※事前相談や面会交流に要する交通費や，面会交流にかかる費用など，実費相当については，御自身で御負担いただきます。
  ① 面会交流支援の申し込みは，お子さんと同居されている親，同居されていない親のいずれからも可能です。
  ② 児童扶養手当受給相当の年収があるか等の資格審査を行います。
  ③ それぞれの親ごとに，面談により状況の聞き取りを行います。
  ④ 面会交流の日時や場所など，実施方法を調整します。

⑤ 連絡調整や受渡し，付き添いなど，当日まで支援を行います。

- **必要な書類**
  ○子供と同居されている親
  ・都内に住所を有し，児童扶養手当受給資格相当の収入であることがわかる書類
  ○子供と同居されていない親
  ・児童扶養手当受給資格相当の収入であることがわかる書類
    ※ 収入については，児童扶養手当受給証，課税証明書，確定申告書，源泉徴収票等により確認します。

(6) 面会交流支援事業の現状

平成24年5月から面会交流支援の相談受付を開始し，事業の実績は以下のとおりとなっている（平成24年12月末日時点）。

【当事者からの相談：221件】以下の表は内訳。

属性				相談者数	取決めの有無									相談内容				
相談者属性					離婚前					離婚後								
父	母	親族	その他		別居・調停取決有	別居・面会取決無	離婚等調停中	取決め中・その他	不明	取決め無	取決め有	調停中・係争中	不明	仲立ちしてほしい	利用したい	面会を避けたい	面会内容の変更等	面会説明・その他
71	135	13	2	221	8	11	46	4	9	33	74	18	18	25	113	7	25	57

【関係機関からの相談：58件】

実際の面会交流支援につながったケースは，13件である。

(7) 支援を通じて把握できたこと

ア 交流頻度の現実性

事業を始める前は，非監護親の父親からの相談が多いことを想定していたが，実際には，監護親である母親からの相談が多く，その内容は，離婚の際に決めた面会交流の条件を緩和したい（頻度回数・負担を減らしたいなど）というものである。

このことから，調停において面会交流の取決めの合意を形成するときに，

あまり頻度などを高く設定せずに，子どもの状況や自分の生活をよく踏まえつつ現実的な内容で合意することが重要であるといえる。調停での合意では，月に1回という頻度が多いが，子どもが小さい場合は急に熱が出たり，あるいは，離婚後は自分の仕事探しや子どもとの生活を安定させることで精一杯だったりと，月に1回の面会が大変厳しい状況もみられる。面会の頻度は，子どもの年齢や離婚時の状況に応じて，現実的な線で折り合えることが望ましい。

　イ　介入支援の必要な対象者

　面会交流支援事業のうち，相談から具体的な支援までつながる方は，調停を経ていたり弁護士からアドバイスを受けていたりと，何らかのトラブルを抱えていて第三者に関わってほしいという場合が多い。国の要綱では，「DVや児童虐待が疑われる場合は除く。」という規定になっている。都も同様な規定は設けているが，現実的には，何かしらのリスクを抱えている方が第三者の介入・支援を求めている傾向にあるため，DVが疑われるケースも支援の対象としており，想定と現実のギャップがある。

　ウ　住所要件の設定

　都は，支援対象者の枠組みとして，父母双方が東京都在住であることを要件とはせず，子どもの福祉の確保の観点から，子どもと同居する親が都内在住であることを要件とした。離婚に際して，母親が子どもを連れて家を出る場合が多いことを踏まえての設定である。実際に支援を受けている方を見ると，非同居親が都外に住んでいる状況が多かった。この設定は，前例のない中で東京都が最初に定めた枠組みとして，結果的に，現実に即した設定となった。

(8)　インテークを行うセンター相談員の実感

　センターが実施している，ひとり親家庭への生活相談・養育相談では，従前は，面会交流を謳っていなかったので，その問合せはほとんど受けておらず，相談が来た場合には他機関を紹介し，つなげる対応のみだった。新たに本事業を開始したことにより，相談受付の内容が大きく変わった。

　面会交流支援の相談については，当事業の支援者に該当するかどうかを判断するための，具体的な聞き取りを必要とする相談受付となり，1件1

件,家族関係や経緯を把握するなどし,対応時間も長くなっている。

さらに,相談者だけでなく,当事者双方から話を聞くという経験が初めてのことである。驚きが大きかったことは,両者がまったく別々の,まるっきり正反対の主張をするということである。通常の支援の相談では,一方当事者からの話をもとに進められる[3]。そこでは,目の前のクライアントに寄り添うことが大切だという立場で仕事をする。

しかし,面会交流に関しては,相手と子どもが必ずいる問題であり,関係はトライアングル(三者間での話合い)となる。したがって,相談に来た一方当事者の話だけを聞いてやっていく支援とはならない。また,相談者(多くは母)に寄り添っているだけでは,そこから次の行動(実際の面会交流実施)に移すところにたどり着けなくなってしまうという,難しさが伴う。

電話によるインテークの時点では,片方の当事者を相手にしており,その背後にいる子どものこと,元配偶者のことまでは見えにくいため,それを見抜ける力をどれだけつけるのかが,養育費や面会交流の支援をうまくやっていくために,大切であると痛感している。他の相談とは違い,常に相談者の言葉を聞きながらも,100%真実ではないこと,今子どもがどんな思いでいるか,相談者の背後にある複雑な事情に思いを馳せて臨むよう気を付けるようになり,さらにこの事業に携わるには,家族に関する問題を学ばなくてはいけない,と強く実感している。

できるかぎり,初めは相手に対しての嫌悪感で固まっている当事者に対して,子どもがどんな気持ちで間に挟まれているのか,この問題に取り組むために子どもを中心に考える姿勢の大切さを伝えられるよう,前向きに変化してもらえるよう,実践を通して,継続的にスキルを磨かなくてはならない。

センターの相談員として,本事業のスタート時の苦労は相当なものだったが,実践によって見えてくるものが多くある。ソーシャルワーク的にはとても良い経験を重ねており,他の相談対応・内容にも深みが増してきて

---

3) 地域で相談支援を行う職種は,母子自立支援員・婦人相談員等である。相談者は,基本的には母親本人のみの場合が圧倒的に多い。

いる。

(9) 支援件数の背景

現段階では，都の事業において，実際の面会交流支援に至る件数は13件と，少ない状況にある。

支援件数が少ない理由として，以下のようなものが考えられる。

ア 離婚時の取決め

離婚の9割は協議離婚であり，面会交流についての取決めがなくとも，離婚することは可能である。また，受理自治体以外では，取決めの有無についての把握はできないため，本事業の対象者となる層が，取決め自体をしていないのか，取決めはしているが支援がなくてもやっていけるのか，支援が必要だが情報を知らないのか，という点が不明である。そのため，事業の周知や普及啓発を効果的に行うことが難しい。

支援が必要な方が本事業に確実につながるよう，区市の受理窓口や家庭裁判所，弁護士，調停委員，公証役場等と連携し，事業の効果的な周知方法について検討することが必要である。

イ 事業対象者の要件

本事業においては，国において，対象者の収入要件を父母ともに児童扶養手当の水準としているが，特に，父親の年収はそれより高いケースが多い。面会交流支援は，民間団体が有料で実施しているものもあり，無料で支援を提供する自治体事業との役割分担が必要な面もある。

また，本事業の実施目的の一つに，養育費を支払えるはずの非同居親について，面会交流の機会を通じて，養育費支払いのインセンティブにつなげる面もある。その意味では，支払可能な層が本事業の対象となるよう，年収制限を緩和するという考え方もあり得る。

支援の実態やニーズ，民間の支援団体の動向を把握しながら，社会通念上，適正と思われる基準設定を国と検討することも重要である。

3 東京都の事業における支援団体（FPIC）の関与

(1) FPICの位置づけ

　東京都の面会交流支援事業の実施体制は，東京都がセンターを設置し，その運営を一般社団法人母子寡婦福祉協議会に委託し，センター事業のうち面会交流支援事業については，具体的支援の部分をFPICに再委託している。

　FPICは，面会交流支援員をセンターに設置する[4]という形で，人員・サービスを提供している。面会交流支援員としてケースを担当する際は，FPIC職員としてではなく，"はあと"支援員として対応し，名刺も別に用意している。

(2) FPICの関与と課題

　FPICは，自主事業として，有料で面会交流支援を数多く実施してきた。

　事業を受託の形で実施するのは初めてであり，同じ面会交流支援といっても，FPIC独自事業としての実施と，都事業の受託事業としての実施では，相談者との対応・調整の面で異なる点があり，調整を要した。

　FPICでは，長年の活動を通して，面会交流においては，必ず同居親・別居親・子どもの三者関係をみて行う支援を続けてきており，その最大の強みを，都の事業にも活かしている。

　実施上の困難があるのは，委託を受けて援助を求めに来た当事者間での"合意"の中身が，FPICが自主事業として援助を行う際に"合意"と捉えている内容と異なっている点である。

　FPIC独自の事業で，当事者に常に求めている"合意"の基準とは，父母双方が，具体的な面会交流の実施内容やその態様・手段についてまでの合意があることをいい，この合意には調停を経てきちんと形成してもらうことを前提としている。都のセンターで受理している当事者は，"都事業を利用して面会交流をする"ことを合意しているという要件で足りる。裁

---

[4] ケースには継続的な支援が求められるため，FPICの中で，特定の面会交流支援員を指定し，対応する。

判所で調停条項などを決めている場合は、交流の条件についての介入は必要ないが、決まっていない場合は、面会交流を具体的にどのように実施していくのかという当事者間の合意形成から介入をしていくこととなる[5]。センターでは調停は行わないので、当事者にあらためて調停手続をとってもらうようお願いすることもある。

4 行政の当事者支援と司法・民間支援との棲み分けと課題

(1) 養育費・面会交流の実効性担保に向けて

国や東京都の面会交流支援事業、さらには、面会交流と養育費そのものが良好に広がっていくか否かということについては、やはり、日本の離婚の9割を占める協議離婚の方たちが、どれくらいきちんと取決めをして、実施していくかというところが大きいと思われる。この問題についてはやはり、司法・法律の整備も必須だと思われる。

改正民法において、父母の間で面会交流や養育費について配慮し取り決めるようにと明記しているが、離婚届のチェック欄記載での取決めの有無は、届出受理とは関係がなく、実効性の担保に欠けている面がある。

また、実際に、センターで受理するケースは、なんらかの係争が背景にあることが多く、家庭裁判所等の適切な関与があると、実効性の担保のうえで、頼もしい。家庭裁判所の関与があるケースでは、面会交流を調停条項に入れることに積極的であり、取決めも守られる傾向にある。合意形成の過程で、面会交流の実現が難しそうな場合には試行面接などの取組も行われ、その後のスムーズな支援につながりやすい。

(2) 他自治体での実施の可能性

都の場合、本事業を実施するうえで、ひとり親家庭の数が多いということや、FPICのような専門スキルを持つ機関・人材が多いという、利点があった。

全国の自治体間では、事業対象となるひとり親家庭の数の差が大きい。

---

5) この合意のずれによって、取下げとなった実例がある。

専門的に支援を行うことができる機関・人材が十分ではないところもある

また，各自治体により，母子家庭等就業・自立支援センターの運営内容，運営団体，施設設備が異なるため，面会交流事業の実施方法も，一概にこのやりかたが良いとはいえない。

自治体によっては，FPICのような民間団体にインテークを含めて面会交流支援全体を委託する形をとって実施するほうがより良い場合もあるかもしれないし，母子家庭等就業・自立支援センターの体制そのままで面会交流が実施できる場合もあるかもしれない。

また，面会交流支援事業は，国の補助事業であるが，相談が来た場合にいつでも専門職が対応できる体制を整えねばならず，支援自体も専門性が高く人的コストを要するため，基準経費が見合わないという懸念がある。この点についても，事業量に応じた費用対効果となるか，十分見極めてから事業化する必要がある。

そのため，自治体での事業構築に当たっては，その地域の対象者数や，支援実績，支援団体などの地域資源，現在のセンター事業の状況などを総合的にみながら，地域の特色に応じた実施方法を選択していくことが重要である。

5 行政事業と民間団体の連携の広がりの可能性と課題

(1) 連携可能な民間団体の現状と育成

東京都のこの新たな取組，当事者団体[6]であり母子福祉団体である一般財団法人母子寡婦福祉協議会への委託とFPICという民間団体への再委託という組み合わせによる事業運営は，各方面からも大変興味深く注目されている。

現在，同じように民間で面会交流支援を行っている団体は増えてきており，棚村教授による調査では，およそ22団体ほどが存在するといい，これから先も増加が見込まれる。

ただし，具体的に団体を調査すると，調停委員や調査官のOBなどによ

---

6) 主として，ひとり親家庭の母親や父親から構成される団体。

る団体等もあるが，その多くは当事者団体である。これらの団体は，支援者の人数，資格・資質また支援実績，支援効果も，千差万別であり，また地域的な偏在もある。

　面会交流の実施には，前記2(4)(200頁)に示した，4点の専門性が必要だが，自治体事業として実施することを考えると，国から，団体を活用して実施する場合の何らかの基準の提示，これぐらいの基準をクリアしなければいけないといったものを示されるとよい。例えば，離婚に関する法的な支援体制の確保のため，家裁調査官が属している，あるいはスーパーバイザーとして助言を得られる体制である，などである。

　FPICによれば，過去の面会交流支援実績を踏まえて，また，今般実際に自治体事業を受託し支援を行ってみた実感としては，各都道府県に，面会交流支援におけるコア的な人材の育成が急務だということである。そのような人材がいれば，地域の支援団体を育成・助言しながら活用することもでき，様々な活動のベースができる可能性が広がる。

(2)　**利用できる面会交流の実施場所の確保**

　面会交流の支援の実施において，大きなハードルのひとつは，場所の確保である。この事業では，どうしても当事者と子どもを会わせなくてはならないということで，安全が確保されており，子どもにとって良い環境であるという必須条件があり，場所の確保，ハード的な拡充が，東京都でも課題である。

　面会交流の実施場所については，地域の身近な機関（小中学校，公民館等）を活用してはどうかという声もきく。しかし，地域の機関は，その自治体の住民でないと利用できない場合が多く，面会交流を定期的に行う場としては，難しい面もある。また，利用者にとっては，生活の場を離れた場での面会交流が望ましいケースも多い。

(3)　**面会交流支援事業の実施主体と地域**

　現在，面会交流支援事業の実施主体は都道府県等となっている。これをより当事者に身近な区市町村にすればよいという意見もあるが，善し悪しがあろう。監護親である母親・父親にとっては，元夫や元妻と会うという

場面が，自分の日常生活の近辺にあることには，否定的な考えもある。第三者機関の介入を望んでいる場合には，元配偶者に会いたくないという事情や課題があることが多く，住所地から離れた場所での実施が望ましい。

また，事業を行う上で，スケールメリットの問題がある。実施主体が区市町村になると，事業の対象者が少なくなる。一方，支援を行うための専門職も各区市町村で確保しなければならず，自治体の規模により，支援体制に偏りができるおそれがある。

そのため，自治体が行う面会交流支援事業は，ある程度の広域性があるほうが，円滑に進められるという面もあるかと思われる。

6 今後の課題と展望

(1) 離婚に当たっての親教育

現状でも，養育費に関しての離婚前相談はとても増えている。FPICの専門家からも，協議離婚において，事前の相談・第三者の適切な関与が何よりも重要との実感の声がある。

例えば，区市町村の窓口等で，離婚届の提出時から，適切な離婚後の親子関係や子どもの心理，面会交流や養育費の大切さについて情報や助言を与えられる場ができると効果的である。

(2) 各種専門機関の連携・ネットワーク

面会交流支援では，裁判所や弁護士等との連携が重要である。

欧米諸国においては，離婚において，裁判所が非常に中核的な役割を担っており，親への教育や，適切な関係機関との連携による支援などを担っている。一方，日本においては，裁判所が関与する離婚は全体の1割にすぎない。

厚生労働省・法務省・裁判所がそれぞれ提供する支援を，横の連携でつなぐ視点が重要であり，既存の機関や取組・資源を活きたリソースとするキーワードがネットワークである。

(3) コア人材の育成

　面会交流支援を具体的に実施していくためには，支援機関の拡充・人材育成が急務であり，機関としての基準の策定が大きな課題である。

　これに対し，経験を重ねてきたFPICの専門員によれば，例えば各都道府県にひとつなどの広域的拠点に対し，コア的な人材が2・3名いれば十分に事業として機能するはずであるという。しかし，ただ人数が集まって勉強をすればよいというものではなく，求められる必須の資質があるとのことである。

　コア的な人になりうる資質として求められる具体的な内容として，①離婚や親子関係についての手続的な専門的知識を身に付けていること（手続代理人とならなくても，手続の知識は持っていなくてはならない），また，②心の代理人的な，心に寄り添える資質，である。

　ここで重要なのは，知識的なこと・手続的な専門性については，教育することが可能であるが，問題は，後者の，人間関係的な能力のほうである。職種の本来的な役割から，その資質を備えていると具体的にイメージされる職種として，保育士や保健師などが考えられる。日常的に親子・家庭の状況を把握するとともに，相談者・子どもに寄り添うことができる。法的なサポートをスーパーバイザーなどで補うことにより，支援の新しい形が生まれる可能性もある。

(4) 面会交流支援事業の全国的な情報共有・連携

　都は，日常業務の中で，他自治体の照会に応じて，本事業の実施状況の説明や，事業化検討に当たっての留意点の助言などを行っている。支援事例の共有については，現段階では，まだ事例が少なく個別性が強いため，難しい面もある。

　都は先行的に本事業に着手し，今後とも工夫しながらより良い事業にしていきたいと考えるが，子どもの福祉のためにどう実施箇所を増やし，知見を共有していくかという点については，国全体で取り組む課題と考える。

　パイロットプロジェクトが一定の成果を上げることによって，他への波及効果があるため，東京都としては，ひとり親家庭数や支援者数が全国で一番多い自治体として事業を遂行し，具体的な経験や知見を国に情報提供

し，よりよい事業のあり方について国に提案していく。

(5) **面会交流支援への期待**

　自治体が行うひとり親家庭支援策の多くは，母親・父親を対象としたものである。面会交流事業を通じて，子どもの支援を行うことによって，総体的に親子関係・家族全体を見ることが可能となる。

　面会交流は，離婚を経験した子どもへの支援であるが，子どもが非監護親である実親と，家族としての新しい形や絆を作り直していく，再構築の過程への伴走的支援ともいえる。

　その意味でも，面会交流支援の取組が全国的に進み，より多くの子どもの福祉に資するよう，期待したい。

　　※　本稿は，平成25年2月19日に東京都ひとり親家庭支援センター「はあと」に伺い，田村陽子係長・三宅宗子相談員・FPICの専門相談員へヒアリング取材を行った内容をもとに原稿化した（編者）。

（田村陽子・東京都福祉保健局高齢社会対策部施設支援課施設運営係長／なお，執筆時は，東京都福祉保健局少子社会対策部育成支援課ひとり親福祉係長）

第4章

制度の運用と展望
――諸外国の制度・取組に学ぶ
〜面会交流〜

第4章 制度の運用と展望——諸外国の制度・取組に学ぶ ～面会交流～

SECTION 1 アメリカにおける面会交流支援
～カリフォルニア州ロサンゼルス郡での取組～

1 面会交流及び面会交流支援の位置づけ

　アメリカでは1970年代以降多くの州で，別居や離婚後の共同監護（joint custody）が導入され，すでに広く利用されるようになっている。[1] カリフォルニア州法のように，両親が別居や離婚をした後も，子どもが両親と頻繁かつ継続的なコンタクト（frequent and continuing contact）を持てるよう保証することが州のパブリック・ポリシーである（Cal. Fam. Code §3020(b)）と宣言し，共同監護の理念を積極的に打ち出している州法もある。

　カリフォルニア州法の規定に代表されるように，「頻繁かつ継続的なコンタクト」を通じて，子どもが父母両方との関係を持ち続けられるようにするというのが，アメリカ家族法の基本的な考え方になりつつあるようである。ただしカリフォルニア州でも，この「頻繁かつ継続的なコンタクト」のポリシーには，「コンタクトが子の最善の利益にならない場合は除いて」という制約がある。さらに，カリフォルニア州法は，裁判所が子どもの身上監護，法的監護，面会交流に関する命令を行う際に，子どもの健康，安全及び福祉を保証することが，裁判所が子どもの最善の利益を決定するにあたっての第一の関心事となる（Cal. Fam. Code §3020(a)）とし，この「子どもの健康，安全及び福祉」のポリシーが「頻繁かつ継続的なコンタクト」のポリシーと対立するときは，前者が優先するという趣旨の規定を置いている（Cal. Fam. Code §3020(c)）。子どもの健康・安全・福祉を害するような事情，特にDVや児童虐待の問題がある場合には，面会交流の方法や時間に厳しい制限が加えられ，ときには面会交流そのものが禁止されることもある。もっともアメリカでは，子どもとの面会交流そのもの

---

[1] 離婚後の子の監護および面会交流に関するアメリカ法の展開については，棚村政行「離婚後の子の監護——面接交渉と共同監護の検討を中心として」石川稔・中川淳・米倉明編『家族法改正への課題』日本加除出版（1993）231-271頁，山口亮子「アメリカ法における親の権利と監護権——親の権利をめぐる立法と司法の政策」民商法雑誌136巻4・5号（2007）561-594頁などを参照。

が全面的に禁止されることは例外的な状況であり，監督付きにするなど安全のための工夫をしたうえで面会交流の継続を目指すことが多いということには注意が必要であろう。[2]

このようにアメリカでは，離別する父母は，原則として，父母の両方が子どもとの関係を続けていけるように努力をしていかなければならず，そうした考え方に基づいて，監護や面会交流の合意形成が促され，また法的な決定が行われるようになっている。また，この過程に直面する父母と子どもへの様々な援助やサービスが実施されるようになっている。

面会交流への支援には，大きく分けて，二通りのものがあると考えられる。一つが，子どもの監護や面会交流に関する合意をするために提供される支援であり，もう一つが，面会交流に関する合意や裁判所の命令を履行するために提供される支援である。具体的にどのような取組みがなされているのか，本稿では，カリフォルニア州ロサンゼルス郡の上位裁判所 Superior Court において離婚や別居，子どもの監護や面会交流などの家族関係事件を扱う家族法担当セクション（家庭裁判所 Family Court と呼ばれる）での取組みを紹介することにしたい。[3] 基本的には，父母が離婚する場合を想定して，法的な手続と支援のあり方を記述していく。

2 養育計画を作成・合意するための支援

カリフォルニア州では，離婚は原則として裁判所の命令によって成立する。子どものいる夫婦が離婚する場合には，子どもの監護や面会交流についても同時に決め，それを裁判所に示さなければならない。離婚後の監護・面会交流に関する合意を養育計画 parenting plan といい，その作成が離婚する父母に義務付けられるのである。養育計画として決定すべきとさ

2）アメリカにおけるDV加害者と子どもとの面会については，棚瀬一代『離婚と子ども：心理臨床家の視点から』創元社（2007）59頁を参照。
3）筆者は2011年3月3日から8日にかけて，ロサンゼルス郡上位裁判所で家事事件を担当されている裁判官ならびに Family Court Services のスタッフの方々に制度の実情・実務のあり方について聞き取り調査を行い，P.A.C.T.の見学や法廷の傍聴も行った。さらに，後日Emailを通じた質問にもお答えいただいた。紙幅の都合で一人ずつお名前を挙げられないが，ご協力くださったすべての方に心よりお礼を申し上げる。

れている事項には，以下のようなものがある。

　① 子どもの法的監護　　子どもに関する決定権の所在。共同法的監護の場合，両方の親が子どもに関する情報を共有し，子どもの健康，教育，福祉に関する主要な決定を行う権利と責任を共有する，というように記載される。また，相手方または裁判所の命令がない限り，どちらの親も子どもの居所を変更できない，といった条項も加えられうる。また，単独法的監護にする場合でも，主要な決定を行った場合には他方の親に知らせなければならないとか，法的監護のない親も子どもの緊急な治療については同意ができるとか，子どもの医学的記録や学校での記録にアクセスする権利を持つ，というように合意することができる。

　② ペアレンティング・スケジュール　　子どもがいつ，どちらの親のケアと責任のもとで過ごすのか。例えば，子どもが主に母のもとで暮らすという場合，「子どもは父の時間として定められた時間以外のすべてを母のもとで過ごす」とし，父の時間を，何曜日の何時から何曜日の何時までというように定める。

　③ 休日・休暇のスケジュール　　クリスマスなどの家族が集まる休日，夏休みなどの長い休暇の過ごし方。

　④ 子どもの受け渡しのアレンジメント　　子どもを受け渡しに行くのはどちらか，どこでどうやって受け渡しをするか。知人などの第三者による受け渡し，中立的受け渡しを行うプロフェッショナルなサービスプロバイダーを使うならその旨も合意する。

　⑤ その他　　どちらの親も子どもの前で他方の親について否定的なことを言ってはならない，といったことを合意する。

　養育計画は，父母が相談して自分たちで合意をして決めるのが原則である。家庭裁判所には，養育計画としてどのようなことを決めなければならないのかを教えるカラー刷りのパンフレットが用意されている。子どもの年代別に，子どもの発達ニーズに応じてどのようなことに気をつけて養育計画を考えるべきかを説明したパンフレット，休日休暇のスケジュールの決め方をアドバイスするパンフレットなどがある。家庭裁判所のセルフヘルプセンターに行けばこうしたパンフレットをもらえる。こうした資料が

自主的な合意形成の手助けとなっている。

　自主的に合意ができなかった父母は，子どもの監護と面会交流について，裁判官の決定を求めて家庭裁判所にやってくる。家庭裁判所は，最終的には父母に代わって子どもの養育計画を決定する役割を担うことになるのだが，まずは「裁判所サービスcourt services[4]」と呼ばれる様々な支援サービスを提供し，当事者が自分たちで養育計画を合意できるように援助をする。ロサンゼルス郡の家庭裁判所にもFamily Court Servicesという部門があり，2011年3月時点で42名の専任職員が活動していた。

　ロサンゼルス郡のFamily Court Servicesは，養育計画に関して紛争を抱える当事者のために教育的オリエンテーションを実施している。以前は，P.A.C.T.（Parents and Children Together）というオリエンテーションのプログラムが裁判所で実施され，当事者は原則として，ミディエーションを受ける前にこのプログラムに出席することを義務付けられていたが，2012年7月からは，インターネット上で受講できるプログラム（Our Children First）を選択することも可能になった。2012年12月時点で，P.A.C.T.も規模を縮小して実施されているが，その受講者は非常に少なく，大部分の当事者がインターネット上でのオリエンテーションを選択しているとのことである。P.A.C.T.は約3時間，Our Children Firstは約50分のプログラムであり，所要時間は後者の方が短いが，内容は同じようなものであるという。ここでは，筆者が2011年3月に見学したP.A.C.T.の様子を紹介することにする。

　P.A.C.T.では，まず冒頭で，講師の自己紹介が行われた後，5分ほどのビデオテープが流される。ビデオは，現職の裁判官が，視聴者に向かって手続きを説明するものである。ビデオの中で，裁判官は，「監護や面会交流は，子どものことを最もよく知っている父母が話し合って決めるほうが，子どもを知らない裁判官が決めるよりも良いものになるし，時間もお金もかからない。裁判は父母にとってストレスフルなものであり，それによって，父母の関係がより醜悪なものになってしまう。裁判の前に，父母の合

---

[4] 子の監護事件のための裁判所サービスについては，棚村政行「アメリカにおける子の監護事件処理の実情」判例タイムズNo.1176（2005）55−66頁，55頁が詳しい。

意を援助するためのミディエーションが行われるので，できるかぎりそこで合意できるようにしてもらいたい」と視聴者に向かって語りかける。また，ミディエーションを説明する場面では，丸いテーブルでミディエイターと父母が話し合っている様子が映し出され，ミディエーションがどのようなものであるかをイメージできるようにしている。

　二本目の20分間のビデオは「離婚の子どもたちThe Children of Divorce」と題するもので，父母の離婚を経験した子どもたち（survivors）が登場し，父母の離別のとき，またその後に感じた様々なつらい気持ちについて語るものである。それぞれの子どもの語りの後に，メンタルヘルスの専門家が，そうしたつらい気持ちがどうして発生するのか，それを避けるために父母はどうすべきかを解説する。ビデオの後，講師であるペアレント・エデュケーションの専門家が，このビデオからどんなことを知ったかを参加者に尋ね，それぞれが考えを深めていけるように促していた。P.A.C.T.は，父母の離別が子どもに与える影響を理解し，父母が子のために協力して養育を行っていくことの重要性を説くものなのだが，DVや児童虐待，薬物濫用など，面会交流に危険性が伴う場合には，共同養育よりも子どもと被害親の安全確保が優先されるということも説明されていた。

　P.A.C.T.を受けた人々が次に向かうのは，Family Court Servicesのミディエイターのオフィスである。カリフォルニア州では，監護や面会交流で紛争を抱える当事者は，法廷での審理の前に必ずミディエーションを受けるよう義務付けられている。このミディエーションは，養育計画の作成に焦点を絞ったもので，養育費を含め，父母の離別に伴うその他の問題は扱わない。一回2時間程度で，原則として一回で終了する。

　ミディエーションの冒頭で，ミディエイターはまず父母に対して，ミディエーションは子どものニーズにあった養育計画を作るための非対立的な話し合いの場であること，そのために父母に守ってもらうべきことなどを伝え，話し合いの基礎を作る。そして父母からそれぞれの生活状況や相手との関係，それぞれが希望する養育計画などを聞き，それを考慮しながら，子どものためにどのような養育計画が望ましく，また父母の両方が受け入れられるのかを考え，父母に提案していく。父母が希望する養育計画が子どもにとって良くないと考える場合には，それも伝える。父母に対し

て教育的な働きかけをすることもミディエーションにおいては重要であるとのことであった。

ロサンゼルス郡のFamily Court Servicesのミディエイターになるには，メンタルヘルスの修士号と5年以上の実務経験が必要である。ミディエイターは，採用されてからも継続的に研修を受け，知識と技術を磨いている。ミディエイターは，DVの問題を扱うためのトレーニングも受けている。なお，ミディエーションの過程で父母が子どもを虐待・ネグレクトしているという疑いが生じた場合，ミディエイターは，児童虐待への対応を行う行政機関である子ども家庭サービス局（DCFS）に通報をしなければならない。通報に応じてDCFSが調査を行い，虐待の事実が明らかになれば，少年裁判所（ロサンゼルス郡では，チルドレンズ・コートという）によって，子どものフォスターケアへの委託などが決定される。

さて，ミディエーションを受けた多くの父母が養育計画の合意に至るのであるが，それができない場合もある。その場合，当事者は法廷での審理に進むことになる。ミディエーションで明らかになった事実の秘密性については州や郡により方針が異なるが，ロサンゼルス郡ではミディエーションで当事者が話したことは秘密とされ，裁判官には報告されない。ミディエーションで合意が成立しなかったことだけが裁判官に通知される。ただしこの通知にあわせて，児童虐待の通告を行ったことや，DCFSの調査が行われていることなどは法廷に伝えることができる（児童虐待への通告については，ミディエーションの秘密保持義務は解除される）。

裁判官が養育計画の決定を行うにあたっては，裁判官の命令によって行われるエヴァリュエーション（Evaluation）が重視されている。ロサンゼルス郡では，Family Court Servicesのエヴァリュエイターが親子の関係や生活状況についての調査を実施する。エヴァリュエーションには，監護と面会交流に関する特定の問題を扱うSolution Focused Evaluationと，監護や面会交流の全体に関わる大きな問題を扱うFull Evaluationがある。エヴァリュエイターは，ミディエイターと同様にメンタルヘルスの専門家である。カリフォルニア州裁判所規則（Rule 5.230）は，エヴァリュエイターにDVのトレーニングを受けることを義務付けている。DVに関するトレーニングは，エヴァリュエイターが，父母の間で発生した暴力の性質や子ど

219

もへの影響を理解し，子どもにとってどのような監護と面会のアレンジメントが最善であるかを考えるために非常に役に立っていると聞いた。

3 面会交流を実施するための支援

　当事者間で合意された，あるいは裁判所の判決で命じられた面会交流の履行を法的に強制するための手続きとしては，法廷侮辱罪（contempt of court）による処罰，相手方に担保金を入れさせて履行しなければそこから支払いをさせる，監護者変更の申立を行う（フレンドリー・ペアレントの主張）といったものがあり，子どもと会わせてもらえないことによる精神的苦痛に対して損害賠償請求をすべく，民事訴訟を申立てるという方法もある。また，一方の親が子を連れ去り，子どもとともに行方不明になっている場合，それは子どもの誘拐（abduction）となり，District Attorney Officeの子ども誘拐部門に申立てをすれば，同部門の係官が子どもを連れ戻しに行く仕組みになっている（Cal. Fam. Code §§3130—3140）。さらに，父母の一方が子どもの所在を隠して他方の親による子の監護を侵害すると，子どもの誘拐として刑法上の罪に問われる可能性もある（Cal. Penal Code §278.5）。

　しかし，これらの事後的で，かつ強制・処罰的手段に訴える前に，当事者が面会交流を円滑に履行できるような状況を作ることがまず重要である。こうした観点から，ミディエーションでは，紛争性の高い父母の養育計画は，子どもがどちらとどのように時間を過ごすかという普段のスケジュールだけでなく，クリスマスなどの主要な休日や子どもの誕生日のすごし方，子どもの受け渡し方法など，かなり詳細に合意するように促している。

　裁判官が養育計画を決定する場合も，その内容は相当に詳細である。高葛藤の父母の場合には，子どもの受け渡し方法まで細かく定めることが重要であるという。例えば，特定の時間に，特定の場所で（コーヒーショップや警察署のロビーなど公共の場が使われる）受け渡しをすることとし，子どもを受け取る側は受け渡し時間の15分前に到着して待機する。子どもを送り出す側は子どもと一緒に約束の時間ちょうどに到着し，子どもだけを入口から入らせて相手方のところに歩かせる。子どもを送り出した親はただちにその場を去り，子どもを受け取った親はそのままそこで10分以上と

どまる，というように，受け渡しの具体的な方法が養育計画のなかに盛り込まれるのである。

しかし，いくら面会交流の日時を細かく定め，受け渡しやコミュニケーションの方法を工夫したとしても，当事者の力だけで安全に面会交流を実施することが困難な場合がある。そのような場合に，第三者による面会交流実施の援助が利用される。第三者に子どもの受け渡しをしてもらう中立的受け渡し（neutral exchange）や，子どもと親の面会を監督してもらう監督付き面会（supervised visitation）がそれである。

面会交流の監督や中立的受渡しを担う第三者は，父母から費用を徴収してサービスを行うプロフェッショナルなサービスプロバイダーである場合と，費用をとらずにそうしたサービスを行う個人（親族や友人など）である場合とがある。有料のサービスにはいろいろなタイプのものがある。地域の民間福祉団体がそのサービスの一部として実施している場合もあるし，監督付き面会や中立的受け渡しに特化してサービスを提供している団体もある。セラピストやカウンセラー，臨床ソーシャルワーカーなどのメンタルヘルスの専門家が，父母と子へのセラピーやカウンセリングと併せて面会交流支援をしている場合もある。元警察官による受け渡しや監督を行っている団体もある。費用は監督付き面会一時間当たり40ドルから60ドル程度はかかるようである。セラピスト等が行う監督付き面会交流は，父母と子どもへのカウンセリング料が含まれるためさらに高額となる。このように，プロバイダーによって提供するサービスの内容や費用，さらにカバーする地域が異なるので，利用者は自分のニーズに合ったプロバイダーを探し，契約をして利用する。プロバイダーを探す方法としては，監督付き面会サービスプロバイダーのネットワーク（Supervised Visitation Network）のウェブサイトで検索するといった方法があるが，[5] Family Court Services の人々が当事者にパンフレットを渡して利用を促していたのは，ダイヤル211というサービスである。この番号に電話すればその地域で利用できる様々な援助サービスを教えてもらえる仕組みになっており，比較的安価な

5）Supervised Visitation Network（SVN）のウェブサイトには，ロサンゼルス地域の約30の団体又は個人が登録されている（2012年12月26日に検索）。

第4章 制度の運用と展望——諸外国の制度・取組に学ぶ ～面会交流～

監督付き面会サービスやカウンセリングサービスを紹介してもらうこともできるとのことであった。

監督付き面会交流を，ミディエーションによって合意することも，もちろん可能である。ミディエイターは，DVや虐待が判明している場合のほか，親にドラッグやアルコールの問題があって子どもときちんと関われない場合，子どもと親がこれまで関係を持っておらず，新たに関係を作っていかなければならない場合，連れ去りの危険がある場合などには，監督付きの面会を勧めるという。

裁判官が，第三者による監督付きの面会を命令することもある。裁判官によると，一般的に，監督付き面会が必要だと判断するのは，子どもに対する身体的虐待や性的虐待の場合，父母のドラッグやアルコール濫用など，子どもに危険が及んでいる場合，子どもの連れ去りの危険がある場合などである。裁判官は，特定のサービスプロバイダーや個人を監督者に指定して，面会交流の命令を行うこともあるし，父母が合意して選ぶプロバイダーや個人を監督者として面会交流をするように命じることもある。プロフェッショナルなプロバイダーを使うよう命じる場合，父母が負担すべき費用の割合も裁判官が決定する。なお，監督付きの面会交流は，永続的なものではなく暫定的なものとされており，親の問題の改善状況や面会交流の実施状況をふまえて，監督のない形での面会交流に移行していく可能性もある。ただし，繰り返し子どもを誘拐しているなど，特に深刻な問題を有する親については，監督なしの面会をみとめるかどうかの判断はかなり慎重に行っているとのことである。

ロサンゼルス郡の上位裁判所のFamily Court Servicesは，経済的に恵まれない人々がプロフェッショナルな面会交流支援サービスを利用できるようにするために，Safe Access and Friendly Exchanges for Kids (S.A.F.E.) というプログラムを運営している。S.A.F.E.プログラムによって提供されるのは，監督付き面会交流と中立的な子の受渡しのサービスである。利用者の費用負担はゼロであるが，サービス提供期間は最大4カ月までとされている。また，回数は週に1度で2時間までという上限がある。このプログラムは，裁判所と4つのサービス提供機関との連携によって実施されている。各機関は，カバーする地理的なエリアやサービスを提供す

る曜日・時間帯が異なっている。プロバイダーの選択は，当事者の居住地などを考慮して，裁判官が行う。各機関は，面会中は職員を常に同室させるだけでなく，父母が直接顔を合わせないように別々の入り口を設け，父と母が来所する時間をずらし，入り口で面会者のセキュリティチェックをしたり，面会室にカメラを備えるなど，安全確保のための措置をとっている。子どもの誘拐などの緊急事態に直ちに対応してもらえるよう，地域の警察との連絡体制も整えている。S.A.F.E.プログラムに回付されるのは，当事者の中でも特に貧困な人々である。回付の基準となるのは，低所得者に認められる裁判所費用の免除が行われているかどうかである。

4 おわりに

アメリカでは，父母の離別後もその双方が子どもとの関係を保持し，共同で養育を行っていくことを前提として，子の監護や面会交流をめぐる紛争の解決が図られるようになっている。しかし，相手に対して強い不信や怒りを有している父母が，子どもの立場から相手との関係を見つめなおし，新しい家族関係を切り開いていくためには，そうしたプロセスにある父母に対する現実のアドバイスや支援が不可欠である。そこで，ロサンゼルス郡での取り組みに見られるように，離別に直面する父母を様々な形でエンパワーしながら，監護や面会交流に関する合意ができるように援助する仕組みが設けられ，さらにその合意を子どもの利益に適うような形で実施できるようにするための様々な支援が提供されている。日本も今後，離婚後の共同親権・共同監護制度を導入したり，面会交流制度を確立していくとすれば，親権法・監護法の改正と並行して，社会全体で離別後の父母と子どもを支える仕組みを構築していく必要があるだろう。アメリカにおける面会交流支援の仕組みは，そうした課題に取り組むに当たって，大きな示唆を与えてくれるものと思われる。

  ＊本稿は，拙稿「アメリカにおける面会交流支援──共同監護・面会交流の合意形成と実施を支える様々な取組み」『親子の面会交流を実現するための制度等に関する調査研究報告書』（商事法務，2011年2月）193-226頁に加筆修正したものである。

（原田綾子・名古屋大学大学院法学研究科准教授）

第4章 制度の運用と展望――諸外国の制度・取組に学ぶ ～面会交流～

SECTION 2 イギリスにおける交流権と子ども交流センター (child contact centre)

1 はじめに

　本稿は，離婚後の子どもと別居親，兄弟姉妹あるいは親密な関係にある者との交流に関して，イギリス（本稿ではイングランド・ウエールズを言う。以下同じ）における交流権をめぐる紛争処理手続の概要ならびに交流を促進するための仕組みを紹介するものである。子どもの監護をめぐる紛争が生じた場合，1989年子ども法（以下，1989年法）が紛争処理の基本原則を明らかにして子どもの利益を実現するための実体的判断基準および手続に関する大枠を設定した。

　本稿では，交流（contact）[1]に焦点を当てて検討するが，交流は離婚する父母だけではなく，シビル・パートナーシップにある者たちの関係解消時にも問題となる[2]。また，交流をめぐっては，祖父母の法的地位[3]，養子決定手続[4]における実親の法的地位など多くの論点が残されているほか，少数民族に関係する特別な対応についての議論がなされているが本稿では触れ

---

1) イギリスではかつてはaccessが使われたが（Stephen Cretney (1974) *Principles of Family Law* (Sweet & Maxwell), p.260など），現在ではcontactが使われている。Contactは非同居親などと子どもが直接面会するだけでなく，様々な手段を使っての交流を意味しているので，本稿では，面接交渉や面会交流ではなく「交流」あるいは「交流権」と表現する。
2) Civil Partnership Act 2004第201条は，パートナーが養育している子どもは「a child of the family」として離婚手続と同様に扱われる（http://www.judiciary.gov.uk/about-the-judiciary/advisory-bodies/fjc/family-justice-system/issues/issues-children-and-their-parents)。
3) Lowe, N and Douglas, G. 'The Grandparent-Grandchild Relationship in English Law' in Eekelaar, J and Pearl, D eds. (1989), *An Aging World-Dilemmas and Challenges for Law and Social Policy* Clarendon Press 755頁以下参照。なお，祖父母の役割に関する最近の議論は，Ministry of Justice, *Family Justice Review Final Report 2011*, p.143参照。
4) Ray, P. 'Placement for adoption or legal limbo?' 42 [2012] Fam.Law 979以下は，養子決定手続において最終決定までの間，実親あるいは兄弟姉妹とのコンタクトが問題になることを指摘する。

ない。

　離婚にともなう非同居親と子どもとの交流支援体制を紹介するために，①イギリスにおける離婚および監護紛争の概要について，②イギリスの離婚手続の概要について，③交流をめぐる紛争とその処理手続の概要について，④交流を支援する交流センター（contact centre）について触れてゆくことにする。

2 イギリスにおける離婚と交流をめぐる紛争の状況

(1) 子どもの交流権の概要

　父母の婚姻関係解消後の交流をめぐっては，1989年法制定以前から子どもが別居親に会う機会を法的に保護する必要があることと，交流は親の権利であるよりも子どもの権利であることが明らかにされていた[5]。ただ，別居親との関係維持が重要であるとの認識は，著しく低かったと言われる[6]。現在では子どもが別居親と交流（contact）を図ることは子どもの成長にとって重要であり子どもの利益に適うものと解されている[7]。1989年法は子どもが成人に至るまでの共同「親責任（parental responsibilities）」を新たに規定したので（1989年法2条），父母は離婚後も親責任を果たさなくてはならない。交流に関して同居親は子どもと非同居親との交流を受忍する義務があるとされているが[8]，非同居親が子どもとの交流を妨害されたり，様々な事由で交流が実現しない状況が生じているため，不満を抱く非同居親[9]との間で紛争が増加している。交流決定事件（contact order）の増加

---

5) M v M (child: access) [1973] 2 All ER 81参照。
6) Maclean, M & Eekelaar, J (1997), *The Parental Obligation-A study of parental across households*, (Hart Publishing) p.50.
7) Ministry of Justice, op.cit. p.141. しかし，交流が子どもの利益になるという法的推定はない（McFarlane A & Reardon M (2010), *Child Care and Adoption Law: A Practical Guide 2nd ed.* (Family Law), p.23)。
8) 交流決定は，同居親に対して交流を妨害してはならないという性質のものである。なお，親に子どもと交流をする義務を課すかについては現実性に欠けると指摘される（White R, Carr P & Lowe N (2002), *The Children Act in Practice 3rd ed.* (Butterworths), p.62)。
9) Rayburn, T & Foder, T (2007), *I Want to See My Kids!*, (Fusions Press), Conrad C (2007), *fathers matter 2nd ed.* (Creative Communications), pp.40ffなど。FNFなどの団体も親（とりわけ父親）の地位向上を訴えて活発な活動をしている。

は顕著であり，居所決定事件（residence order）も交流と密接に関係すると考えると，交流事件が圧倒的に多いこと分かる（図1）。また，交流・居所決定事件が子どもをめぐる事件である1989年法8条事件において占める割合もきわめて高い（図2）。

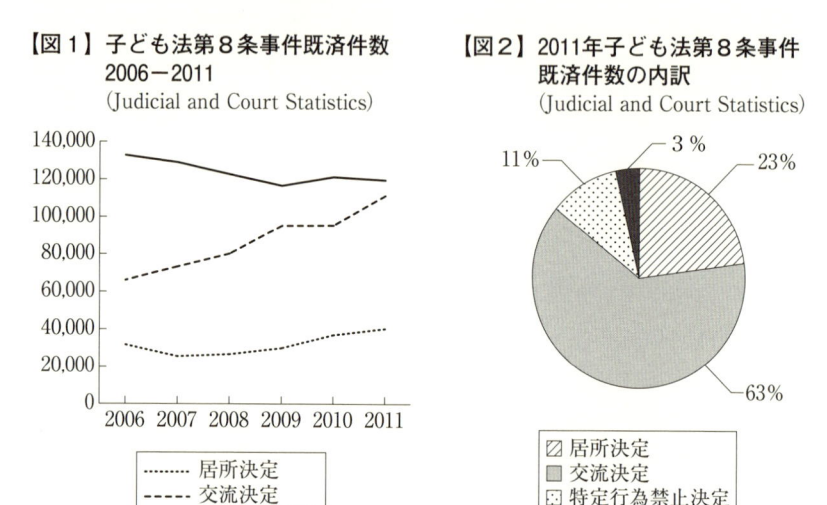

【図1】子ども法第8条事件既済件数
2006－2011
(Judicial and Court Statistics)

【図2】2011年子ども法第8条事件
既済件数の内訳
(Judicial and Court Statistics)

交流の実施状況は調査によって数値が異なるとされるが，約30％の子どもは交流がないと推定されている。また，交流決定の79％では直接対面する方法がとられている。[10]

(2) 交流をめぐる離婚手続の概要

イギリスでは夫婦の間に合意があると特別手続（special procedure）によって離婚することができ，離婚件数のほとんどが特別手続によっている。[11]

離婚手続を進めるにあたって，多くの事例では，父母は「Parenting Plans」「Children and the family courts」など関係情報を使って子どもの

---

10) Hunt, J & Macleod, A (2008), *Outcomes of applications to court for contact orders after parental separation or divorce* (Ministry of Justice), pp.2－3.
11) 争いのある事件は，2011年では離婚申立80,601件中4,904件であり（Judicial and Court Statistics 2011），当事者が争って最終判決まで至るのは1％にも満たないと言われる（Duffield, N, Kempton, J & Sabine, C (2011), *Family Law and Practice* (CLP), p.21）。

226

処遇について合意に至るといわれる。そして，合意形成を支援する裁判所外の機関（mediation）や夫婦関係および親子関係に関する相談機関が全国にあり，子どもの処遇を含めて当事者が自律的に課題を処理できる体制が用意されている。[12] 父母が対立する場合でも，CAFCASS（Child and Family Court Advisory and Support Service）のスタッフによる支援を受けて合意に至ったり，その他，合意形成援助サービスを使うことによって子どもの処遇に関して協議が成立することが多い。こうした当事者の努力が実らなかった場合に，裁判所が子どもの処遇に関する判断をすることになる。[13] これらの事件が1989年法8条事件であり，当事者の一方から暴力が申し立てられた場合を除いて，[14] 裁判所は可能な限り当事者が合意に至るよう促すという方針がとられている。対象となる子どもは，「children of the family」であり，血縁の有無にかかわりなく，家族の一員として夫婦に監護されていた子どもである（措置による里子は除く）。子どもの処遇に関して，父母が合意に達することが難しい場合には，①居所決定，②交流決定，③特定行為禁止決定（prohibited steps order），[15] ④特定事項決定（specific issue orders）[16] などが出される。決定に違反した場合には，裁判所侮辱罪の適用，罰金あるいは収監する，また違反が繰り返された場合には居所変更を命ずるなどを内容とした「penal notice」をつけることができる。

(3) **特別手続と子どもの処遇について（undefended case）**

特別手続による離婚の場合，父母は離婚後の子どもの処遇について合意に関する陳述書[17] を作成する必要がある。

---

12) 機関には，Family Mediation Helpline, Legal Services Commission, National Family Mediation, Family Mediation Council, Family Mediators Association, Resolution, Law society, College of Mediators, Relate, Parentlineplus, NCH-It's not your fault, Children's Legal Centreなどがある。
13) 子どもの問題のみ争われるときには，Family Proceedings Courtへの申立が可能である。
14) 裁判所は事実確認の審問（finding fact hearing）をすることになる。
15) 典型的な例は，子どもをイギリス国外に連れ出す場合とか子どもの名前を変更するなどの行為を裁判所が制限するものである。
16) 子どもの教育をめぐって父母が対立する場合や子どもに対する輸血拒否が問題となった場合に，裁判所が子どもの福祉確保の観点から決定を出すなどが典型例である。
17) 書式はD8A（statement of arrangements for children）である。

【表1】合意に関する陳述書への記載事項

居住について	1．子どもはどこで生活するか。2．子どもは誰と生活するか。
交流について	非同居親はどのように，どの程度の頻度で子どもと交流するか
監護について	誰が，日常的に子どもを監護するか
子どもの状態	健康・就学・扶養の状態
その他	子どもの監護に関する特別な取り決めの有無

　陳述書が夫婦の一方あるいは双方から提出されると，裁判官は陳述書に記載された事項（**表１**参照）を検証して内容が子どもの福祉に反しないと判断すると離婚を認める。父母の間で子どもに関わる事項をめぐり対立が過去にあった場合を除いて，父母の間に紛争がなければ裁判所はとくに決定を出さない（no order principle or no intervention rule）という，子ども法第１条５項の原則が反映される。離婚訴訟にともなう陳述書は，多くの場合，当事者が事務弁護士（solicitor）の助けを受けて作成されるので，法律家の関与が子どもの福祉を確保すると考えられている。ただし，裁判官が陳述書を検証した結果，必要と判断した場合には，当事者に対して子どもの福祉に関係する資料や情報の追加提出を求めたり，当事者に出廷を命じたり，あるいはCAFCASS[18]の調査官に事件の調査を命じて報告書の提出を求めることもある。その場合には，調査官が当事者に面接をすることもある。

　特別手続の実態は日本における協議離婚に近いと言えるが，子どもの処遇に関して法律家の関与と裁判官の検証がある点で，子どもの福祉を一層確保することのできる手続と言えよう。しかし，こうした検証手続は形式にとどまる危険もあって，子どもの福祉実現が本当になされるのかについて疑問も提示されている。[19]

---

18) CAFCASSはイングランド・ウエールズにおける子どもに関わる事件（①離婚に関わる子どもの処遇事件，②養子決定事件，③公的機関による子どもの収容措置事件）に関して支援を提供する独立行政機関（non-departmental public body）として創設された。

19) Hunt, J & Roberts, C (2004), *Family Policy Briefing 3-Child contact with non-resident parent* (Department of Social Policy and Social Work, University of Oxford), p.2

(4) 離婚訴訟手続と子どもの処遇 (defended case)

① 父母の間に子どもの処遇に関して対立がある場合や裁判所が父母の合意は子どもの福祉に合致しないと判断した場合には，当事者の一方の申立て，あるいは裁判所の裁量で決定を出すことができる（1989年法第10条1項など参照）。

② 裁判所は8条決定を出すに当たって子どもの福祉を確保するために下記のリストにある事項を検証し，必要と判断した時にはCAFCASSから専門家の報告書を求めることもある。

チェックリスト（第1条3項）
● 子どもの希望や感情（年齢や理解力に配慮する）
● 身体的・情緒的・教育上の必要性
● 環境の変化により生じる影響
● 子どもの年齢，性，生育背景，その他裁判所が考慮するべき子どもの性格
● 子どもが過去・現在・将来に蒙る精神的障害
● 親と関係者が子どものニーズに応える能力をどの程度有しているか

③ 交流決定が守られなかった場合，裁判所は違反者に対して履行強制決定（enforcement order）によって，無償労働を課すことや,[20] 交流のために非居住親が予約したホテルや航空チケットが無駄になった時の経済的損失に対する補償を命ずることができる。[21] なお，居所決定に基づく子どもの引き渡しを拒んだ場合には，裁判所は裁判所職員（an officer of the court）もしくは警察官に，子どもを義務者から引き離し権利者に引き渡すよう命じることができるほか,[22] 執行官（a tipstaff）に対して子どもを発見して取り戻す権限を与えることもできる。さらに，交流決定を遵守しない場合には，裁判所は，裁判所侮辱罪により罰金もしくは最長2月の懲役刑を課すことや決定に従わない者を逮捕・収監する権限を決定に付すことができる。なお，こうした強硬な対応は子どもに心の傷をもたらす危険もあって例外的な事例に限られる最後の手段と解されているが,[23] 裁判所は

---

20) 最長200時間に相当する無償労働を課すことができる（1989年法第11条J項）。
21) 1989年法第11条O項。
22) 1986年家族法（Family Law Act 1986）第34条。
23) Duffield, N, Kempton, J & Sabine, C (2011), *Family Law and Practice 2011* (CLP), p.177. なお，Re, M (A, Minor) (Contact Order: Committal) The Times 31 December 1998など参照。

必要と判断した場合にはこのような強硬な対応を認めている。[24]

また，2006年子ども養子法（以下2006年法）により2008年11月から裁判所は交流の間に交流当事者が特定の行動をとるよう命じるだけではなく，特定の行動をとっているかについてCAFCASSの調査官に監視を命じることができるようになった。[25]

こうした強制により決定の実現を図ると同時に，当事者を支援して決定が履行されやすくする手続もある。父母の別居や離婚後，8条決定とは別に「家族支援決定（family assistance order）」を裁判所は出すことができるとされ，とりわけ非同居親との交流では（親子の関係が中断した後に交流が開始するような場合），CAFCASSのスタッフが支援や助言するなどによって円滑な交流を実現することが期待されている。「家族支援決定」は，親など関係者と子どもの申立に基づき，また子どもを除く関係者全員の合意に基づいて，期間を最短6ヶ月から最長12月まで定めることができる。[26] その間，CAFCASSのスタッフが当事者支援を行い必要に応じて裁判所に報告することもある。[27]

こうした対応に加えて交流理解に関する活動（contact activities）が2006年法によって規定された。[28] 裁判所は，必要と判断した場合には，父母に対してこうした支援活動に参加するよう命じることができる。この活動として考えられているコース（Parenting Information Programme）[29] は，別居後，子どもに対しての対応についての情報などを提供し，親子ともに状況の変化へ適切に対処できるよう支援するものである。そして，裁判所は，この活動に参加するよう条件をつけて交流決定を出すこともできる（contact activity conditions）。[30]

---

24) A v N（Committal: Refusal of Contact）［1997］1 FLR 533参照。
25) 1989年法第11条H項。
26) 1989年法第16条5項。
27) Pressdee, P, Vater, J, Judd, F & Baker, J (2006), *Contact The New Deal*（Family Law）pp.181-182.
28) 2006年法第1条および1989年法第11条A(3)ならびにC(2)項。
29) このほかに，合意形成援助に関する情報提供や夫婦間暴力事件における対応などのコースが用意されている。
30) 交流理解に関する活動への参加費用について，当事者の所得状況から判断して経済的支援が必要と思われる場合には，参加経費を支援することが出来る（1989年法第11条F項）。

裁判所が交流理解に関する活動に参加するよう命じる場合，①諸般の状況から判断して本活動への参加が適切と思えること，②本活動を主催する機関が適切なものであること，③当事者が本活動場所に通うことが容易なこと，などを確証する必要がある。[31] 裁判所の指示によって，CAFCASSの担当者が父母に対して交流の意味や意義ならびに交流の円滑なやり方などについて支援や助言を与えることになる。さらに，CAFCASSの担当者は，交流理解に関する活動に父母がきちんと参加しているかどうかを観察して裁判所に報告するとされている。[32]

　こうした仕組みを父母に提供することによって，可能な限り非同居親と子どもとの交流の円滑な展開が期待されているのである。

(5) **交流をめぐる手続**

　非同居親と子どもとの交流は，子どもの福祉が保証される範囲内で，恒常的かつ良好なものであると子どもの福祉に合致するとされている。[33] なお，兄弟姉妹や祖父母との間の交流は当然に措定されているわけではない。[34] すでに触れたように，交流に関して父母の合意が重視されており，かかる合意が子どもの福祉に反すると裁判所が判断しない限り公的な介入はなされない。

　裁判所が必要と判断して介入する場合には，CAFCASSなど家族紛争に関する専門家からの情報を得た上で，決定をもって交流の是非や内容を決めることができる。[35]

3 非同居親との交流の実施体制

(1) **交流実施における問題**

　イギリスでも父母が交流をめぐって対立し円滑な交流が行われない事例

---

31) 1989年法第11条E参照。
32) 1989年法第11条G項。
33) 1996年家族法第11条４項など。
34) Dunn, V & Lachkovic, V eds. (2010), *Family Law in Practice 9th ed.* (OUP), p.164.
35) 専門家の関与については，The President of the Family Division-Practice Direction Experts in Family Proceedings Relating to Children（1.2）やPractice Direction: Residence and Contact Orders: Domestic Violence and Harm.など。

は後を絶たないが，交流は子どもの福祉にとってきわめて重要であるという認識にたって交流を円滑にする支援体制の必要性が強調されてきた。

交流が円滑に進まない原因は，そもそも父母の関係が破綻しているところにあり，関係修復が望めない以上，この原因を除去して交流を促進するのは難しい。父母に対して交流の重要性を教育しても，その効果に大きな期待はもてない。しかし，その他の原因については，支援体制によって交流の障害を軽くすることが可能であると考えられた。交流が円滑に実施されない原因の主たるものには，①交流をする「適切な場所」がない（父母どちらかの家で行うにはためらわれる事情がしばしば見られる），②交流を「安全に実施する場所」がない，③交流を適切に行うことに関して父母は情報をもたない，[36]などがあるとされ，こうした原因を少しでも除くことを目的として交流の場（contact centre）が用意されることになった。

(2) 子ども交流センター全国協会（National Association of Child Contact Centres）の概要

ア 沿革

1985年2月，離婚の増加など家族問題に関心を寄せていたノッティンガムの教会が，資金援助と場所の提供を行い子どもと別居親との交流の機会を提供した。その後，イギリスの各地で交流の場がボランティアによって作られ，現在では約390機関になっている。ただし，これらの民間機関は，交流のために安全で適切な場を提供する点では共通の運用がなされているものの，それぞれのセンターが独自の理念と支援内容で支援活動を行っている。こうしたセンターが急増したこともあり，支援体制の質を確保するために1988年に全国連合組織が作られることになった。

NACCCは，①子どもの利益を第一として交流に関する質の高い支援サービスを提供すること，②各地の交流センターを支援すること，③全国協会の知名度を上げて子どもの交流に関しての政策決定にも影響を与えること，など交流に関する事項に全国的および総合的な視点で取り組むこと

---

[36] なお，交流とは何かについて子どもでも分かる絵本などはすでに出版されている（例えばBaum, L（1986）*Are We Nearly There?*（A Magnet Book）など参照）。

を目的として活動している。
 イ　全国協会と各地方の組織と活動
　㋐　認証活動
　交流支援事業における安全と実効性の確保を目指してそれぞれのセンターの認証を3年ごとに行っている。交流センターとして必要とされるべき条件（スタッフや交流方法に関する基準など）を具備しているかどうかを検証し，認証制度を通して交流センターの質を保証している。
　㋑　情報提供活動
　親子の交流に関する情報をインターネットにより提供すると同時に支援スタッフのためにOJTによる特別講習などを提供している。提供される情報には，紛争管理，夫婦間暴力理解，家族解体をめぐる問題，支援スタッフの採用と維持など，交流センターに不可欠なものが含まれている。
　㋒　危機対応活動
　交流センター運営に関連して利用者その他の者との間で生ずるトラブル，また，子どもの安全確保が必要な状況に交流センターは直面することがある。そこで，全国協会は，こうした運営上のトラブルに関する情報をパンフレットなど様々な形で提供し，また，トラブルが生じた場合，ヘルプラインを介して交流センターからの支援依頼に応じている。
　㋓　身元確認活動
　交流センターで働くスタッフの適格性を維持するために，当局の許可を得た上で，交流センターの求めに応じて個人の犯罪歴に関する情報を提供している。
　㋔　その他の活動
　支援サービスに関する様々な基準と手続についての情報の提供を行っている。例えば，①交流支援サービスの質を保証するための基準，②監督付交流サービスの基準，③交流センターの認証手続の導入，④交流センターの活動と基準に関する個人・機関の訓練，⑤裁判所，家族法専門の弁護士，CAFCASSとの連携に関する仕組みの提供，⑥交流支援に関係する刊行物の出版，⑦交流支援に関する圧力団体としての行動などである。そして，欧州諸国に中心にはなっているが，交流支援をめぐって

諸外国の諸機関との連携が目指されている。

(3) 交流支援体制の現状[37]

現在,全国協会に加盟している機関は390あり,そこには817名の有給職員,4,801名のボランティア職員が交流支援に関わっている。支援機関は,認証協会員（Full Membership),認証営利協会員（Full Commercial Membership),非営利準会員（Associate Membership),営利準会員（Associate Commercial Membership）さらに連携会員（Affiliated Commissioned Membership）などである。協会運営の財政基盤は,公的補助金・寄付・会費などからなり,加盟している交流センターへの補助金,機関運営などの費用に充てられている。2011年度のセンター利用者は,子ども15,579人（6歳未満9,092人),利用家族9,013家族,利用した親の内訳は,父親8,020人,母親1,579人,祖父母619人となっている。

(4) 交流センターの役割と特色

非同居親との交流に関しては次の7つの支援方法が考えられている。

ア 「支援を受ける交流（supported contact)」

父母間あるいは親族間に敵対的関係がないか,きわめて小さい場合に提供されるものである。適切に交流が可能な場を提供し,担当スタッフは父母に対して中立な姿勢を保ち,父母の相互信頼を深めて交流を円滑に進められるよう父母や子どもを支援する。子どもに関して危険がない限り,担当スタッフは交流における親子の観察・評価・裁判所への報告などすることはない。また,同一の部屋や場で,複数の親子が交流を行うこともある。

イ 「監督のもとでの交流（supervised contact)」

交流に際して子どもが危険に直面する可能性があるケースに対して用いられるものである。この交流は,子どもの身体的安全と情緒的安定を確保しながら,非同居親との親子関係の構築と良好な関係維持の支援を目指すものである。また,裁判所,CAFCASS,地方当局（local authority),他

---

37) 以下の情報は,*NACCC Annual Review 2010-2011*, p.5以下による (http://www.naccc.org.uk/downloads/naccc_review_2011.pdf)。

の交流センターからの依頼に基づいてなされる交流であるが，例外的事例では交流センターの判断で行われることもある。

　この交流方法は，①担当スタッフは交流に関しての専門性を有し適切な関与ができる能力を有すること，②子どもを常に視野にいれた監督作業が行われること，③交流を通して継続的かつ専門的監督を行うこと，④監督するスタッフと交流センターは裁判所が作成した当該交流に関する関係文書を的確に理解して監督すること，⑤交流状況は詳細に監督ならびに記録されること（記録作成に関しては親からの了承を得る），⑥子どもと家族のプライバシーおよび安全保護に努めること，⑦交流の時間は常時検証される計画に基づき制限できること，⑧専門家による評価に基づき交流の程度，種類や内容の変更があること，⑨この交流を担当する機関は民間機関だけでなく地方当局なども含まれること，などの特色をもっている。

　ウ　「監督のもとでの交流と評価（supervised contact and assessment）」
　交流が行われてもトラブルが生じる場合などに利用され比較的短期間で行われる。担当スタッフは，父母と同席あるいは別席で面接し交流を円滑にするよう支援し，必要な場合には他の親族や子どもと関わる学校の教員，保健師，医師などからも情報を集めて交流を行う。

　エ　「間接交流（indirect contact）」
　子どもと非同居親が長期に関わっていない事実がある，親が暴力をふるう危険があるので子どもとの直接交流再開には慎重が要求されるなど，直接交流が子どもの福祉・安全に反すると判断された場合にとられる方法である。親子の間で，手紙，贈り物，emailによる通信などによるものであり，期間は半年から1年が想定されている。ただし，この交流方法は交流センターには不向きであるとされる。

　オ　「交流への同行（escorted contact）」
　担当スタッフは，非同居親と子どもが公園やレストランで交流を行う場合，子どもに同行して親子の交流を調整あるいは監督する。交通手段の手配や子どもの福祉・安全への配慮など当該家族と連携をとりながら行われる。同行した担当スタッフは，裁判所あるいは地方当局に対して訪問場所に関する情報や子どもの反応，非同居親に交流について適切な理解力などがあるかなど，行われた交流についての簡単な報告の提出が求められる。

カ 「情報提供交流（life story/identity contact）」

子どもが非同居親に関して情報を全く持たない場合や交流がほとんどなかった場合になされるものである。交流を依頼した当局との合意に基づき，子どもが自分の家族に関して学習することを目的とし，担当スタッフは当局に支援内容や支援プログラムならびに簡単な報告書を提出する責任がある。

キ 「引渡支援（handover）」

同居親が非同居親に直接会いたくない場合に利用されるもので，両親が同意すると，担当スタッフが子どもを非同居親に引き渡すことになる。交流支援の多数を占めるとされている。

(5) **非同居親への交流支援と交流センターの原則**

交流センターが父母に対して支援活動を行うに当たっての基本原則は，①子どもの安全の確保，②子どもの利益を第一とすること，③父母の間における平等の促進と人々の多様性の受容，④交流センターおよび担当スタッフが独立かつ中立であること，⑤当事者一人一人の尊厳を尊重し秘密を厳密に保持すること，⑥ボランティア・サービスを維持し大切にすること，⑦子どもと当該の家族にとって好ましい結果を実現するための技法や経験を担当スタッフが共有することなどとされている。

(6) **交流支援活動に関する手続など**

交流センターは独立性をもっているが，多くのセンターでは非同居親は子どもとの交流を開始する前に交流センターへの事前訪問を行う[38]。実際の交流前に，非同居親と子どもの交流とは何か，交流センターとはどのような機関でどのような支援を提供するかについて情報提供がなされる。この事前訪問は父母が交流を理解するために有用であるだけでなく，交流センターがすでに得ていた情報と父母から直接得る情報を検証して事実をより的確に判断する機会にもなる。なお，事前訪問は，子どもが加わると交流の場所や支援担当スタッフに慣れる機会にもなる。事前訪問では以下の

---

38) Dornan, M, 'Focus on preparation for contact' Contact Matters 2010 Winter, p.3.

項目について確認し，また，父母に伝えるべきものとされている。

＊　事前訪問で確認すべき事項
1．子どもと最後に会った日時はいつか
2．親子関係は良好かどうか
3．使われている言語は何か：国際結婚や少数民族が念頭に置かれている
4．子どもの奪い合いが生じる危険性
5．父母双方が交流を進める上で気がかりとなる事項
6．DV，精神障害，薬物やアルコールに関する情報
7．非同居親の犯罪歴（sexual offending, violence, arson, weaponsなど）
8．地方当局や裁判所の関与が現在でも継続しているかどうか
9．裁判所による決定などが出ているかどうか
10．両親は交流センターで会う心の準備があるかどうか
11．誰が子どもを交流センターに連れてくるのか
12．非同居親を子どもはどう呼んでいるか
13．子どもは親の現在の連れ合いを知っているか
14．誰か交流に立ち会う者はいるか
15．写真や贈り物に関する情報
＊　事前訪問で父母に伝える事項
1．交流センターに関する基本的な情報：父母が交流センターに期待できるものとできないものを理解
2．交流センターでの振る舞いについての基本ルール
3．来所時刻や退所（帰宅）時刻
4．交流の時間
5．非同居親は子どもをトイレに自分で連れて行けるかどうか
6．非同居親は写真を撮ったりプレゼントを持参できるか
7．誰が襁褓(きょうほ)やその他の必要なモノを持参するか
8．子どもに関する健康やその他治療に関する情報
9．交流センターの火災における避難路など
10．交流センターにおけるルール遵守と違反に関する文書への署名

4 むすび

　イギリスの交流センターについての概略を説明したが，交流センターの特色をいくつか整理してみると，第一に民間機関が主導して交流支援を行っていること，第二に，民間機関の責任で交流支援を行うこと，第三に，

提供する支援内容が機関独自の特色を出すことができると同時に柔軟な対応が可能となること[39]、第四に、交流支援に関する質の保証を担保するため民間機関による自律的評価制度を有していること、第五に、裁判所や地方当局との連携が重視されていること、などを指摘することができる。

他方、民間で行われている交流支援体制には、運営が補助金や寄付金に支えられているために運営基盤が弱いことや、裁判所や地方当局との連携を維持していても困難な事件への対応が十分できないこと、さらには、本来密接な関係をもって円滑な支援を行うはずのCAFCASSからの支援が十分得られないことなど、問題点も残されている[40]。また、利用者が直接センターへ利用を申請することをめぐって全国的に統合した受け入れ体制を作るべきとの議論がなされているほか[41] 交流の重要性を大前提としつつ、交流決定は対立的なニュアンスがあるとの理由で再検討する動きも出てきている[42]。

（南方　暁・新潟大学法学部教授）

---

39) 交流センターの施設として、週末に使用されない小学校や保育所を交流センターとして活用することもなされている。交流センターとして新たに施設を作る費用が不要なだけでなく、こうした施設は子どもにとって安全な環境がすでに整っているほか、通常、非同居親と子どもの交流は、双方に都合のよい週末に行われるので、既存の施設の有効活用に加えて一石二鳥の対応と思われる。
40) Hunt, J & Macleod, A (2008), op.cit., p.228.
41) 'Central Referrals Survey' Contact Matter 2012 Autumn, pp.3ff.
42) Ministry of Justice, op.cit., p144.

SECTION 3 フランスにおける面会交流制度

1 はじめに

　フランスの親権法は，1970年の全面改正後，数次の漸進的な改正を経て，父母が婚姻しているか否か，離別しているか否かにかかわらず，父母は共同で親権を行使するという原則を確立した。2002年の親権法改正は，このことを条文排列の上で表現するとともに，「両親の離別は，親権行使の帰属の規定に対して影響を及ぼさない」(373-2条1項[1]) と端的に規定した。4人に1人の子どもが両親と同居していないという現実[2]を前にして，カップルとしての関係を解消した後も両親としての関係は継続し，双方の親と関係を維持することが子どもの利益に適うという理念[3]は，立法者を含む家族問題に関わる人々の間でひろく共有されるに至っている。そして，離別後に子と同居していない親が子との関係を維持するための重要な手段が，フランスでは「訪問権（droit de visite）」ないし「訪問および宿泊の権利（droit de visite et d'hébergement）」と呼ばれる面会交流である。

　しかし，法律が改められたとしても，離別後もなお親として協力してゆくのが容易でないことに変わりはない。子との面会交流は離別後の紛争の種であり，「両親のそれぞれは，子との人格的関係を維持し，子と他方の親との絆を尊重しなければならない」という条文（373-2条2項）の存在自体がその裏書きといえる。しかも，面会交流の性質上，父母の葛藤が激しい状況下で強制力による解決には限界がある。そこで，子の利益に適う継続的な面会交流の実現を図るため，フランスにおいても司法機関外に協力を求める動きが現れている。

---

1) 以下，とくに明示しない限りフランス民法典の条文をさす。なお，訳出にあたっては稲本洋之助ほか訳『フランス民法典（家族・相続関係）』（法曹会，1978年）および田中通裕『親権法の歴史と課題』（信山社，1993年）を主に参照した。
2) La Défenseure des enfants, *Enfants au cœur des séparations parentales conflictuelles*, 2008, p. 4.
3) しばしば《coparentalité》(コパランタリテ) という言葉で表現される。

本稿では，面会交流の法的枠組みである民法典の規定を概観[4]した後に，面会交流を実現するための仕組みを検討するが，なかでも「面会交流センター（espace de rencontre）」による面会交流援助を重点的に取り上げる。

2 面会交流の法的枠組み

　父母が親権を共同で行使している場合，子と非同居親との面会交流は「親権行使の態様」のひとつとして離別の際に父母が合意により定め，家族事件裁判官は合意が十分に子の利益を守っていないことまたは合意が自由に与えられなかったことを確認しない限り，この合意を認可する（373－2－7条）。父母が合意に至らなかった場合や父母の一方が親権を単独で行使している場合は，裁判官が訪問権の態様について定めるが，非同居親に対しては重大な理由によってしか訪問権を拒否することができない（373－2－1条2項，373－2－9条2項）。裁判官は，訪問権を認めるにあたり，後述の面会交流センターの利用を条件とするなどなんらかの条件を付すこともできる。面会交流に関する合意が認可され，または裁判が行われた後，裁判官は，いつでもこれらを変更し，補充することができる（373－2－13条）。

　フランスの判例・学説においては父母以外の者，とくに祖父母の面会交流権が盛んに論じられてきた。それは19世紀中葉に父権と対峙するかたちで裁判例に現れ，やがて判例上確立し，1970年改正で明文の規定を得るに至った[5]。父母，祖父母，祖父母以外の第三者では面会交流が認められる要件に若干の違いはあるが，いずれにせよ裁判官は積極的に認める傾向にあるという。そして，割合こそ少ないものの祖父母も面会交流センターの援助対象となっている[6]。

4）フランスの訪問権については栗林佳代『子の利益のための面会交流――フランスの視点から』（法律文化社，2011年）および同書引用文献を参照。紙幅の制約上，個々の出典表記は割愛する。
5）祖父母の訪問権については371－4条1項で，祖父母以外の第三者（おじ・おば，継親など）については同条2項で規定されている。2002年改正によって子を権利主体とする文言（「子は，その尊属との人格的関係を維持する権利を有する……」）に改められたが，実際には祖父母等が面会交流を求めて裁判所に申立てをすることになる。
6）後出4(3)。

面会交流は，不適切な親権行使によって危険な状態にある未成年者について育成扶助（assistance éducative）という保護制度が適用され，親子分離がなされているときにも問題となる。育成扶助の枠組みで子が父母以外の第三者や施設に委ねられた場合であっても父母は通信，訪問および宿泊の権利を保持するが，育成扶助に関して管轄権限を有する少年裁判官（juge des enfants）はその態様を定めたり，これらを一時的に停止することができる。また，子が委ねられた施設が指定する第三者の立会いの下でのみ訪問権を行使できると決定することもできる（375-7条4項）。この「第三者」には面会交流センターが含まれる。

3　面会交流を実現するための仕組み

(1)　合意形成援助

　フランス家族法はその改正のたびに当事者の合意による解決を重視する傾向を強めてきた。とりわけ子の問題に関して，離別後の共同親権の原則化に伴い父母の合意による解決がいっそう求められるようになる。離別後，父母間に最低限の協力関係が存在しなければ親権の共同行使は期待できず，裁判によって父母の対立が決定的なものになることを回避する必要があるからである。前述のとおり現行規定は親権行使の態様については一次的には父母の合意により定めさせ，裁判官の関与は補充的なものと位置づけている。

　しかし，従来の司法の枠組みで父母の合意を調達することの限界はしばしば指摘されるところであった。そこで，2002年改正は，裁判所外で父母の合意形成を援助する仕組みとして「家事調停（médiation familiale）[7]」を民法典に導入した。「裁判官は，親権の合意に基づく行使の両親による探求を促すために，調停の措置を提案し，両親の同意を得た後に，調停の措

---

[7] 家事調停とは，家事調停者（médiateur familial）と呼ばれる中立・有資格の第三者がコミュニケーションの仲介等を通じて当事者による自律的な紛争解決を援助するプロセスである。フランスには1980年代後半よりケベックを経由して導入され，家族問題にかかわる専門家や民間団体を主な担い手として発展してきた。近年，国家資格の創設，財政支援の拡大，根拠法令の新設など，紛争解決制度としての公的な位置づけが与えられつつある。

置を行うために家事調停者を指定することができる」(373-2-10条)。この規定は司法機関と民間の家事調停サービスとの連携に法的根拠を与えるものであるが、裁判官は父母に対して家事調停の利用を積極的に勧めることができるにとどまる。ただし、2011年に、3年間の試行期間を設けて一部の裁判所において必要的調停前置を試験的に導入する立法[8]がなされており、フランスの紛争解決制度全体の中では周縁的な存在であった家事調停に対して一定の期待があることが窺える。

(2) 家族事件裁判官による実効性の確保

子どもの権利条約の国内法化などを内容とする1993年の民法典改正は離婚後の親権の共同行使を原則としたが、その後の調査では、母と同居する子のうち毎週父と会っているのは20%に過ぎず、3分の1は父との関係がまったく断絶してしまっているとの結果が出ていた[9]。理念に現実が伴わない状況を改善すべく、2002年改正では離別後の親権の共同行使ないし非同居親と子との人的関係を実効的に確保するための諸規定が設けられた。

家族事件裁判官は「子とその両親のそれぞれとの絆の維持の継続性及び実効性の保証を可能にする措置」をとることができる (373-2-6条2項)。殊に一方の親による子の国外への連れ出しは他方の親との関係に多大な影響を与えることから、双方の親の許可なく子をフランス国外に連れ出すことを禁止する旨を両親のパスポートに記載するよう命じることができる (同条3項)。また、両親の一方が居所を変更する際には、それが面会交流権を含む親権行使の態様を変更する限り、事前かつ適時にそのことを相手方に通知しなければならない。転居によって新たに生じた面会交流等を行うための交通費等の負担について合意に至らない場合には、裁判官がこれを織り込んで養育費の分担額を調整する (373-2条3項)。

さらに、アメリカの立法例にみられる「フレンドリーペアレントルール」を参考にして、親権行使の態様について裁判する際の考慮事項の一つ

---

[8] 訴訟の配分及びいくつかの裁判手続の軽減に関する2011年12月13日の法律第1862号15条。
[9] Irène THÉRY, Couple, *filiation et parenté aujourd'hui : Le droit face aux mutations de la famille et de la vie privée*, Éditions odile jacob, 1998, p. 51.

に「自らの義務を果たし，かつ他方の親の権利を尊重する両親のそれぞれの適性」(373-2-11条3号) を掲げた。同居親が非同居親と子の面会交流を頑なに拒み続けた場合，最終的には子の居所の変更という結果を招くおそれがあるとすることで，間接的に同居親に対して面会交流を受忍するよう促している。

(3) **アストラント**

　アストラント (astreinte) とは，裁判で定められた債務が遅滞するごとに一定額の金銭の支払を命じるという履行強制の方法であり，実質的にはわが国の間接強制に相当する。家族事件裁判官を含むすべての裁判官はその裁判と同時にアストラントを命じることができるし，事後的に執行裁判官が他の裁判官の裁判にアストラントを付すこともできる。しかし，子の引渡しに関する裁判については，次に述べる刑事罰と機能的に重複することから，アストラントはあまり利用されていないとの指摘[10]もある。

(4) **刑事罰**

　フランス刑法典は，「親権行使に対する侵害」との標題下に実力での子の奪い合いを禁圧し，未成年の子の引渡しを請求する権利を有する者に正当な理由がないのに引渡しを拒む行為に対して1年の拘禁刑および15,000ユーロの罰金を科す（同法典227-5条）。この規定は，実力による子の奪取のほか，裁判等によって面会交流権が認められたにもかかわらず同居親がこれを拒む場合や面会交流後に子を同居親に戻さない場合にも適用される。

　また，前述の転居通知義務に関して，「裁判又は裁判上認可された合意により訪問又は宿泊の権利を行使することができる者に対し，住所の変更から起算して1か月以内に，住所の変更を通知しない行為」に対しては，6か月の拘禁刑および7,500ユーロの罰金が科される（同法典227-6条）。

　司法統計[11]によると，227-5条の子の引渡し拒否 (non représentation

---

10) 大濱しのぶ『フランスのアストラント――第二次世界大戦後の展開――』（信山社，2004年）59―62頁。La Défenseure des enfants, *op. cit.*, p.155も同旨。
11) *Annuaire statistique de la Justice*, éd. 2011-2012, p.172 et 173.

d'enfant）で有罪判決を受けた者は1年間で1,000人前後に上る。[12] ある家族事件裁判官は，両親が合意に至らない困難ケースにおいて面会交流センターを活用しながらも，裁判所の決定が守られない場合，それは子の引渡し拒否として刑事訴追の理由になりうると述べており，[13] これらの刑罰規定は単なる脅しではない。次項では面会交流センターによる面会交流援助を取り上げるが，司法機関外で当事者の自発的履行を促す仕組みの背後には，ごね得や自力救済を許さない刑事罰が後衛として控えていることに留意する必要がある。

4 面会交流センターによる面会交流援助

(1) 面会交流センター

　1980年代末から，離別家族の子どもの問題に取り組む専門家たち（弁護士，夫婦カウンセラーなどの心理専門家，ソーシャルワーカーなど）による取り組みのなかで，面会交流援助の試み（かつては「受入場所（lieu d'accueil）」とか「面会拠点（point de rencontre）」と呼ばれることが多かった。）がフランス各地で「キノコのように[14]」自生的に現れ，1999年頃には全国に80か所以上を数えるまでになった。[15] その間，1994年に全国組織であるFFER[16] が結成されている。このような経緯から，援助者ないし援助団体のありようは非常に多様であり，ある団体は心理療法的なアプローチを重視し，別の団体は家事調停の手法に依拠し，また別の団体は子どもの保護優先といったように，援助の手法，内容もそれぞれ異なる。したがって，フランスの面会交流援助を網羅的に把握するのは困難であり，本稿では限

---

12) このうち面会交流に関する事例がどれくらい含まれているかは不明。
13) Dominique LALLEMAND et Isabelle SAYN, *Les lieux d'accueil pour l'exercice du droit de visite et d'hébergement : Quels rapports avec la justice?*, Fondation de France, 2000, p.50.
14) ブノワ・バスタール氏（注18参照）の表現。
15) Dominique LALLEMAND et Isabelle SAYN, *op. cit.*, p. 2.
16) FFER (Féderation Française des Espaces de Rencontre pour le maintien des relations enfants-parents：親子関係の維持のためのフランス面会交流センター連合）は面会交流センター全体の3分の2を組織する。2010年の時点で85団体，109か所が加盟。なお，FFERは加盟団体を監督・指導する上部団体ではなく，多様な経験や考察を持ち寄り，交換する場とされる。

られた文献[17]と現地調査[18]によってその一側面に光を当てるにとどまることをあらかじめお断りしておく。

(2) 援助主体

面会交流センターの多くは1901年法に基づく非営利社団（association アソシアシオン）によって開設・運営されており，市町村のような公的枠組みで活動している面会交流センターは少ない。面会交流援助のみを行っている団体も存在するが，家事調停，夫婦カウンセリング，児童保護など家族問題に関わる従来の活動に加えて面会交流援助を始めた団体が多い[19]。

面会交流センターの財政状態は総じて不安定であり，資金の多くを地方自治体，家族手当金庫（CAF），司法省などからの補助金に依存しているが，補助金は1年単位であるため，活動の継続性に支障がある。事件の増加で約45％の面会交流センターに待機リストができ[20]順番待ちの列が伸びているにもかかわらず，多くは特定の曜日の限られた時間だけ開室しており，資金不足のためさらなる活動の縮小や休止に追い込まれたところもある[21]。

収入源として利用者の費用負担も考えられるが，FFERは負担金の徴収には否定的である[22]。面会交流センターの半数近くは無償でサービスを提

---

17) 面会交流センターの現状を概観するものとしてLa Défenseure des enfants, *op. cit.*, pp. 155-164。なお，本稿はFFERの資料に多くを依拠しており，非加盟団体は十分に検討することができなかった。

18) 筆者は2010年6月にパリ市内の3つの民間団体（①15区のAPCE 75，②20区のMaison de la Médiation メゾン ド ラ メディアシオン および③18区のCERAF Solidaritésを訪ね，聞き取り調査を行った。また，FFER副代表であるカロリン・クルーズ（Caroline KRUSE）氏および家事調停や面会交流センターに関する著作を有する社会学者のブノワ・バスタール（Benoit BASTARD）氏にインタビューする機会を得た。調査にご協力くださった方々ならびに通訳の柳井蘭子氏にこの場を借りてお礼申し上げます。

19) 例えば，APCE 75はAFCCC（Association Française des Centres de Consultation Conjugale：フランス夫婦カウンセリングセンター協会）の地域加盟団体として心理的アプローチによるサービス（カウンセリング，心理療法，家事調停）を提供する団体であり，面会交流援助はその一つである。また，Maison de la Médiationは，その名が示すとおり，1989年に家事調停サービスを提供する団体として設立されたが，1995年より新たに面会交流援助を開始した。

20) FFER, *État des lieux : L'activité des Espace de rencontre en 2010*. 以下，本文中の数字は特に明示しない限りこの資料による。

21) La Défenseure des enfants, *op. cit.*, p.162 et 163.

22) FFER, *Les Espaces de Rencontre en 2009, un état des lieux*, p.12.

供し，残りの半数が有償である[23]。有償の場合でもモラルハザードを防ぐための象徴的な負担にとどまることが多いようである[24]。

　ほとんどの援助者は，ほかに職業を有する非常勤として，あるいは無給のボランティアとして従事している。援助者の属性としては心理カウンセラーなど心理畑の専門家が比較的多いが，ほかにソーシャルワーカー，家事調停者，法律家，心理学専攻の学生などがいる。厳しい財政状況のなかで無給のボランティアも重要な役割を担っており，例えば，Maison de la Médiation（メゾン　ドゥラ　メディアシオン）では24人の援助者のうち有給職員（いずれも非常勤）が5人，研修生が5人，残りの14人が無給のボランティアであった。

(3) 被援助者

　多くは父（78％）であり，以下，母（18％），祖父母（3％），両親（1％）と続く。反対に，子どもと同居している者は母であることが多い（69.5％）。子どもの年齢分布は，3歳未満が13％，3歳以上6歳未満が24％，6歳以上12歳未満が40％，12歳以上15歳未満が17％，15歳以上が6％となっている。

　父母の親権行使の態様をみると，共同行使が67％を占める（統計上，不明（26％）とされているものにも共同行使のケースが含まれているので，実際の割合はさらに高くなる）。親権の共同行使の原則化が父母の葛藤を解消するわけではなく，むしろ面会交流を含む子に関する様々な問題を自力では解決できない父母にも共同行使が求められることになる。共同親権が形式的，観念的な性格を帯びるなかで，面会交流センターはこれを実質化する場となっているといえる。

(4) 援助内容

　前述のとおり，面会交流援助の目的，手法，態様等は援助者・援助団体により様々であって，細部については今後の調査に譲らざるを得ないが，ここではFFERの集計などを基におおまかなところを述べる。

---

[23] La Défenseure des enfants, *op. cit.*, p.162.
[24] 一例として，CERAF Solidaritésは援助開始時に20ユーロ，半年ごとに収入に応じて2ユーロないし15ユーロを徴収する。

頻度，時間など面会交流の具体的態様について，大枠は裁判によって定められるが，細部は訪問親・同居親の双方とコーディネーターとの事前面談で詰められる。面会交流センターの側にどのくらい裁量の余地があるかは裁判官ごとに異なる。面会交流の内容を事細かに定める家族事件裁判官もいれば，面会交流センターに送られたからといって親権を失うわけではないとして，両親と面会交流センターの合意による変更を当然視する家族事件裁判官もいる。[25]

　フランスの面会交流センターでは建物内での面会交流[26]が主流であり（64％），外出を伴うものは比較的少ない（20％）。ほとんどの面会交流センターは，裁判書が明示的に外出を許可していない限り，外出が親子にとって有益であると判断したとしても，裁判官の許可を得るようにしている。[27] この他，短時間でも顔を合わせたくない当事者のために，子どもの受渡しのみを面会交流センターが仲介することもある（「橋渡し（passerelle）」とか「通過（passage）」と呼ばれる。6％）。

　面会交流の頻度としては月2回が61％を占め，月1回が19％，月3回以上が3％，週1回が同じく3％である。この数字は，裁判官が面会交流に関する裁判の際に「2週に1回の訪問権および長期休暇(バカンス)の半分の宿泊権」という表現を定型的に用いていることと，面会交流センターの受入能力の限界を反映している。

　2010年に終了したケースの援助期間をみると，6か月未満が38％で最も多く，6か月以上1年未満が30％，1年以上2年未満が17％，2年以上が7％と続く。1年以内に援助が終了するケースが7割近くを占めており，面会交流センターによる面会交流援助は過渡的・限時的なものといちおうはいえるが，必ずしも援助の成功を意味するものではない。単に予定期間が終了したケースや当事者によって中断したケースが多く含まれるからである。

---

25) Dominique LALLEMAND et Isabelle SAYN, *op. cit.*, p. 48 et s.
26) 資金・施設面で制約から，数組の親子が同じ時間に集団で面会交流を行うこともある。プライバシーの点では好ましくないが，同じ境遇にある親子を目にすることで気持ちが軽くなるという副効用もあるという。La Défenseure des enfants, *op. cit.*, p.159.
27) La Défenseure des enfants, *op. cit.*, p.158.

(5) 援助結果

　FFERの集計によると，回答を寄せた74の面会交流センターが2010年に関与したケースは8,548件であり，援助の対象となった子どもの数は11,733人であった。一つの面会交流センターが平均で約116件を抱えていることになる。面会交流センターが扱うケースの大半は裁判所から送られてくるものであるが，司法統計には面会交流に関する事件を網羅的に集計した項目が存在しないため，面会交流センターの関与が紛争全体に占める量的割合は明らかでない。

　援助結果をどのように評価するかは難しい問題である。面会交流センターには援助後の当事者の動向を把握する手段がないし，大規模な追跡調査もなされていないようである。ここでは，援助の経過を推測するための資料として，FFERが集計した「ケース終了の理由（2010年）」を掲げておく。

裁判等で定められた予定期間の終了	1,479	(33%)
両親が援助なしでの面会交流に合意	624	(14%)
誰とも連絡がとれず，ケースが開始しない	458	(10%)
訪問親と連絡がとれない	449	(10%)
同居親が子どもを連れてこない	163	(4%)
訪問親の意向による中断	316	(7%)
同居親の意向による中断	148	(3%)
裁判官または関係機関の請求による中断	155	(4%)
面会交流センターの意向による停止	175	(4%)
その他（入院，収監，転居，死亡）	474	(11%)
計	4,441	(100%)

(6) 司法機関との関係

　面会交流センターによる援助開始の契機の8割近くは家族事件裁判官によるケースの送付であり，当事者の自発的な合意に基づく利用は非常に低い水準（5%）にとどまっている。この傾向は1990年代前半からほとんど変化していない。もっとも，面会交流センターの利用には裁判官ごとに濃淡があり，人事異動の結果，ある裁判官の転任先では面会交流センターに

送られる事件数が急増したが，元の任地では急減するといったことが起こる[28]。民法典中に面会交流センターの存在が明記された（後述）ことで，このような状況はある程度改善するものと思われる。

司法機関との関係では，面会交流援助の過程で収集された情報の秘密保持（confidentialité）がとりわけ問題となる。FFERの職業倫理規範は，「面会交流センターは調査または鑑定の場ではな」く，「面会交流センターは，親子の関係の内容に関する書面または口頭でのあらゆる情報を裁判所または行政機関に提供することを差し控える」として，秘密保持の原則を定める。ただし，秘密保持義務が解除される例外として，①法律の規定により援助者に情報提供の義務がある場合，②被援助者・援助者にとって危険がある場合または面会交流権の行使もしくは面会交流センターの機能を妨げる内規違反がある場合を挙げる。事件の送付元である裁判官の間では，秘密保持をめぐって考え方が分かれている。秘密保持の原則に理解を示し，面会交流センターに対してはいかなる情報も求めるべきではないとする裁判官もいれば[29]，面会交流センターを管財人のような裁判所選任の受任者（mandataire de justice）とみなし，裁判所の明示的な要求を待つまでもなく報告書を提出すべきと考える裁判官もいる[30]。さらには子の利益の名の下に対審の原則に違背してしまう裁判官もいるという。面会交流センターごとに対応は異なる[31]ものの，一般的には，当事者の出頭の有無，面会交流の実施または中断といった単純な事実が伝達の対象となっているようである[32]。

次第に多くの裁判官が困難な面会交流事件において面会交流センターを活用するようになっていったが，その法的根拠は長らく曖昧なままであった。2002年改正後は，面会交流センターに事件を送付する根拠を「子とそ

---

28) La Défenseure des enfants, *op. cit.*, p.164.
29) Dominique LALLEMAND et Isabelle SAYN, *op. cit.*, p.48.
30) *Ibid.*, p.30.
31) 当事者の出頭の有無さえ知らせないところもあれば，裁判官が訝るくらい詳細な情報を提供するところもある。*Ibid.*, p.49.
32) CERAF Solidaritésが被援助者との間で交わす書面にも，裁判官から送られてきたケースについては，当事者の出頭の有無，面会交流の実施または中断，面会交流の日程といった情報は秘密保持の対象ではなく，当然に当該裁判官に伝達されるとの記載がある。

249

第4章　制度の運用と展望──諸外国の制度・取組に学ぶ　〜面会交流〜

の両親のそれぞれとの絆の維持の継続性及び実効性の保証を可能にする措置」（前出の373-2-6条2項）に求めることができるようになり，さらに，子どもの保護を改革する2007年3月5日の法律第293号によって民法典中に家族事件裁判官は面会交流センターにおける訪問権を設定することができる旨の規定（373-2-1条3項，373-2-9条3項）が新設され，漸く20年来の実務に明確な法的根拠が与えられた。もっとも，当該規定は従来の実務を追認するにとどまり，それ以上のなにかを付け加えるものではない。面会交流センターの認証制度や援助者の養成課程，国家資格などはなお整備の途上にあり，[33]そもそも面会交流センターが存在しない地域が多く残されている。[34]しかし，民法典という基本的法律が「面会交流センター」に言及したことの意義は小さくない。

5　むすびに

　2002年の親権法改正は，多分に理念的，教育的，あえて言えば野心的な性格を有していた。その審議過程では「一種のアフターサービス（service après-vente）」が必要となろうとの指摘がなされた[35]が，本稿が取り上げた「面会交流センター」は，まさしくそのアフターサービスを提供するものといえる。すなわち，法改正は離別後の親子関係について法の見通しを良くし，父母の振る舞いに準拠枠（例えば「父母のそれぞれは，子との人格的関係を維持し，子と他方の親との絆を尊重しなくてはならない」）を与えるものではあるが，それだけで完結するわけではない。法律を個々のケース

---

33) 最新の動きとして，「子とその両親又は第三者との絆の維持のための面会交流センターに関する2012年10月15日のデクレ第1153号」によって，面会交流センターの定義，公的助成，知事による認証（agrément）およびその要件等を定める規定（社会福祉・家族法典D216-1条以下）が新設され，2013年9月以降は認証・登録済みの面会交流センターのみが司法機関による指定の対象となるものとされた（同デクレ2条）。
34) 面会交流センターの分布状況については，面会交流調査報告書285頁。373-2-1条3項を新設する政府修正案に対して，オート＝アルプ県選出の国民議会議員から，自身の選挙区には面会交流センターが1か所も存在せず，同居親と子は面会交流のために隣県まで100キロ以上の移動を強いられることになるとの懸念が示されていた。Discours de Henriette MARTINEZ, 2ᵉ séance du 10 janvier 2007.
35) Rapport d'information de ROBIN-RODRIGO, Doc. AN, n° 3111, le 6 juin 2001, p. 78.

に適用する裁判官，そして司法機関外において合意形成や面会交流を援助する専門家，民間団体のきめ細かな対応があって初めて理念は実現へと向かうのである。

　フランスの裁判所はわが国の家庭裁判所調査官に相当する調査・調整機関をもたないため，裁判に必要な情報を収集する社会的調査（enquête sociale）の委託などのために外部の民間団体等との協力関係を築いてきた。この関係は，近年，拡大と深化の方向へさらに歩みを進めつつある。そして，これはわが国の状況と大いに異なるところであるが，多種多様な民間団体が裁判所のパートナーとなっており，面会交流援助を行う個人・団体もそれぞれ独自の考えをもっている。この多様性がフランスの強みであると同時に，制度的連携がすすむにつれて面会交流センターの認証制度や援助者の資格認定などサービスの標準化という問題を生じさせている。

　歴史的・社会的・文化的背景が異なるフランスの仕組みをそのまま持ち込むことができないのは当然であるが，法律の規定と裁判官，裁判官の判断に一定の実効性を与える面会交流センターがお互いに支えあって面会交流の理念を実現しようとしている姿には，学ぶべき点があるのはないだろうか。

（色川豪一・京都学園大学法学部講師）

SECTION 4 ドイツにおける面会交流制度

1 はじめに

　ドイツ民法典（以後，BGBと表記）は1900年の施行以来，離婚後の非監護親には子と直接交流する権利を与えてきたが，非嫡の父には面会交流権（以後，本稿では「交流」の語を使用する）を認めなかった。1969年になって初めて，「非嫡出子の法的地位に関する法律」[1]が非嫡出父子間の交流について規定を置き（BGB旧1711条），非嫡出子の身上監護権者（通常は母）が父子の交流の可否，およびその範囲を決定できるとした。同法では非嫡の父には子と交流する権利は認められなかったが，後見裁判所は交流が「子の福祉に役立つ」と判断した場合には，監護権者の意思に反しても交流に関して独自の決定をすることができた。この法状況は1998年の「親子関係法改正法」[2]による民法改正まで続いた。

　「親子関係法改正法」は嫡出子と非嫡出子の概念区別を廃止し両者の間の法的差異を広く除去する画期的な法律であった。父母婚姻中の共同配慮（共同監護）[3]とともに，離婚後および非婚父母にも共同配慮の道を開き，すべての子に父母二人によって養育される権利を保障したのである。

　そして，交流についても新たな視点から改正が行われた。すなわち，父母との交流は原則として子の福祉にかなうものであり，父母との交流は子

---

[1] Gesetz über die rechtliche Stellung der nichtehelichen Kinder, BGBl.I 1969 I 1243. 本法についての詳細な研究は，田村五郎『非嫡出子に対する親権の研究』（昭和56年）

[2] Gesetz zur Reform des Kindschaftsrechts (Kindschaftsrechts-reformgesetz), BGBl.1997.I 2846. 本法の解説として，岩志和一郎「ドイツの新親子法」『民事訴訟制度の一側面』（平成11年）；床谷文雄「ドイツ家族法立法の現状と展望㈠」阪大法学172・173合併号394頁，「同㈡」同186号866頁，「同㈢」同188号302頁，「同㈣」同193号75頁；ライナー・フランク「ドイツ親子法改正の最近の展開」家族〈社会と法〉13号（1997）

[3] ドイツでは1979年のBGB改正で子の支配権を意味する親権概念（elterliche Gewalt）を放棄し，父母は子の養育に配慮する責任（elterliche Sorge）を負うとされた。以来，日本におけるドイツ法の紹介では監護権の代わりに原語の意味を尊重して「配慮／配慮権」と訳されることが多い。本稿もそれに従う。

の権利とされた。それに対応して、父母は婚姻関係にあるかどうか、配慮権を持つかどうかに関わりなく子と交流する義務を負い権利を有するとされ、非婚の父にも初めて交流権が認められたのである。しかし、交流権者の範囲の拡大は現実には子との交流を巡る紛争の増加と激化を招き、場合によってはかえって子の福祉を害することになる。そこで、民法は紛争の予防と解決のために家庭裁判所に交流の範囲、交流権の行使方法、制限、排除に関する決定権限を付与するとともに、父母が自主的に交流の取決めができるように援助する交流支援制度と、困難事例での交流の履行を確保しようとする交流保護制度を準備した。

　ドイツで交流紛争がどのくらい増加しつつあるかを示す統計[4]がある。1998年にドイツ全国の家庭裁判所で処理された面会交流事件は22,352件、抗告審である上級地方裁判所で処理された件数は914件であったが、その後、その数は毎年増加し、2007年には家庭裁判所で38,697件、上級地方裁判所では1,547件であった。このような状況の中で、ドイツの交流制度の法的枠組み（民法、社会法典第8編、家事事件および非訟事件手続法）と、交流支援制度および交流保護制度の運用実態を知ることは、今後の日本における制度構築の参考になるであろう。

2 面会交流に関する民法の規定

(1) 交流権者の範囲

　すでに述べたように、1998年の「親子関係法改正法」は父母双方との交流は原則として子の福祉に必要であることを宣言し（BGB1626条3項1文）、それまで「親の権利」として位置づけられていた交流権を子の権利として構成し（BGB1684条1項）、それによって国内法を国連児童の権利条約9条3項の「父母の一方又は双方から分離されている児童が定期的に父母のいずれとも人的な関係及び直接の接触を維持する権利」と合致させた。

　このように1998年法は、父母との交流は子の権利であるとする一方で、父母は相互に婚姻関係にあったかどうか（現在もあるかどうか）、親の配慮

---

4) Statistisches Bundesamt: Rechtspflegestatistik Fachserie 10, Reihe 2.2

権を有しているかどうかに関わりなく子と交流する義務を負い権利を有する（同項2文）と定め，それまで配慮権を持たない親にだけ認めてきた交流権をすべての親に認めた。同時に，祖父母，兄弟姉妹，養育者（里親）など父母以外で子と絆を築いてきた者を限定列挙して彼らにも交流権を認めた（BGB1685条旧2項）。その後2004年の法改正で，父母以外の者で交流権を持つのは祖父母と兄弟姉妹（BGB1685条1項），および子と比較的長期間同居し「子のために事実上責任を負っているか負っていた者（社会的家族関係）」とされた（2項）。この中には，法的父子関係を確立することはできないが，事実上子の養育に関わってきた生物学的な父が含まれることになった[5]。交流には直接に会うことの他，手紙やプレゼントの交換，電話やメールでのやり取りも含まれると理解されている。

(2) 家庭裁判所の交流決定の権限

家庭裁判所は，子との交流自体を対象とする手続においても，別居や離婚時の配慮権に関する手続の中でも，配慮権の制限や剥奪手続に伴う親子分離においても交流の範囲について裁判し，行使方法を詳細に取り決めることができる（BGB1684条3項）。また，子の福祉に必要であれば，交流権自体や交流についての以前の決定の執行を制限もしくは排除することができる（4項）。

(3) 交流支援

交流権者の範囲の拡大は，同時に子との交流を巡る紛争の増加と激化を招き，場合によってはかえって子の福祉を害することが予想された。そこで1998年法は，父母が自主的に交流の取決めをして交流を実行できるようになるための道ならしと紛争激化の予防のために，家庭裁判所に親子の交流の際に「協力の用意のある第三者の立会いを命じることができる」権限を与えた（BGB1684条4項3文）。これが交流支援（Begleiteter Umgang）[6]である。交流支援は交流権者が子と二人だけで会うことを妨げることにな

5）生物学的父に交流権を認めるに至った背景については，髙橋由紀子「ドイツの婚外子の父の交流権」帝京法学25巻1号，57頁。
6）詳細は 髙橋由紀子「ドイツの交流権行使と支援制度」帝京法学26巻2号，81頁。

るので交流権者の権利を制約する効果を持つ。裁判所によって命じられた交流支援は，後述の少年援助法の給付として実施される。

(4) 交流保護

2009年の「家事事件ならびに非訟事件手続に関する法律（FamFG）」の制定に伴う民法改正で，裁判所による交流決定や当事者による交流の取決めの履行確保のために交流保護（Umgangspflegschft）が導入された。すでにドイツには裁判所の交流決定の履行確保のための手段が用意され[7]，また交流を妨害する親の配慮権を制限する家庭裁判所の決定を通じて事実上の交流保護が行われてきたが，立法者はこれらでは不十分だと考えたのである[8]。

家庭裁判所が親子の交流実現のために交流保護の開始を命じることができるのは，父母がBGB1684条2項で課せられた義務，すなわち長期間もしくは繰り返し子と他方の親の関係を悪化させたり子の教育を困難にするような行為をしてはならないという善行義務に著しく反する場合である（同条3項3文）[9]。交流保護は，交流の実行のために子の引渡しを要求し，交流が行われている間の子の居所を定める権利を含む（同項4文）。交流保護人（Umgangspfleger）は，交流の準備時，交流権者への子の引渡し時，そして子の返還時にその場にいて，交流の具体的な形を定めることができる[10]。交流保護の命令は期限付きで下される（同項5文）。

交流保護人は補完的保護人としての法的地位を有する（BGB1909条1項）。補完的保護人とは，ある事務について父母の処理権限が制限されている場合にその範囲で任命される部分後見人である。交流保護人の報酬について

---

[7] 子の引渡し請求（1632条1項），家庭裁判所により子の引渡し命令が出されたにもかかわらず義務者がそれに従わないときに課される秩序手段（FamFG89条），引渡し義務者への直接強制力行使（FamFG90条），配慮権の剥奪（BGB1666条a）または他方の親への単独配慮の移譲（BGB1671条2項2号）。髙橋由紀子「ドイツの交流保護制度―親子の面会交流実現のための親権制限―」帝京法学第27巻2号，25～28頁。

[8] BT-Drucks.16/6308,S.345-346. 立法理由の詳しい紹介は，髙橋由紀子，前掲注7）38～40頁。

[9] 親以外の交流権者と子との交流保護については家庭裁判所の介入の敷居が高く設定されていて，交流が実行されないと子の福祉が脅かされる危険がある場合にのみ命じられる（BGB1685条3項）。

[10] BT-Drucks.16/6308, S.345.

は，手続補佐人に対するのと同様に，職務遂行にかかった費用と報酬はまず国庫から支払われる（FamFG277条5項）が，裁判所は費用を関係者と，場合によっては第三者にも課すことができるが，子には課すことができない。

　交流保護人としては第一にボランティアの個人が望ましいとされ，適切な人物がいない場合は少年局も交流保護人に任命されることができる（BGB1791条b）。

3 児童ならびに少年援助法（社会法典第8編）による交流支援

(1) 父母間の自主的な合意形成のための相談援助

　交流は父母間で自主的な取決めがなされ自主的に実行されることが最も望ましい。そのために日本の児童福祉法に相当するドイツの「児童ならびに少年援助法」（社会法典第8編，SGBⅧと略称される）[11]は，国家が家族に提供するサービスとして交流に関する相談を用意している。すなわちSGBⅧ18条3項は，交流に関する相談および支援を請求する権利を児童・少年と交流権者に認め，地方自治体が設置する子の福祉を守る専門行政機関である少年局（Jugendamt）は，親子間の円滑な交流に必要な情報を提供し，当事者が自主的に交流についての取決めをする能力を発達させるように助言し支援しなければならない。これらの相談は少年局が設置する公的相談所や民間の少年援助団体の相談所で行われる。

(2) 少年局の決定による交流支援（Umgangsbegleitung）

　少年援助機関での相談を通しても父母間で交流について合意が成立せず，あるいはすでに存在する裁判所の決定や当事者間の取決めの履行が困難な場合は，当事者の希望に応じて交流支援が開始される。交流支援とは，少年局や専門民間団体が当事者間で交流についての合意が成立するように調

---

11) 1991年から施行されたKinder- und Jugendhilfegesetz（KJHG）で，社会法典第8編を構成している。未成年者の福祉を守ることを目的に親の教育能力を維持・向上させ家庭機能を強化するための様々な援助サービスの提供と，福祉が危険にさらされている未成年者の保護および社会的養護下にある未成年者の保護という二つの異なる任務を地方自治体が設置する少年局に割り当てている。

整に乗り出し、あるいは取決めが履行されるように仲介する援助である。

この交流支援は裁判所手続とは関係がなく、父母の申請にもとづき少年局の決定により開始される公的少年援助給付の一環である。給付権利者に原則として無料で提供され、権利者には選択の権利が認められるので（選択が不相当な費用を生じさせるのでなければという留保付きで）、どの機関の支援を選ぶか希望を述べ選択することができる。実際に支援を行うのはこの領域で経験とノウハウを積んできた民間少年援助団体[12]で、各地の少年局と業務委託協定を結んで任務を遂行する。この業務委託協定には、通常、交流支援を担当する職員の適性[13]についての保証（SGBⅧ72条a）が含まれる。

(3) 裁判所の交流決定と交流支援命令

2(3)の民法のところで述べたように、交流支援は裁判所の命令により開始することもある。この場合、交流支援は公的少年援助の給付として行われる。具体的な支援の方法は、上記(2)で述べたように実際に支援を行う機関が専門的に決定する。

すでに1960年代後半には、裁判所は、交流権者の伝染性の病気罹患や人格的な問題から子に危険が及ぶ恐れがあるときには、監視保護人としての第三者を交流に同席させる命令を下せると解されていた[14]。その後、「世話される交流（Betreuter Umgang）」と一般に呼ばれる交流形態が、もっぱら性的虐待の疑いがある場合と、交流権者による子の奪取の危険があるときに利用されるようになった。やがて、父母間の争いが激しい場合や交流の長期の中断の後に、交流支援専門機関の助けを借りてコンタクトの道な

---

[12] 例えば、子どもの保護のための様々な活動を行うドイツ最大の民間団体である「ドイツ子ども保護連盟（Deutscher Kinderschutzbund Bundes-verband e.V, DKSBと略称される）」は16の州連盟に分かれていて、全土で420以上の地域団体と5万人以上の個人会員を擁している。DKSBは1998年に交流支援制度が民法に導入されるずっと以前からこの領域での活動を行ってきており、DKSBが作成した交流支援の方法と質に関する基準は全国の基準となっている。

[13] 公的少年援助の担体に課せられた一定の者（強姦・性虐待などの性犯罪やポルノグラフィー所持・頒布などを理由として有罪判決を受けた者）の雇用または斡旋禁止が民間団体にも課せられている。

[14] Handbuch Begleiteter Umgang, S.42に紹介されている1967年版Palandt, 1634条の解説による。

らしをすることの効果が裁判所にも認められるようになったのである。

4 家事事件ならびに非訟事件手続に関する手続法(FamFG)の交流に関する規定

(1) 優先的かつ迅速な手続の保障（FamFG155条）

　子の居所や子の引渡しに関する親子関係事件，子の福祉の危険の際の手続とともに，交流権の手続は優先的にかつ迅速に進められなければならない。交流権争いの解決が遅れれば遅れるほど，子と交流権者の間は疎遠になる可能性が高まり，特に幼児の場合はすぐに疎遠となる危険が高いからである。FamFGが施行される前の交流事件の裁判所係属期間は平均して6.8か月であったが，FamFGはこの期間の短縮をめざし，原則として手続の開始から1か月以内に期日が開かれるべきとする。裁判所はこの期日に手続能力のある当事者本人に出廷を命じ，当事者たちと事件について討議し，少年局の意見を聞かなくてはならない。

　交流事件は緊急の場合には係属中の他の事件を遅らせても優先処理されるべきとされる。[15]

(2) 裁判外の合意を目指す家庭裁判所の努力（FamFG156条）

　交流紛争がすでに裁判所に係属していても，裁判所は，子の福祉に反するのでなければ手続のどの段階でも当事者の合意を促す努力をしなければならない。裁判所は，合意案を作成するために少年援助の相談サービスが利用できることを父母に知らせ，また相談の利用を義務付けることもできる。さらに裁判所は適切な場合には，メディエーションやその他の裁判外の紛争解決手続を利用できることを父母に知らせなければならない。

　当事者が交流について合意に達した場合，合意の内容が子の福祉に反しないと裁判所により承認されると，それは和解として受け入れられる（裁判所の同意を得た和解：2項）。期日に合意に達することができなかったときは，裁判所は暫定的に交流のルールを定めるか，交流を排除する（同条3項）。

---

15) BT-Drucks.16/6308, S.235

(3) 交流実行のための裁判所の仲介（FamFG165条）

　交流に関する裁判所の決定が出されたか裁判上の和解が承認された後に，父母の一方が相手方の交流妨害を主張してきた場合，家庭裁判所はこの者の申立てで父母間を仲介する。この仲介手続の中で裁判所は，交流が行われないと子の福祉にどのような効果が生じうるかを父母とともに検討し，また，交流の妨害や困難化から生じる法的効果，とくに秩序手段による制裁の可能性や配慮権の制限や剥奪の可能性があることを示唆し，少年援助サービスを利用するように勧める義務を負う（同条3項）。

(4) 直接強制力の行使可能性（FamFG90条）

　より穏当な手段では交流の履行が確保されないときで，裁判所の決定の迅速な執行が絶対に必要なときには，裁判所は明確な決定により執行のための直接強制を命じることができる。ただし，交流権を行使するために子が引き渡されるべき場合には，子に対する直接強制力の行使は裁判所により命じられてはならない（同条2項1文）。

5 民間団体による交流支援実務

　2012年3月に筆者はデュッセルドルフ市の児童保護連盟（Kinderschutzverband）を訪問し，民間団体の交流支援活動の実際について聞き取り調査を行った。以下に内容を要約する。

(1) 相談者の背景

　交流の相談に来るのは，別居・離婚問題がこじれて自分たちでは解決がつかない父母たちで，その中にはDVケース，妊娠中に別れた父母，別居親と子との間の長期の交流中断ケース，父親による性的虐待ケースなども含まれる。相談事例の80～90％で子は母親と同居している。

　来所のきっかけは，少年局による紹介か裁判所の決定もしくは裁判上の和解である。父親が交流を求めて相談に来ることが多いが，母親が子を父親と交流させたいと願うケースもある。後者の場合には，交流の取決めがなされたのに父親がそれを守らなかったり，父親の性格上の問題があるた

めに母親が別の取決めを希望することが多い。

(2) 裁判所が交流支援を決定した場合

　裁判所の交流支援決定後に父母が当機関を選択して来所した場合でも，すべてのケースを受け入れるわけではない。初めから支援が困難な場合があるからである。父母自身は交流支援を望まないが裁判所に命じられたという場合には，父母は相談の予約だけして来所しないことがある。あるいは来ることは来るが，本心から解決を望んでいるわけではないケースもある。このような困難事例は支援に時間がかかる。子どものことを考えて変わる親もいるが，どうでもよいという態度が変わらない親もいる。その場合は「終了」とする報告書を裁判所に出す。交流保護開始を勧告することもある。それ以上のことは当相談所ではできない。

(3) 交流保護との関係

　交流支援は，父母自身がなんとか交流の問題を自主的に解決したいという意思をもっている場合に有効であり，そうでない父母の場合に命じられる交流保護とは本質的に異なる。組織上も，交流支援は少年局と民間団体の関係の中で行われるが，交流保護は家庭裁判所と交流保護人の問題であり，当相談所が交流保護人と接触することはない。

(4) 費用負担

　原則として交流支援は少年援助の処置である。したがって裁判所の決定で開始される支援の費用も少年局が負担する。少年局は裁判所の決定の前に父母に面接し，裁判所に対し報告書を書くので自動的に関与することになる。当相談所の交流支援者には少年局内に必ず連絡を取り合う職務上のパートナーがいる。

(5) 交流支援の方法

　通常は14回を1コースとし，毎回1時間の交流が行われる。まず準備として父母と一人ずつ個別に話し合う。何が家庭で起こったのか，どのような紛争があったのか，今もあるのか，紛争を解決する意思があるのかを父

母に聞く。それから子と二人きりで話し合う。一緒に遊びながら様子を見ることもある。子が小さいときはなついてもらうのに時間がかかるので3～4回は二人きりで会う。

　その後父子の交流が面会交流用の部屋で始まる。支援者は一緒には遊ばないが必ず在室する。通常は，まず母親が子を連れてきて支援者に引き渡すと別室で待機する。その後父親が来所し，交流が終わると支援者が別室に控えている母親に子を返す。その間に父親はここを去るというように，父母がここで顔を合わせないように配慮する。合計で10回の交流が行われる。5回の交流後，父母が同席して1回の話し合いが行われる。ここで，子の様子，子の希望などについて支援者が観察したことを父母に話し，今後は父母だけで交流が実行できるかどうか話し合う。その後，さらに5回の交流が行われる。

　10回の交流後に父母同席で終了の話し合いが持たれる。終了の話し合いでは今後の交流のための取決め（いつ，どこで，どのようにして父子が交流するか）が文書に作成される。その後6か月後に父母に再び会い，交流がうまく進んでいるかどうかを確認する。以上が大きな枠組である。

　交流に重要なのはルールである。親は子に他方の親のことを根掘り葉掘り聞いてはならない，父はたくさんの贈り物を持ってきてはならない，子の前で泣いてはならない，子を抱きっぱなしにしてはならないといったルールに従ってもらう。

(6) **支援者の態度**

　命令はしないし，そのような権限もない。父親がふさわしくない質問（母親の新しい恋人はどんな人かなど）をしたときは即座に介入して質問をやめさせる。しかし，それでどちらかの味方というわけではない。中立でなければならないので，父子と一緒に遊ぶこともしない。

(7) **支援者の専門領域**

　筆者がインタビューをした女性職員の専門はソーシャルワークで，その後，家族療法の研修を受けその領域の資格を取得した。5年前から交流支援の仕事をしている。それ以前は少年局で働いていたので交流支援の構造

は理解している。

(8) 子の意思の評価

子の意思は絶えず優越性を持ち，それゆえに正確に測られなければならない。というのは，子は忠誠葛藤や不安から「いやだ」ということが多く，これは子の真実の希望ではないからである。

6 交流保護の裁判例

(1) 2009年以前[16]

家庭裁判所は，交流が行われないことから生じる子の福祉の危険を回避するという理由で民法1666条にもとづき，交流を拒否する同居親（配慮権者）の交流決定権と交流が行われている間の居所指定権を制限し，その権能を交流保護人としての少年局に行使させる実務を確立させてきた。この方法は，同居親の配慮権の剥奪や他方の親への配慮権の移譲に比べてより穏当な手段として優先的に利用されてきたのである。

裁判所が子の福祉の危険を認定した例をいくつか挙げると，同居親が他方の訪問コンタクトを継続的に，かつ頑固に長期間（場合によっては数年間も）[17]拒否してきた場合，[18]裁判所の交流決定に理由なく違反する場合，[19]あるいは同居親が強情に，かつ全く理解できない方法で他方の親と子とのコンタクトを拒絶またはボイコットする場合[20]である。同居親による交流拒否だけでなく，父母間の葛藤により交流が繰り返し妨げられる場合も交流保護人への居所指定権の期限付き移譲は正当であるとされた。[21]

しかしながら，子の福祉の危険が存在するときに配慮権への介入を認める民法1666条の要件は厳格で，それを交流保護の開始のために適用するに

---

16) 当時の交流保護についての判例の紹介は，髙橋由紀子，（注7）前掲論文，30～34頁。
17) OLG Dresden, ZfJ 2003, 350; OLG Köln, FamRZ 1998, 1463; AG Rosenheim, DAVorm 1987, 144
18) OLG Brabdenburg, FamRZ 2003, 1953; AG Aalen, FamRZ 2001, 638
19) OLG Köln, FamRZ 1998, 1463
20) AG Frankfurt/M.,FamRZ 2004, 1595. その後の展開について，Salgo, FestSchrift Schwab (2005), 891 (895ff).
21) OLG Frankfurt/M., FamRZ 2004, 1311

は困難があり，交流保護人の任務の範囲・権限・報酬についての基準も不明確なままであった。

(2) 2009年の改正後の判例

2009年の改正は従来の家裁実務を法的に追認したものであり，また条文が簡潔なため，交流保護の法的性質に関して裁判例には解釈の相違が見られる。一つは交流保護には親の配慮権の制限が内包されているのか，それとも配慮権制限には交流保護決定の他に1666条による配慮権の制限が必要かという問題である。2010年12月20日のミュンヘン上級地方裁判所の決定[22]は，前者の考え方を取り，親の配慮権の制限はすでに交流保護の命令に含まれているので，別の配慮権制限の決定を必要とせずに直接法律から効力を生じるとする。それに対して，2010年12月16日のツェレ上級地方裁判所は，交流保護は交流権の実行のために基本法上保護される親の法的地位の調整であって，子の世話をしている親の配慮権への介入ではないと判示した[23]。

もう一つは交流保護人の権限の範囲に関する解釈である。交流保護人は交流の実行に関して「配慮権を制限された」父母の地位に立ち，どのように交流を行うか決定する相当な裁量が認められるのか，それとも裁判所自身が交流の頻度，時間，態様を詳細に定め，その実行のための任務を遂行するだけなのか。現在では，後の強制執行のためには裁判所の決定に対する明確な義務違反が証明される必要があるので，裁判所が交流の内容について具体的かつ詳細に定める必要があり，交流保護人には交流内容について決定する権限はないというのが有力な考えである[24]。

7 むすび

ドイツの親権法の特徴は，民法の規定に実効性を持たせるために少年援助法と密接な連携を取って子の福祉を守ろうとする姿勢にある。交流の問

---

22) OLG München 22.12.2012, JAmt 2011, 164
23) OLG Celle 16.12.2010, JAmt 2011, 163
24) Stötzel, FPR 2009, 27, 29

題でもそれは明らかで，さらに手続法も加わって諸機関が協力・連携している。もちろん，すべての家庭裁判所と少年局の管轄内で交流支援と交流保護が順調に行われているわけではないだろうが，公的機関がカバーできない領域や活動について少年援助の民間機関が積極的に人材を育成し，スキルを開発・発展させ，全国的なレベルでの質の向上に力を入れる一方で，少年局や家庭裁判所といった公的機関も積極的に民間のリソースを利用する姿勢を見せていることは，一つの制度を成功させる鍵であり，今後の日本の交流紛争解決にも大いに参考になるのではないだろうか。

(髙橋由紀子・帝京大学法学部教授)

SECTION 5 韓国における面会交流制度

1 はじめに

　韓国統計庁の「2011年婚姻・離婚統計」によれば，2011年1年間の離婚114,300件のうち，未成年子のいる夫婦の離婚は60,100件であり，全体の52.6％を占めていた（**表1**）。さらに，2011年に韓国女性政策研究院が公表した「協議離婚制度の運用実態および改善方案」[1]の調査結果によれば，離婚後，母を養育権者[2]と定めたのが64％を占め，父を養育権者と定めたのは34％であったとされる。同調査は，その対象が限定されているため，調査結果を一般化することができないが，少なくとも数字上からは，父から母に子の面会交流を求める事例が多いであろうということが考えられる。

【表1】 2001年から2011年までの離婚件数の推移（未成年子の有無別）

	2001	2002	2003	2004	2005	2006	2007	2008	2009	2010	2011
婚姻件数（前年比）	134.6 (15.2)	144.9 (10.3)	166.6 (21.7)	138.9 (-27.7)	128.0 (-10.9)	124.5 (-3.5)	124.1 (-0.5)	116.5 (-7.5)	124.0 (7.5)	116.9 (-7.1)	114.3 (-2.6)
粗離婚率	2.8	3.0	3.4	2.9	2.6	2.5	2.5	2.4	2.5	2.3	2.3
未成年子有	94.8	101.2	114.1	91.1	81.2	75.7	72.8	63.0	68.5	62.9	60.1
未成年子無	37.5	41.7	49.2	46.4	45.4	48.2	50.9	52.9	55.1	53.7	53.9

（単位：千件）

　日本と同様に韓国においても，面会交流権（韓国法では「面接交渉（権）」という用語が用いられているが，本稿では，日本法に倣って「面会交流（権）」という用語を用いることとする）とは，「親権者または養育者でないために現に子を保護・養育しない父または母が，その子と直接に面会・書信の交

---

1) この調査は，法院の関係者および協議離婚意思確認を申請した当事者を対象として行われたものであるが，前者については271事例，後者については509事例の回答があったとされる。
2)「養育権者」とは，日本法のいう「監護権者」に相当する概念である。韓国法の下においても，離婚後，親権者とは別に監護権者を定めることができる（836条の2第2項1号）。

換をし，または接触する権利」[3]であると定義されている。

　面会交流に関する韓国民法837条の2（以下，条数のみを示すものは，韓国民法の条文である。）が明文化されたのは，1990年の民法改正[4]時のことであり，その後，2007年の民法改正[5]により，同条1項の文言に修正が施された。2007年改正は，安易な離婚の防止や離婚後における未成年子の安定した養育環境の確保などを目的とするものであったところ，同改正により，協議離婚の手続も厳格化され，協議離婚の際には，面会交流の行使の有無およびその方法を含めた，離婚後の子の養育に関する事項等の協議書の提出も義務化された（836条の2第4項，837条1項・2項。裁判離婚についても，843条により837条及び837条の2の各規定が準用される）。

　このように韓国では，日本に比して早くから面会交流に関する規定が明文化されていたが，他方において，調査対象の限定性から調査結果を一般化するには限界があるものの，面会交流に関する調査結果をみる限り，面会交流が活発に行われているとはいえないという実態も垣間見える。

　本稿は，本書の趣旨に鑑み，1990年の民法改正により設けられた面会交流の立法趣旨と2007年改正に至るまでの経緯を簡単に概観し(2)，現行の面会交流の概要と運用に関する議論状況を検討したうえで(3)，日本への示唆を探ることとする(4)。

2 面会交流の立法趣旨・改正までの経緯

(1) 立法趣旨

　前述のように，面会交流に関する規定が設けられたのは，1990年の民法改正時のことである。それ以前においては，学説では，日本の判例・学説を参考に，離婚後の子の養育責任に関する旧837条を根拠として，面会交流を認める余地があると説くもの[6]があった。裁判例では，養育者指定請求事件において，母を養育者と指定する一方，当事者からの面会交流の申

---

[3] 金疇壽「面接交渉権」朴秉濠教授還暦記念Ⅰ『家族法学論叢』273頁（博英社，1991）。
[4] 1990年1月13日法律第4199号による改正。
[5] 2007年12月21日法律第8720号による改正。
[6] 崔鎮涉「面接交渉権の理論的基礎と改正民法の解釈」延世法学研究2輯417頁。

立てがないにもかかわらず，面会交流の法的性質については触れないまま，父子関係の断絶は子の健全な成長にとって望ましくないという理由のみで，非養育親たる父と未成年子との面会交流を認めるもの[7]，養育権を有しない父母の一方は，他の一方が養育している子を接見，交渉する権利があるということを認め，養育者変更請求には接見請求も含まれるとした上で，非養育親たる母に面会交流を認めるもの[8]が現れるようになった。しかしながら，家父長的な家族制度に深く根ざしていた1990年改正前の民法と社会の認識により，当時の韓国国内では，面会交流に関する議論がさほど深まっていなかったが[9]，子の健全な成長のためには面会交流が必要であるという認識と面会交流を積極的に認める外国の立法例を背景に，1990年の民法改正により面会交流に関する旧837条の2が設けられるに至った。

同規定は，「子を直接養育しない父母の一方は，面会交流権を有する」（同条1項）と定め，面会交流権が父母の権利であることを明らかにする一方，「家庭法院は，子の福利のために必要なときは，当事者の請求又は職権で，面会交流を制限し又は排除することができる」（同条2項）と定めていた。その趣旨は，「保護と養育をしない親といえども，自己の未成年子と接触をもち，順調な成長を見守りたい心情は，親としての自然な情であり，そのような接触の機会を親から剥奪するのは，極めて酷なことである。しかしながら，今日の親子法の理念が，いわゆる『子の福利的な性格』強調している以上，親の主観的な主張のみを考慮することはできない。したがって，面会交流権の問題を考える際には，子の福利という観点を優先的に考慮しなければならない」[10]というものであった。

(2) **改正の経緯**

ア　子の権利主体性

旧837条の2の規定に対しては，面会交流の履行確保のための手段が設

---

7) ソウル高等法院1987年2月23日判決。
8) ソウル高等法院1990年6月15日判決。
9) 崔鎮渉・前掲注6）399頁，張昌敏「面接交渉権に関する一考」家族法研究15巻1号214頁。
10) 金疇壽・前掲注3）274頁。

けられていないという不備が指摘され[11]，国会も，家事訴訟法の改正によってその不備を改善すべきであるとしていた[12]。

また，面会交流は，子の健全な成長のための方途の一つであり，子の利益ないしは子の福祉のために認められるものであることからすれば，面会交流に対する子の権利主体性を認めるとともに，祖父母や兄弟姉妹などの父母以外の第三者に対する面会交流も認めるべきであるという主張もなされた[13]。子の権利主体性に関する主張は，1990年改正により設けられた面会交流権規定に対する当時の学説の批判に起因するものであった。すなわち，韓国の学説では，面会交流権の法的性質を，日本におけるそれを参考にしつつ，面会交流権が親の固有の権利（自然権）であると同時に，その具体的内容は，養育に関する権利（837条）として実現されるものであるが，その権利は子の福祉という側面から認められるものであるから，子の権利としての側面をも併せ持つものであるとする見解[14]が多数を占めており，2007年改正前の837条の2が子を面会交流権の客体として捉えることを問題視したのである[15]。

イ　実施上の問題点

面会交流に関する比較的最近の調査としては，2006年に韓国の女性家族部が韓国女性開発院に依頼して実施した「離婚後における子の養育の実態調査」（以下，「2006年調査」という）と，2008年に韓国家庭法律相談所が実施した「面会交流に関する実態および意識調査」（以下，「2008年調査」という）がある。いずれの調査も，調査対象者が限定されており，その結果を一般化するのは困難であると思われるが，面会交流の実施上の問題を垣間見ることのできる資料といえるので，その結果を紹介する。

2006年調査は，離婚後に子を養育している父母387名（男性67名・女性320名）を対象として行われたものである。同調査における非養育親と子

---

11) 裵慶淑「改正家族法に対する学際的考察：法学的考察（Ⅱ）」家族学論集第2輯204－205頁，ユン＝ドクギョンほか『家族法上親権・養育権および面接交渉権制度の実効性確保方案研究』231－232頁（韓国女性開発院，2002）。
12) 国会事務処法制室『現行法令改正課題』法制懸案143号28－29頁（2003）。
13) ユン＝ドクギョンほか・前掲注11)231－232頁。
14) 金疇壽・前掲注3)277頁，張昌敏・前掲注8)224－225頁。
15) 金疇壽・金相瑢『親族・相続法〔第10版〕』218－219頁（法文社，2011）。

との交流の程度に関する調査結果によれば，離婚後に非養育親が子と定期的に会っていると答えたのは調査対象の9.8%（男性5名・女性33名）にすぎず，特別なことがあるときにだけ会っていると答えたのが31.5%（男性26名・女性96名），手紙・メール・電話による連絡のみをしていると答えたが10.9%（男性5名・女性37名）であったのに対し，全く交流がないと答えたのは47.8%（男性31名・女性154名）であったとされ，子と定期的に交流を実施している非養育親が極めて少ないという結果が浮き彫りになった。

　他方，離婚または事実婚の解消時に未成年子のいる（いた）非養育親130名（男性40名・女性90名）と養育親297名（男性43名・女性254名）を対象として行われた2008年調査[16]によれば，面会交流が機能しない理由として，㋐女性の経済的劣悪さや養育費の確保の困難などの理由から，夫が子の親権と養育権を有することを離婚条件とした場合には，やむを得ずそれに応じる場合があること，㋑相手方による暴力が原因で別れた場合には，面会交流を求めることが困難であること，㋒面会交流に関する知識が乏しいこと，㋓子が非養育親に会いたがっていても，無理に会わせる必要はないという意見が多いこと，㋔子に会いたい意思があるにもかかわらず，養育親が会わせないことによって面会交流ができない非養育親が多いこと，㋕面会交流の制限または排除の審判があるにもかかわらず，非養育親がそれに従わない場合の制裁が存在しないということが明らかになり，それらの問題を解消するための改正や支援の充実化も指摘されていた。

---

16) この調査の主要な結果だけを紹介すると，非養育親の59.2%（130名中77名），養育親の65.3%（297名中194名）が，関係解消の際にに面会交流に関する事項を定めなかったと回答している。その理由として，非養育親の場合には，41.5%（77名中32名）が「取決めがなくても，当然会えるものと思っていた」，35.1%（77名中27名）が「面会交流について知らなかった」と回答しており，養育親の場合には，47.4%（194名中92名）が「面会交流について知らなかった」，23.2%（194名中45名）が「相手が望まなかった」と回答している。他方，面会交流に関する事項を定めたと回答した非養育親52.8%（53名中28名），養育親51.5%（99名中51名）は，当事者間の任意の協議にとどまっており，紛争の余地を残していた。また，面会交流に関する事項を定めたと回答した非養育親の50.9%（27名）は，協議内容に従わないことがある，あるいは，ほとんど従っていないと回答したとされる。

第4章 制度の運用と展望──諸外国の制度・取組に学ぶ　～面会交流～

3 現行の面会交流の概要と運用

(1) 現行の面会交流の概要

　以上のような指摘に応える形でなされた2007年改正により，837条の2第1項の規定は，「子を直接養育しない父母の一方と子は，互いに面会交流をする権利を有する」と改められ，法文上は，子を面会交流の権利主体として認めるに至った。これに対しては，面会交流の請求適格者の範囲を定める韓国家事訴訟規則99条1項に事件本人たる子が含まれていないこと，子に面会交流権を認めると親子間の対立構造をつくり出すこととなり，かえって子の福祉に反することなどを理由に消極的な見解[17]がある一方，子に権利主体性を認めることが必ずしも子の福祉にかなうとは限らないということを前提としつつも，児童福祉機関による相談と支援活動を通して子の面会交流権を実現すべきであるとする見解[18]もある。婚姻関係が破綻して別居中の夫婦の一方と子との間の面会交流および事実婚解消の場合の面会交流についても，837条の2の類推適用により認められる[19]。また，2007年改正でも，父母以外の第三者と子との面会交流も認められなかったが，当事者間の合意がある場合には，子と祖父母との面会交流が認められるとした事例がある。[20]

　面会交流を含む離婚後の子の養育に関する取決めへの支援としては，養育すべき子のいる協議離婚意思確認申請夫婦に義務づけられている「父母案内」(836条の2第1項)のほか，ソウル家庭法院は，面会交流の円滑の実施のために「子ども愛キャンプ」を実施している。父母案内がビデオ教材によるプログラムであり，その実効性に疑問が呈されていることから，現在韓国国会には，離婚時の父母教育を義務化する民法改正案が提出されている。

　面会交流の履行確保のための手段として，面会交流実施協議に違反した

---

17) 金演「面接交渉権に関する手続的問題点と最近の動向」379-380頁。
18) 金疇壽＝金相瑢・前掲注15)220-221頁。
19) 金疇壽・金相瑢『註解民法親族(2)〔第4版〕』152頁（韓国司法行政学会，2010)，ソウル家庭法院1994年7月20日決定。同決定は，837条の2の類推適用ないし夫婦の協力義務に関する826条の適用により認められるとする。
20) 金疇壽＝金相瑢・前掲注15)221頁脚注244参照。

養育親に対する履行命令（韓国家事訴訟法64条1項3号）と，同命令に違反した養育親に対する1000万ウォン以下の過料（同法67条1項）が用意された。ただし，同法68条による拘留については，養育親の拘留により子の養育に空白が生じることから，面会交流の違反については同条の適用がないと解されている[21]。また，面会交流権を放棄ないし排除する旨の当事者間の合意は，面会交流権が天賦的な権利であることを理由に，公序良俗に違反し（同法103条），無効であるとした裁判例がある[22]。

(2) 面会交流の決定方法

協議離婚の場合には，当事者が面会交流の有無およびその方法について協議をし，その協議書を家庭法院に提出しなればならない。協議の当事者は父母であるが，2007年改正の趣旨に鑑みて，子が15歳以上であるか，あるいは，それに達していないとしても自己の意思を明確に表示できる状態であれば，当該子も協議の当事者に含めるべきであるとする見解[23]がある。協議書には，面会交流の頻度・引渡しの場所・面会交流の場所・その他の事項を具体的に記載しなければならない。家庭法院は，下記のような作成例を当事者に提示している。

【作成例】
○ 非養育親が父である場合
1 父は，面会交流のために母の宅に子を迎えに行き，面会交流を終えた後は，母の宅に子を送り届けなければならない。
2 面会交流の日時を変更する場合には，3日前までにあらかじめ協議しなければならない。
3 父は，面会交流時に子に過剰なプレゼントをしないものとし，子が病気の場合には，治療のための妻の指示を守るものとする。
4 母は，父に家族の行事（たとえば，祖父母の誕生日，祭祀，親族の婚姻等）がある場合には，子がその行事に参加することができるよう協力しなければならない。
5 子の長期休み期間中に父が子と一緒に海外旅行をする場合には，母は積極的に協力するものとする。

○ 非養育親と子が遠く離れている場合

---

21) 前掲注15) 224頁。
22) ソウル家庭法院2009年4月10日決定。
23) 金疇壽＝金相瑢・前掲注15) 222頁。

> 1　父は，20○○年○月○日から毎週の土曜日午後5時（韓国時間）から6時の間，子に電話をすることができ，子と電子メールまたは手紙を自由にやりとりすることができる。
> 2　母は，20○○年○月○日から20○○年○月○日まで，デジタルカメラで撮影した子の写真10枚を，毎月の末日に，父の電子メール（aaa@bbb.cc）に電送する。
> 3　母は，毎学期が終了すると，翌月までに子の成績表をスキャンして父の電子メールに電送する。
> 4　母は，子が夏休み期間中の10日間，父の宅に泊まることができるよう協力しなければならない。子の交通費は父が負担するものとする。

　協議の内容が子の福祉に反するような場合には，家庭法院は，補正を命じることができ，または職権で定めることもできる。協議ができない場合または調わない場合には，家庭法院に面会交流の審判の請求をし，審判がなされた後，審判書の正本を提出しなければならない。裁判離婚の場合にも，基本的には協議離婚と同一の手続を経ることになるが，当事者が面会交流に関する協議をすることができないときは，当事者の請求がなくても職権で定めることができる点で，協議離婚の場合と異なる。

　面会交流に関する審判は，韓国家事訴訟法上のマ類家事非訟事件[24]として調停前置主義の適用があり，また，事件本人である子が15歳以上の場合には，審判に先立って子の意見を聴取しなければならない（韓国家事訴訟規則99条，100条）。面会交流事件の審理の過程で最も重要な基準となるのが子の福祉であることに鑑みると，15歳に達しない子であっても，自己の意思を明確に表示できる状態であれば，当該子の意見を聴取すべきであるとする見解[25]がある。

(3)　面会交流の制限・排除

　面会交流の制限または排除の当否を判断する基準は子の福祉（837条の2）である。面会交流の制限または排除が問題となる具体的な場面として，①子が面会交流を望まない場合，②非養育親による虐待があった場合，③面会交流時に非養育親が養育親の悪口を言うなど子に対して意図的に不当

24）マ類家事非訟事件とは，日本の家事事件手続法の別表第2に相当する事件類型である。
25）金疇壽＝金相瑢・前掲注15）223頁。

な影響を及ぼす場合、④親権喪失事由がある場合、⑤非養育親と子との交流が長期間にわたり断絶している場合、⑥非養育親が子を奪取する可能性のある場合、⑦養育費の支払を怠っている場合などが挙げられる[26]。

①については、養育親の影響により子の拒否意思が形成されたかどうかを見極める必要があろう[27]。②③⑥の場合は、基本的に排除の方向に働くであろうが[28]、⑥については、非養育親が子を奪取する相当の蓋然性が必要であると解される[29]。③に関わる裁判例として、非養育親が、子と非養育親との間の関係修復のためのきっかけを与えるために企画された「子ども愛キャンプ」に参加することを家庭法院から勧められたにもかかわらず、2回にわたってこれを拒否したうえ、子の気持ちに配慮せず、一方的に面会交流を求めることは子の成長と情緒の安定にとって望ましくないという理由から、面会交流を排除したもの[30]がある。面会交流権の濫用であるといえよう。④についても同様のことがいえるが、単なる無関心や財産管理権の濫用を理由とする親権喪失の場合にまで、全面的に面会交流を排除することは妥当でないと解される[31]。⑤については、長期間の交流断絶という理由だけでは排除の理由とならず、子が混乱することのないよう、具体的な実現方法に細心の注意を払って面会交流を実施する必要があると解される[32]。裁判例では、子が1歳のときに父母が離婚して母が養育親となったところ、母の再婚後、再婚相手と子との間で実親子同様の関係が形成されているという状況では、実父からの面会交流請求が排除されるとしたもの[33]がある。⑦については、経済力を有するにもかかわらず、養育費を支払わない非養育親からの面会交流の請求は、子が面会交流を希望している場合を除き、排除の方向に働くと解される[34]。なお、非養育親の養育費

---

26) 金疇壽＝金相瑢・前掲注19) 146-150頁、金疇壽＝金相瑢・前掲注15) 227-231頁、呉暻煥「面会交流権の制限・排除に関する部分的考察」『実務研究Ⅲ』149-152頁（ソウル家庭法院, 1997) の各文献の整理による。
27) 呉・前掲注26) 150頁。
28) 金疇壽＝金相瑢・前掲注15) 146-147頁。
29) 呉・前掲注26) 151頁。
30) ソウル家庭法院2010年11月15日決定。
31) 呉・前掲注26) 149頁。
32) 金疇壽＝金相瑢・前掲注15) 148頁。
33) ソウル家庭法院1990ドゥ（二）76647号事件。
34) 金疇壽＝金相瑢・前掲注15) 149頁、呉・前掲注26) 151-152頁。

支払義務は，養育親から面会交流を妨害されたとしても，影響を受けないと解される[35]。

(4) 子の居所の変更と面会交流

養育親は，「子の養育・教育に必要な居所の指定，不当に子を拘束している者に対する引渡請求ないしは養育権妨害に対する妨害排除請求等をすることができると解され」る[36]。とはいえ，外国への移住など，円満に実施されていた面会交流を困難なものとする居所の変更があった場合には，非養育親は，面会交流権の侵害を理由として，居所変更の不許，子の引渡ないしは養育親変更を家庭法院に求めることができるとする見解がある[37]。実施されていた面会交流を無視し，非養育親に無断で行う居所の変更は，明らかに面会交流権の侵害となる。既存の面会交流が子の福利に適っていたような場合には，居所の変更が子の福利を増進させるものであるとしても，それだけの理由で既存の面会交流を排除する根拠にはならず，子の福利という観点から比較衡量をする必要があるとされる[38]。

他方，居所変更の場合には，単に移動距離が増加し，あるいは面会交流が不便になったという理由だけで面会交流の変更を認めることはできず，子と非養育親との関係の継続が必要であるが，距離の増加により従来の面会交流を守ることができなくなったときに限って，その変更を認めるべきであるとする見解がある[39]。

もっとも，韓国においては，居所の変更と面会交流権の侵害に関する研究が十分ではない状況にあるといえる。

---

35) 金疇壽＝金相瑢・前掲注19)150頁脚注12参照。
36) 大法院1985年2月26日判決。
37) チェ＝スンウ「養育権者の居所地移転と面会交流権の侵害」法學論叢第20巻第2号181-182頁。
38) 同上・185-186頁。
39) ユン＝ブチャン「親権および面会交流の変更事由としての未成年者の居所変更」家族法研究第24巻第1号24-25頁。

4 結びに代えて

　韓国の面会交流と日本のそれとの相違点としては，韓国法が子を面会交流の権利主体として認められている点，面会交流の有無およびその行使方法を含めた，離婚後の子の養育に関する事項と親権者指定に関する協議書の提出を離婚手続の中で義務化している点，「子ども愛キャンプ」のように裁判所が中心になって面会交流を円滑に行うための取組みを行っている点に整理することができよう。

　子を面会交流の権利主体として認めている点については，権利行使のための手続規定が整備されていない点で，いわば象徴的な改正であると評することができる。離婚後の子の養育に関する事項と親権者指定に関する協議書の提出を離婚手続の中で義務化している点については，家庭法院による事務処理負担の増加という現実的な問題はひとまずおくとしても，当事者に離婚後の子の養育の重要性を改めて認識させるという意味で重要な意味をもつものといえる。現に，未成年子のいる離婚件数は，減少の様子を呈している（265頁，表1）。裁判所が中心になって面会交流を円滑に行うためのイベントに取り組み，非養育親と子との関係修復のためのきっかけとすることも，検討に値するものと思われる。

　他方において，韓国では共同親権・共同養育が可能となったが，それと面会交流とは理論上どのような関係にあるのか，子が面会交流権を行使するための手続規定をどのように整備するか，訴訟能力のない子の場合にはどうするのかなど，不明確な部分も多いように思われる。今後の研究の深化に期待したい。

　　　　　　　　　　　　　（金亮完・山梨学院大学大学院法務研究科准教授）

第5章
制度の運用と展望
——諸外国の制度・取組に学ぶ
〜養育費〜

第5章　制度の運用と展望——諸外国の制度・取組に学ぶ　〜養育費〜

SECTION 1　アメリカにおける養育費制度

1　基本的な仕組み

　アメリカでは1975年より社会保障法（Social Security Act）第Ⅳ編パートDとして，行政による養育費確保制度（以下，養育費制度）が実施されている。[1] この制度を運営する行政組織も整備されており，連邦政府には保健・対人サービス省に養育費庁（Office of Child Support Enforcement：以下，OCSE），また，州政府（および郡）にも養育費の担当部局（以下，養育費事務所）が設置されている。[2]

　実際に運営される養育費制度は州が規定しており，制度の細部は州により異なるが，連邦法による一定の統一が図られており，いずれの制度も「非同居親の捜索」「父親の確定（婚外子の場合）」「養育費命令の確定」「養育費の徴収」のサービスを提供している。

　これらのサービスはだれでも利用できるが，子の同居親が公的扶助等の福祉給付を受給している場合（以下，福祉受給ケース）は，自動的に養育費制度の適用となり（強制適用），同居親は養育費請求権を州に譲渡する。ただし，DV被害などの正当な理由が認められれば，制度の適用は免除される。

　サービスの利用料は福祉受給ケースでは無料だが，福祉を受給したことがないケースで養育費の徴収額が年間500ドルを超えたケースについては，年25ドルの利用料が課される。ただし，15州とワシントンDCでは州の財政負担により利用料を無料としている（2012年10月時点）。[3]

1）以下，養育費制度の内容については，下夷美幸『養育費政策にみる国家と家族』（勁草書房，2008年）149-171頁，およびOCSEのウェブサイトの掲載情報による（http://www.acf.hhs.gov/programs/css/）。
2）多くの州は福祉部門に設置しているが，検察部門，歳入部門に設置している州もある。
3）Solomon-Fears, C., "Child Support Enforcement: $25 Annual User Fee", Congressional Research Service, 2008.

徴収された養育費は，福祉受給ケースの場合は福祉給付の償還に充てられるが，19州とワシントンDCは一部を同居親に配分している（2009年6月時点）[4]。福祉受給ケース以外については，徴収された養育費は同居親に配分される。

2 制度の主な内容

(1) 非同居親の捜索

養育費の取り決めや徴収を行うためには，非同居親の正確な住所が必要である。そこで，養育費制度では非同居親の捜索サービスが提供されている。

まず，同居親には養育費制度の利用にあたり，非同居親に関する情報提供が求められる。なかでも社会保障番号は重要である。現在，社会保障番号は社会保障以外にも各種免許（自動車運転免許，専門職の免許，釣りや狩猟の免許など）の申請書，結婚許可証，離婚登録，扶養命令などに記載されており，捜索の決め手となる。

また，養育費事務所は非同居親の捜索のために，自動車登録簿，州税や個人財産の記録，雇用事務所や福祉事務所の記録など，州の行政機関が有する情報を利用できるほか，公共料金やケーブルテレビ局の利用情報，民間の個人信用情報機関や金融機関の情報についても提出を求めることができる。

州内の情報で捜索できない場合には，養育費事務所は連邦政府の親捜索サービスを利用して，社会保障庁，内国歳入庁，選抜徴兵局，国防総省，退役軍人庁，国立人事記録センター，他州の雇用事務所などから情報を得ることができる。とくに，内国歳入庁は所得税還付金や有価証券利益，資産収入，利子収入，失業給付，キャピタルゲイン，懸賞金などの情報も有しており，非同居親が自営業や個人経営の場合にも有益である。

捜索のための情報整備も進められており，州には養育費命令の登録簿と，

---

4) Vinson, M. and Turetsky, V., "State Child Support Pass-Through Policies," Center for Law and Social Policy, 2009.

新規雇用者の登録簿の作成が義務付けられている。養育費命令の登録簿には，養育費制度の全ケースの情報と州内のすべての養育費命令（新規，および修正命令）の情報が記録される。一方，新規雇用者の登録簿には，民間の事業所および行政機関の新規採用者について，その氏名，社会保障番号，住所，勤務先の名称と住所，給与の情報が記録される（雇用主は情報提供を義務づけられている）。この2つの登録簿を照合することで，非同居親の捜索がより効率的に行うことができる。

さらに州の登録簿の情報は，それぞれ連邦の養育費命令登録簿と全国新規雇用者登録簿に記録される仕組みとなっており，各州の情報が連邦政府により一元的にデータベース化されている。これを用いれば，他州に転居した非同居親の捜索も容易に行うことができる。

このように，非同居親の捜索にあたっては，養育費事務所に個人の住所や所得に関する情報収集の強い権限が与えられているほか，捜索のための情報網がアメリカ全土にわたって構築されているなど，徹底して追跡する体制がつくられている。

(2) **養育費命令の確定**

養育費を徴収するには，法的に有効な養育費命令が必要である。養育費命令は基本的には司法手続によるが，州によっては，養育費事務所の行政手続でも養育費命令を得ることができる。この場合も法的効果は司法手続による養育費命令と同様である。

各州は養育費の具体的な金額を算出するためのガイドライン，すなわち算定方式を制定しており，原則としてすべての養育費命令でこの算定方式が用いられる。算定方式は州が独自に制定しているが，主に採用されているのは「所得パーセント方式」と「所得シェア方式」である。

所得パーセント方式とは，非同居親の所得の一定割合を養育費とするもので，親は常に子どもと所得をわけあうという理念に基づいている。たとえば，ウィスコンシン州では子ども1人では非同居親の総所得の17％，2人で25％，3人で29％，4人以上では31％が養育費となる。この方式は簡単でわかりやすく，非同居親の所得の変化に応じて養育費を容易に改定できるという利点がある。ただし，同居親の所得が考慮されないため（たと

えば，同居親が高所得になっても非同居親の養育費は減額されない），非同居親が不満に感じる場合がある。

　それに対して，所得シェア方式では同居親の所得も算定要素とされ，両親の所得比を用いた養育費の決定がなされる。これは子どもが父母と同居したら得たであろう生活水準を子どもに保障する，という考え方に基づいている。所得パーセント方式より計算が複雑になるが，所得シェア方式のほうが多くの州で採用されており，2012年1月時点でみると，所得パーセント方式が9州，所得シェア方式が38州とワシントンDCである[5]。

　また，共同監護の場合，子どもに特別な医療費を要する場合，非同居親に新たな子どもの扶養義務が生じた場合，非同居親が低所得の場合や高所得の場合などの扱いは，州によってさまざまである。いずれにせよ，多くの州では政府のウェブサイト上で必要事項を入力すれば自動的に養育費の試算結果が得られるようになっており，算定方式は容易に利用することができる。

　どのような算定方式が公平な養育費を導くのかというのは難しい問題だが，算定方式の法定とその利用の普及により，養育費の取り決めのルーティン化が図られている。

(3)　**養育費の徴収**

　養育費制度の最終目的は養育費の確保であり，養育費事務所にはさまざまな徴収手段の利用が認められている。具体的には，給与天引き，連邦や州の所得税還付金からの相殺，失業給付からの相殺，財産への先取特権などである。また，滞納に対しては，個人信用情報機関への滞納額の通知（これにより，ローンやクレジットが利用できなくなる可能性がある），自動車運転免許や専門職免許を停止することができる。さらに，一定額以上の滞納者については，連邦の養育庁を介して，パスポートの発行拒否も可能となっている。そのほか，扶養義務の不履行に対しては，裁判所侮辱罪や刑事罰が適用されることもある。

---

5) American Bar Association, "Family Law in the 50 States," (http://www.americanbar.org/groups/family_law/resources/family_law_in_the_50_states.html).

なかでも給与天引きの制度化がすすめられており，すべての養育費命令について，養育費の支払いは給与天引きが原則とされている。[6] 例外は裁判所が正当な理由を認めた場合，あるいは双方が別の支払方法に合意している場合である。ただし，これらの場合も1カ月分相当の滞納があれば給与天引きが開始される。

給与天引き制度は最も効率的だが，その適用が給与所得者に限られ，自営業や収入が不規則な非同居親には適用できない。そのような場合は，所得税還付金との相殺が利用されている。ただし，還付金がなければこの方法もとりえないという問題がある。

州には養育費の受領と分配を担当する機関（State Distribution Unit）の設置が義務づけられている。給与天引きやその他の方法によるものも含め，原則的にすべての養育費はこの機関に支払われ，ここから同居親や連邦政府・州政府に配分される。こうして，養育費の支払先を州の機関に一本化することで，支払状況の把握も容易になり，滞納に対する措置も迅速に行うことができる。このように，養育費は税金や社会保険料のように行政が徴収，管理するものとなっている。

3 実　績

2011年度の養育費制度の実績についてみると，[7] 利用件数は約1,580万件で，そのうち福祉給付を受給しているケース（強制適用）は13％にとどまり，かつて福祉給付を受けたことがあるケースが43％，一度も福祉給付を受けたことがないケースが44％である。また，制度を利用しているケースの子どもの総数は約1,734万人で，これはアメリカの18歳未満人口（2010年）の約23％に相当する。[8] このように，養育費制度は広く利用され，多くの子どもに関わる制度となっている。

---

6) 連邦消費者信用保護法（Federal Consumer Credit Protection Act）により，天引き額には上限がある。
7) 以下，実績の数値はOCSEの"FY2011 Preliminary Report"による（http://www.acf.hhs.gov/programs/css/resource/fy2011-preliminary-report）。
8) ただし，養育費制度では18歳以上の子も対象となる可能性がある。18歳未満人口はU.S. Census Bureauの"Census 2000"による（http://www.census.gov/2010census/）。

養育費の徴収件数は約900万件で，徴収総額は約230億ドルである。徴収された養育費の92％は非同居親に配分されており，福祉給付の償還に充てられているのはわずか6％にすぎない。こうしてみると，養育費制度は福祉給付を非同居親から取り戻すためというより，行政機関による養育費の徴収代行サービスとして機能している。ただし，徴収が困難なケースも多いとみられ，養育費命令のあるケースのうち実際に徴収が行われたのは70％である。強力な徴収手段を有するアメリカの制度でも，養育費命令の3割は徴収できていないという現実は，養育費問題の難しさを示している。

4 まとめ

以上のように，アメリカでは養育費の確保に行政が深く関与し，公権力をフル活用した養育費制度が整備されている。実際の制度運営において，DV被害女性への配慮は十分になされているか，不払いの親への制裁が過度になっていないか，など懸念される点もあるが，全体としてみると，養育費制度は利用件数も徴収額も増加しており，公共サービスとして実績をあげている。

このような強力な体制においても，養育費が確保できないケースは，主に非同居親が安定した職についていない場合である。

そこでOCSEでは州に補助金を支給し，非同居親に対する雇用促進プログラムや就労トレーニングなどをすすめている。そのほか，面会交流にも補助金を出し，子どもと非同居親との関係継続を支援している。

このようにアメリカの養育費制度は，一方で養育費の徴収を強化しながら，他方で関連する家族問題にも対象をひろげており，養育費の確保を核とした家族支援サービスへと向かっている。それは家族への公的介入型の支援であり[9]，家族への公的介入に消極的な日本の政策とは対照的である。

(下夷美幸・東北大学大学院文学研究科教授)

---

9) 下夷美幸「母子世帯と養育費」ジェンダー法学会編『固定された性役割からの解放』(日本加除出版, 2012年) 189-203頁。

SECTION 2 イギリスにおける養育費制度

1 基本的な仕組み

　イギリスでは1991年の養育費法（Child Support Act 1991）に基づき，1993年から行政による養育費確保制度（以下，養育費制度）が実施されている[1]。しかし，導入された制度は開始直後から制度運営に問題が続出し，たびたび制度改正が行われたが，それでも制度への批判は続き，2013年1月現在，制度の抜本改革が進行中である[2]。そのため，制度の管轄は労働・年金省だが，実際の運営機関は移行期にあり，当初からの養育費事務所（Child Support Agency：以下，CSA）と，2012年12月から始動した養育費サービス（Child Maintenance Service）の両方が制度を実施している。CSAは従来の制度を運用し，養育費サービスは新規ケースの一部に対して，新制度を試験的に運用している[3]。よって，現在は新規ケースを含めてほとんどのケースをCSAが扱っているが，政府は養育費サービスによる新制度の円滑な運営が確認された段階で，CSAを廃止し，養育費サービスによる新制度に完全移行する予定である。その際には，CSAが扱っているケースはすべて終了となり，引き続き養育費制度の利用を希望する親は，改めて新制度の申請をすることになる。なお，CSAでは1993年から実施されている制度と，2003年から実施されている制度（以下，2003年制度）の

---

1) 以下，養育費制度の内容については，下夷美幸『養育費政策にみる国家と家族』（勁草書房，2008年）172－190頁，および，労働・年金省の「養育費」のウェブサイト（http://www.dwp.gov.uk/about-dwp/customer-delivery/child-maintenance/index.shtml），政府の養育費情報・支援サービスである「養育費オプション」のウェブサイト（http://www.cmoptions.org/index.asp）の掲載情報による。
2) イギリスの養育費制度の展開については，前掲注1）下夷（2008年）ほか，下夷美幸「イギリスにおける養育費政策の変容」『大原社会問題研究所雑誌』649号1－15頁（2012年），同「母子世帯と養育費」ジェンダー法学会編『固定された性役割からの解放』（日本加除出版，2012年）189－203頁参照。
3) 2013年1月現在，新たな申請のうち，養育費の対象となる子どもが4人以上で，しかも非同居親に他に養育費の支払義務を負う子どもがいないケースのみを対象に実施している。

両方を運用しているが，ここでは2003年制度に限定して説明する。

いずれにせよ，養育費制度では「養育費の取り決め」と「養育費の徴収」のサービスが提供される。また，それに関連して，非同居親の捜索や父親の確定（婚外子の場合）の支援も行われる。なお，徴収サービスが適用されるのは，養育費制度で取り決めた養育費のみである。

制度はだれでも利用でき，徴収された養育費はその全額が非同居親に配分される。ただし，2003年3月以前の裁判所命令がある場合，またはそれ以降であっても裁判所命令の発効後1年を経過していない場合には利用できない。逆にいえば，裁判所命令があっても1年を経過すれば，養育費制度で取り決めて，それを徴収することができる。

また，従来は子の同居親が公的扶助等の福祉給付を受給している場合は制度の強制適用となっていたが，これは2008年10月に廃止され，以後，福祉受給の場合も制度の利用は任意となっている。徴収された養育費についても，従来は福祉受給ケースの場合は福祉給付の償還に充てられていたが，これも2010年4月に廃止され，以後，福祉受給ケースも他のケースと同様の扱いになっている。

制度の利用料は2013年1月現在，すべてのケースで無料である。しかし，政府は新制度の完全実施にあわせて，利用料の導入を予定している。この点については，新制度をめぐる議論の大きな争点となっており，ひとり親支援団体からは反対運動が起こっている。

2 制度の主な内容

(1) 養育費の取決め

養育費制度による取決めは，規定の算定方式を用いて行われる。CSAによる2003年制度の算定方式も養育費サービスによる新制度の算定方式も基本的な算定手順は同じで，非同居親の所得の一定割合とする「所得パーセント方式」である。

政府のウェブサイトには養育費を自動的に計算するページが設けられており，非同居親の所得，子どもの人数，非同居親による子どもの監護日数（宿泊のみ），非同居親が同居している子どもの人数を順次入力すれば，簡

単に養育費の試算結果を得ることができる。

　基本は所得パーセント方式だが，非同居親の所得等に応じて，適用される養育費レートがあり，それにより養育費の算出方法は異なる。2003年制度の算定方式には，「免責レート」「定額レート」「減額レート」「基本レート」の４つの養育費レートが設定されている。免責レートでは養育費の支払いが免除，定額レートでは子どもの人数にかかわらず養育費は一律週5ポンド，減額レートでは週5ポンドに所得の一定割合を加算した額，基本レートでは所得の一定割合が養育費となる。非同居親の所得には「純所得」が用いられる。これは総所得から税金，国民保険料，年金保険料を控除したものである。

　基本レートについて具体的な算定方法をみると，まず非同居親の所得から，現在一緒に暮らしている子ども（新しいパートナーの連れ子も含む）の養育費を控除する。控除額は非同居親の所得に，一緒に暮らしている子どもの人数に応じた一定割合を乗じて算出する。その割合は，子ども1人で15％，2人で20％，3人以上で25％である。つぎに，控除後の非同居親の所得に，算定対象の子どもの人数に応じた割合を乗じる。ここで乗じる割合も，子ども1人で15％，2人で20％，3人以上で25％である。これが支払うべき養育費となるが，ここで同じ割合が用いられていることから，離れて暮らしている子どもの養育費は，現在一緒に暮らしている子どもの養育費（はじめに控除額として算出する養育費）よりも低額になる。

　また，子どもが非同居親と宿泊をともにする日数が年間52日以上であれば，宿泊日数に応じて養育費が減額される。宿泊日数が年間52日から103日（週1－2回）では養育費の7分の1が減額，104日から155日（週2－3回）では7分の2，156日から174日（ほぼ週3回）では7分の3，175日以上（週3回超）では2分の1が減額される。こうして非同居親による子どものケアも養育費に考慮される。

　なお，非同居親にほかにも養育費を支払うべき子どもがあり，その養育費についても制度が利用されている場合には，それらの子どもの総数をもとに養育費総額を算出し，それを子どもの人数に応じて，同居親に配分することになる。

　算定にあたり，所得の情報が同居親から得られない場合には，CSAは

非同居親の雇用主や歳入関税庁からその情報を得ることができる。

　以上が2003年制度の算定方式だが，新制度の算定方式もこれとほぼ同じ手順で算定する。ただし，新制度では非同居親の所得として「純所得」ではなく，「総所得」が用いられる。しかも，前年度の総所得の情報が歳入関税庁から養育費サービスに提供され，それをもとに算定される。これにより，算定に必要な情報収集の負担が軽減され，より迅速で合理的な算定が可能となる。

　純所得から総所得に変更になったことから，非同居親の所得に乗じる割合も変わり，「基本レート」の場合，子ども1人で12％，2人で16％，3人以上では19％である。ただし，新制度では「非同居親の子どもの平等」という考え方から，親と一緒に暮らしている子どもの養育費については，離れて暮らしている子どもの養育費と同等になるよう，所得に乗じる割合を引き下げ，子ども1人で11％，2人で14％，3人以上で16％を用いる。そのほか，新制度では養育費が適正額になっているか，毎年チェックが行われる。

　このように，新制度では養育費の算定方式の効率化が図られている。そもそも制度創設時に採用されたのは，同居親の所得も用いて算出する所得シェア方式であった。しかし，算定に必要な情報の収集，確認に手間と時間を要し，ケース処理の遅滞やミスが生じていたため，2003年制度から所得パーセント方式に変更された経緯がある。新制度は算定方式の簡素化というこれまでの方向をさらに進めたものである。

(2) **養育費の徴収**

　取り決めた養育費については，CSAや養育費サービスの手配のもと，非同居親が同居親に直接支払うこともできるし，また，徴収サービスを利用することもできる。徴収サービスでは，通常，養育費は非同居親から口座振替や給与天引きによって，CSAや養育費サービスに支払われ，そこから非同居親の銀行口座に振り込まれる。

　いずれの支払方法であっても，養育費が支払われない場合には，CSAや養育費サービスは徴収のためのさまざまな強制手段を用いることができる。最も活用されているのが，給与天引きや手当，年金などからの天引き

第5章 制度の運用と展望──諸外国の制度・取組に学ぶ ～養育費～

である。そのほか，CSAや養育費サービスは非同居親の銀行口座から養育費を差し押さえることもできる。これは，非同居親が自営業などの場合に有効である。

それでも支払われない場合には，裁判所に申し立てて，自動車運転免許の停止や，非同居親の収監という手段も用いられる。さらに，非同居親の財産を売却して，養育費の支払いに充てることもできる。また，非同居親が養育費の支払いを回避するために，財産を処分しようとしている場合には，CSAや養育費サービスは裁判所に申し立てて，それを差し止めることもできる。

3 実 績

養育費制度の実績について，以下，2012年12月時点のデータで確認してみたい[4]。制度の利用件数は111万5,400件である。利用件数は2008年9月の126万5,200件をピークに減少傾向にあるが，それは福祉受給者の強制適用が廃止されたことの影響とみられる。

養育費の徴収件数は70万1,500件で，徴収率は79.5％である。なお，ここでの徴収件数にはCSAの手配によって当事者間で支払われたものも含まれる。また，徴収率とは支払義務のあるケースに対する徴収件数の割合である。CSAは2006年度から「運営改善計画：2006—2009」をもとに徴収件数，徴収率の向上に努めており，その後も年々実績をあげている。たとえば，2006年3月時点からの推移でみると，徴収件数は2006年の45万4,300件から約1.5倍に増加，徴収率は2006年の63.1％から16.4％ポイントの上昇といずれも大幅に改善されている。

また，養育費が徴収されたケースの子ども総数は約90万2,500人で，これも2006年3月の62万3,000人の約1.5倍である。このように養育費制度によって養育費が確保された子どもは着実に増加している。

4）以下，実績の数値はChild Support Agencyの"Quarterly Summary of Statistics for Great Britain December 2012"による。ただし，新制度は反映されていない（http://statistics.dwp.gov.uk/asd/index.php?page=csa）。

4 まとめ

　以上のように，イギリスでは1991年法以後，行政による養育費制度が実施されているが，制度は順調とはいえず，たびたびの制度改革を余儀なくされ，2012年12月からは抜本改革となる新制度が試行されている状況である。

　イギリスの場合，そもそも養育費の取り決めには「当事者の合意によるもの」「当事者の合意を裁判所に合意命令として認めてもらうもの」「養育費制度によるもの」の3つの形態があり，それぞれ，私的ルート，司法ルート，行政ルートと呼ばれることもある。近年，政府はいわゆる私的ルートを奨励しており，すでに2008年から，養育費制度を利用しない家族に対して，合意による取り決めと自主的な支払いに役立つ情報提供などの支援サービス（Child Maintenance Options）を無料で実施している。

　今回の養育費制度の抜本改革で，政府はこうした方向をさらに強化しており，養育費については当事者による問題解決を原則とし，それが不可能なケースにのみ養育費制度の利用を認める方向である。そのため，新制度の有料化と同時に，当事者の合意に向けた家族支援サービスの推進を打ち出している。そこには養育費制度の利用者を限定して政府の負担を軽減するという目的と，当事者の合意に基づく解決により長期的に良い結果を導くという目的の両面がある。ただし，有料化については，母子世帯の利用抑制につながることが予想され，その影響が懸念される。

　このように，イギリスは「私的ルート」をメインとして家族支援を行い，「行政ルート」をサブとして制度の効率化を追求している。どちらも不十分な日本のこれからを考えるうえで，イギリスのこの20年の養育費制度をめぐる格闘の歴史から学ぶものは大きい。

（下夷美幸・東北大学大学院文学研究科教授）

第5章 制度の運用と展望――諸外国の制度・取組に学ぶ ～養育費～

SECTION 3 オーストラリアにおける養育費制度

1 基本的な仕組み

　オーストラリアでは行政による養育費確保制度(以下,養育費制度)が実施されている。[1]制度の内容は「養育費の査定」と「養育費の徴収」のサービスだが,その導入は1988年と1989年の養育費法により段階的に行われた。まず,1988年法(Child Support (Registration and Collection) Act 1988)に基づき,国税庁下に養育費制度を運営する行政機関として養育費事務所(Child Support Agency: 以下,CSA)が創設され,裁判所の「養育費命令」および裁判所に登録された「養育費の合意」について,CSAによる「養育費の徴収」サービスが開始された。ついで,1989年法 Child Support (Assessment) Act 1989)に基づき,CSAによる「養育費の査定」サービスが開始された。

　こうして養育費制度が確立し,現在に至るが,CSAはその後,政府の税務部門から社会福祉部門に移り,さらに2011年7月からは政府の社会福祉サービスの提供体制の刷新にともない,CSAが行っていたサービス提供は社会福祉省の業務となっている。これにより,CSAは養育費制度を運営するための独立した機関ではなくなり,養育費制度は社会福祉省が運営し,「養育費」(Child support:以下,CS)は社会福祉省による提供サービスのブランドと位置づけられている。なお本稿では,養育費制度の運営部局(従来のCSA)についてもCSと表記し,養育費制度について説明する。

　養育費制度はだれでも利用できるが,家族税手当(Family Tax Benefit)パートAの基礎レートを超える給付を受ける場合には,CSによる養育費の査定を受けることが義務づけられる。ただし,DV被害者やその危険性

---

1) 以下,養育費制度の内容については,下夷美幸「オーストラリアの養育費制度――もうひとつのアングロサクソンモデル」『養育費確保の推進に関する制度的諸問題』(家族問題情報センター,2012年)40-61頁,および社会福祉省の「養育費」のウェブサイトの掲載情報による(http://www.humanservices.gov.au/customer/information/child-support-website)。

がある場合には，そのケースの状況に応じた配慮がなされる。

ちなみに，家族税手当パートAとは子育て家庭に支給される現金給付で，所得審査付きの給付である。養育費制度の利用の有無にかかわらず，このパートAの基礎レートを超える手当の支給においては，養育費との調整が行われる。調整方法はケースにより異なる場合もあるが，基本的には養育費のうち一定の控除額を超過した分について，養育費1ドルあたり50セントの手当が減額される。

養育費制度の利用料はすべてのケースについて無料で，徴収された養育費は同居親に配分される。

2 制度の主な内容

(1) 養育費の査定

CSによる養育費の査定は，子どもを養育している親からの申請により行われるが，CSが査定申請を受理するのは，子どもと両親の法的な親子関係が確認されているケースについてのみである。法的な親子関係の確定は家庭裁判所が行う事項であり，養育費制度ではそのサービスは実施していない。

CSによる養育費の査定は，規定の算定方式を用いて行われる。制度導入時の算定方式は，非同居親の所得の一定割合を養育費とする「所得パーセント方式」であったが，2008年7月に算定方式の抜本改正がなされ，両親の所得比を用いて算出する「所得シェア方式」に改められた。

改正のポイントは4点あり，1点目は同居親と非同居親の両方を養育費の支払者とみなすこと，2点目はより正確な子育て費用を反映させること，3点目は非同居親による子どもの監護（面会交流）を従来よりも考慮すること，4点目は新たな家族の扶養責任を考慮することである。

このような改正の背景には，母親の就労や父親による子どものケアがすすみ，従来のような「母親が監護親として養育費を受け取り，父親が非監護親として養育費を支払う」という前提が現実の家族に合わなくなってきたということがある。また政府としても，母親の就労や離別後の共同監護を推奨しており，離別後の家族のあり方の見直しが必要となっていたとも

いえる。

　現在の算定方式は6種類あるが，ほとんどのケースは基本公式で算定される。基本公式以外の5つの方式は，子どもの養育者が親以外（例えば祖父母など）であるケースや，親に複数の養育費算定ケースがある場合などに適用されるが，いずれも基本公式を基礎にしたものである。

　基本公式は単一の養育費算定ケースで，親が子どもを養育しているケースに適用される。具体的な算出方法は8つのステップからなるが，大まかにみると次のような手順である。まず算定に用いる各親の「①所得」とその「②合計所得」に対する各親の「③所得割合」を算出する。つぎに子どもの監護日数（宿泊日数）に応じた各親の「④監護割合」を算出し，それをもとに算定表を用いて各親の「⑤監護費用の負担割合」を算出する。

　そして，所得割合から監護費用の負担割合を差し引いて，各親の「⑥養育費の負担割合」を算出する。その際，養育費の負担割合がマイナスの値の場合，つまり，監護費用の負担割合が所得割合を上回っている場合は，負担すべき養育費はすでに監護の提供によってみたしたものと判断され，養育費の支払いは生じない。養育費の負担割合がプラスの値の親のみ，養育費を支払うことになる。そこで最後に，合計所得をもとに算定表を用いて該当する子どもの「⑦子育て費用」を算出し，それに養育費の負担割合を乗じて「⑧支払うべき養育費」を算出する。

　このように従来のパーセント方式に比べると，複雑な計算を必要とする算定方式だが，政府のウェブサイトには養育費を自動的に計算するページが設けられており，算定公式を理解していなくても，各親の課税所得と子どもの監護日数，子どもの人数と年齢を入力すれば，誰でも簡単に支払うべき養育費の試算結果を得ることができる。

　このようにして，算定公式に基づいて養育費が査定されるが，すべての親が子の扶養義務を負うという考え方から，所得が低い親に対しては，最低養育費が課される。最低養育費は毎年物価で調整され，2013年は年間391ドルである[2]。ただし，監護割合が14％（年間の宿泊が52日）以上の場合

2）複数の家族の子どもについて，養育費の査定がなされる場合には，それぞれに最低養育費を支払う義務がある。ただし，3つ以上の家族に対する養育費査定がある親の場合には，最低養育費の3倍の額を家族数で同額に分割する。

は，監護の提供によって，負担すべき最低養育費をみたしたと判断され，支払いは免除される。他方で，高所得の親の場合については，算定に用いる所得の最高限度額が定められている。

養育費の算定にあたり，CSは国税庁から前年度の課税所得や税の還付金などの情報を得ることができる。また，事業主から給与等の情報を得ることもできる。

査定された養育費の適用期間は最長15か月で，期間終了時にはCSが自動的に養育費の再査定を行い，親の所得や子育て費用の変化を反映させる。

(2) 養育費の徴収

査定された養育費の支払い方法には，CSを経由せずに当事者間で行う「私的徴収」(Private collect) と，CSが支払義務者から養育費を徴収し，それを権利者に送金する「CS徴収」(CS collect) があり，どちらかを選択できる。政府は私的徴収の利用を推奨しており，私的徴収の方が当事者間の協力のもとフレキシブルに養育費をやりとりできる，とその利点を強調している。私的徴収を選択しても，取り決めた養育費をCSに登録しておけば，不払いが生じた場合にはCS徴収に移行できることから，まずは私的徴収を選択するケースも増えているとみられる。

なお，CSへの養育費の登録は，CSによる査定のほか，裁判所命令，当事者間の合意による取り決め（一定条件を満たしたもの）についても可能であり，これらのケースも申請すればCSの徴収サービスが利用できる。

CS徴収の場合は，基本的に義務者からCSに養育費が支払われるが，その支払い手段は多様であり，指定の銀行口座への振り込み，小切手や郵便為替などによる支払いのほか，給与天引きや，受給している福祉給付からの天引きなども利用できる。

養育費が支払われない場合には，CSは強制手段を用いて徴収することが認められており，給与からの自動天引きや銀行口座からの引き落とし，義務者への社会保障給付や税の還付金からの差し押さえができる。また，支払義務者が国外に出ること禁止することもできるほか，義務者の財産の競売命令や，給与以外の所得に対する差し押さえ命令などを裁判所に求めることもできる。さらに，悪質なケースについては，裁判所に起訴するこ

ともできる。

いずれかの方法によって，CSが義務者から徴収した養育費は，その全額が権利者の指定口座に振り込まれる。

3 実 績

養育費制度の実績について，2011-12年のデータを社会福祉省の『年報』でみてみたい。[3] 以下の数値はすべて，現在支払義務を負うケースについての実績であり，滞納分の支払だけが残っているケースは含まれていない。

登録されたケースのうち，私的徴収の割合は54.2％である。制度開始当初はCS徴収が私的徴収を上回っていたが，2003年に逆転し，以後は私的徴収が55％弱でほぼ横ばいである。

支払われた養育費の総額は，私的徴収とCS徴収をあわせて32億4,000万ドルで，前年にくらべて5％増となっている。これにより養育費が確保された子ども数は約120万人である。支払われた養育費の内訳は，私的徴収が19億3,000万ドルで，CS徴収が13億1,000万ドルである。いずれも前年より増加しており，増加額はそれぞれ1億1,000万ドル，6,000万ドルである。

1988年の制度創設以降の累積でみると，支払われた養育費の累積総額は384億7,000万ドルで，これは支払義務額の96.9％に相当する。支払免除ケースがあるとはいえ，非常に高い徴収率といえる。

また，支払義務を負う親のうち，養育費の滞納がない親（すべてきちんと支払っている親）の割合は75.3％で，前年より0.8％ポイント上昇している。滞納がある親についてみると，そのうち，現在の養育費（過去の養育費ではない）を滞納している親の割合は53.7％で，これも前年より0.9％ポイント改善している。

つまり，CSに登録したケースについては，全体として約75％の親はすべてきちんと養育費を支払っており，残りの25％の親には滞納があるが，そのような滞納がある親のなかでも約半数は現在の養育費については遅滞

---

3) 以下，実績の数値はDepartment of Human Servicesの"Annual Report 2011-12"による（http://www.humanservices.gov.au/corporate/publications-and-resources/annual-report/resources/1112/）。

なく支払っているということである。

4 まとめ

　以上のように，オーストラリアでは同居親と非同居親の両方が子どもの扶養とケアの責任を負うという考え方で，行政による養育費制度がすすめられている。制度の運営体制は，2011年7月から刷新されているが，養育費制度自体やその運用に問題があったわけではない。前述の『年報』によると制度利用者の満足度は76.1％（2011-12年）で政府目標を上回っている。

　養育費の徴収率も高く，養育費制度は着実に成果をあげているといえる。その要因としては，対象を法的親子な関係が確定しているケースに限定していること，および税務行政との連携が密であることが考えられる。とくに，税システムを利用して親の所得が把握できることで，親の支払い能力に応じた養育費の査定や徴収が可能となっている点は見逃せない。

　日本は欧米に比べて婚外子率が極めて低く，法的親子関係の問題はクリアされているケースが多いことから，オーストラリアの制度は日本にとって有益な参考事例といえる。

（下夷美幸・東北大学大学院文学研究科教授）

SECTION 4 スウェーデンにおける養育費制度

1 基本的な仕組み

　養育費の確保は先進諸国に共通の課題であり，多くの国で従来からの司法制度とは別に，行政による養育費確保制度（以下，養育費制度）が実施されている。そこで最も重要となるのが，非同居親から養育費が支払われない場合にどう対処するかということである。その点で養育費制度は大きく２つにわけられる。ひとつは，政府が同居親にいわゆる「立替払い手当」を支給し，それを非同居親に返済させる制度であり，もうひとつは，政府は手当の形で養育費を立て替えることはせず，あくまで非同居親の支払い義務を追及する制度である。前者は主に北欧諸国や大陸欧州の国で，後者はアメリカやイギリスなど英語圏の国で実施されており，それぞれ「スカンジナビアモデル」「アングロサクソンモデル」とみなされる。[1] スカンジナビアモデルの典型がスウェーデンの養育費制度である。

　スウェーデンでは養育費が支払われない場合，養育費補助手当（underhållsstöd）が支給される。これは立替払い手当に相当するもので，まず社会保険事務所から同居親に手当が支給され，その後，社会保険事務所が非同居親に手当の返済金を請求し，それを徴収する。現在の手当は1996年の養育費補助手当法（Lag（1996:1030）om underhållsstöd）に基づくものだが，その前身となる立替払いの手当の歴史は古く，すでに1930年代から実施されている。

1）下夷美幸「養育費問題からみた日本の家族政策―国際比較の視点から」『比較家族史研究』25巻81-104頁（2010年）。

2 制度の主な内容[2]

(1) 非同居親に養育費の不払いがある場合

　養育費が支払われていない場合，あるいは支払われている養育費が国の定める最低養育費より少ない場合には，同居親は社会保険事務所に養育費補助手当を申請することができる。これは養育費を子どもに保障するための手当であり，所得制限は課されない。

　ただし，子ども自身に高額な所得がある場合，たとえば，遺産による資産収入がある場合などには，手当が減額あるいは支給停止となる。

　手当額は，養育費がまったく支払われていない場合は国が定めた最低養育費となる。また，最低養育費より少ない額が支払われている場合は最低養育費との差額が支給される。最低養育費は子ども1人あたり月額1,273スウェーデン・クローナ（以下，SEK）である。ちなみに，これを日本円に換算すると約1万8,000円となる[3]。

　手当は子どもが18歳に達するまで支給される。ただし，フルタイムの学生の場合は20歳まで延長される。これは「延長手当」と呼ばれるが，これについては，18歳になった子ども本人が申請し，社会保険事務所から本人の口座に直接支給される。こうした手続きの方法からも，養育費補助手当が子どもの権利を保障するものであることがわかる。

　一方，社会保険事務所は非同居親に手当の返済を求める。返済額は非同居親の所得と子ども数によって決まる。具体的には所得から10万SEKを控除し，それに子どもの人数に応じた一定割合を乗じて算出する。その割合は子ども1人の場合は14％，2人の場合は子ども1人につき11.5％，3人では10％，4人では7.75％，5人では6.4％，6人では5.5％である。これが子ども1人あたりの返済額となるが，月額1,273SEKが上限である。

　また，非同居親による子どもの監護についても考慮され，子どもが非同居親のもとに連続して5泊以上滞在する場合，あるいは月に6回以上の宿泊がある場合は返済額が減額される。

---

2) 制度の内容および手当額等の金額は，2013年3月1日時点の社会保険事務所の英語版ウェブサイトの掲載情報による（http://www.forsakringskassan.se/sprak/eng）。
3) 2013年3月5日の為替を参考に，1SEKを14.5円で換算。

非同居親が返済額を支払わない場合には，社会保険事務所が督促を行うが，そうした督促にも応じないケースは強制執行庁に送られる。強制執行庁は税や社会保険料などの未納金を徴収する国の機関で，強制執行のために他の省庁で管理されている課税台帳，有限会社登記簿，同業者登録簿，団体登録簿，車両登録簿，不動産登記簿の情報にオンラインで直接アクセスすることができる。

　たとえば，税務当局が管理する課税台帳には個人や法人の所得や財産の情報が記載されており，これにより債務者の所得源，雇用主の氏名，銀行口座，不動産の保有等の情報を得ることができる。[4] また，特許・登録局が管理する同業者登録簿や団体登録簿からは，個人経営の商会や非営利団体に関する情報が得られ，国家道路庁が管理する車両登録簿からは，あらゆる登録済みの車両とその登録所有者の情報が得られる。

　強制執行庁はこれらのデータベースを活用して，税金や保険料の未納金と同じように，養育費補助手当の返済金を非同居親から強制的に徴収することになる。

(2)　非同居親が最低養育費を支払えない場合

　社会保険事務所によって，非同居親は子ども1人あたり1,273SEKを支払うことができない，と判定されたケースは「補充手当」という扱いになる。この場合，非同居親は社会保険事務所が算定する養育費を同居親に直接支払い，社会保険事務所は1,273SEKとの差額を養育費補助手当として同居親に支給する。ただし，非同居親は手当を返済する必要はない。ようするに，非同居親が国の定める最低養育費を支払う能力がない場合は，養育費の不足分を税金で補充するということである。

(3)　共同監護の場合

　離別後も両親が共同で子どもを監護するケースで，子どもを監護する日数が父親と母親でほぼ50％ずつの場合，たとえば，子どもが隔週で一方の

4）労働政策研究・研修機構編『諸外国における労働保険及び社会保険の徴収事務の一元化をめぐる実態と課題に関する調査研究』（労働政策研究・研修機構2008年）147-155頁。

親と暮らす場合などは，それぞれの親が別々に養育費補助手当を申請することができる。これは「交互居住のための養育費補助手当」と呼ばれるもので，それぞれの親に支給される。ただし，所得制限がある。

つまり，子どもが父親宅と母親宅で半々に暮らしている場合は，子育てコストも折半していることになり，一方から他方への養育費の支払いは生じないと考えられるが，このような場合でも低所得の親については養育費補助手当を支給し，子どもの養育費を公的に保障するということである。

手当額は親の所得によるが，子ども1人あたり月額636SEK，つまり最低養育費の半分が上限額である。具体的な手当額は一覧表になっており，たとえば子ども1人のケースをみると，親の年間所得が10万SKEまでは上限額の636SEK，所得が10万を超える場合は所得に応じて段階的に減額された手当額，所得が21万SEKを超えると手当は支給されない。子どもが2人以上のケースも仕組みは同様で，所得が10万SEKまでは上限額，それを超えると減額が支給され，所得限度額（子ども2人で22万2,306SEK，3人で24万651SEK，4人で28万1,466SEK）に達すると手当は支給されない。ただし，子ども1人あたりの手当額をみると，上限額となる場合を除き，多子世帯の方が手厚い支給額となっている。

3 実　績

養育費補助手当の支給状況について，社会保険事務所の統計をみてみたい[5]。なお，これには18歳から20歳までの子ども本人に支給される延長手当も含まれている。

手当が支給されている子ども数の推移をみると，出生率の上昇と1997年の手当の拡充を背景に1990年代は増加しているが，2000年代になると減少に転じている。その要因としては，1990年代後半から2000年代初めの出生率の低下のほか，共同監護がすすみ，当事者間で養育費を支払うケースが増えてきたことも指摘されている。

5）以下，実績の数値はFörsäkringskassan（Swedish Social Insurance Agency）の"Social Insurance in Figures 2012"による（http://www.forsakringskassan.se/wps/wcm/connect/88b0235a-8f32-4082-bdfc-cf1ffbbf7e7b/sfis2012-e.pdf?MOD=AJPERES）。

2011年12月のデータによると，手当が支給された子ども数は23万7,081人で，これは20歳未満人口の約11％に相当する。子どもの年齢別にみると，延長手当を除くと，年齢の高い子どもほど手当を受けており，15歳から17歳では子どもの約18％が手当を受給している。

　手当の受給者数は16万7,980人で，性別では女性が83％，男性が17％である。ただし，これには延長手当の受給者も含まれているため，この割合がそのまま母親と父親の割合というわけではない。実際，24歳以下の受給者では男性が40％で，その多くは子どもの父親ではなく，延長手当を受給している子ども本人とみられる。20歳代後半から40歳代前半の受給者では女性が約90％かそれ以上を占めており，子育て世代については，ほとんどが母子世帯の母親が受給しているといえる。

　一方，手当が支給されている子どもについて，養育費の支払い義務を負う親の人数は14万2,040人で，その割合は13％が母親，87％が父親である。ただし，このうちで社会保険事務所に手当の返済義務を負う親は，母親の32％，父親の35％である。そうすると，返済を求められているのは3分の1の親だけで，3分の2の親は手当を返済する必要がないということになる。この点についての詳細は明らかではないが，かなり多くの親が返済義務を免除されているものと考えられる。

　給付総額についてみると[6]　前述のとおり，2000年代は手当が支給されている子ども数が減少しているため，給付総額も一貫して減少しており，2011年の給付総額は約34億1,500万SEKである。一方，親が社会保険事務所に支払うべき返済金の総額は13億9,900万SEKで，これは給付総額の40.5％である。すなわち，社会保険事務所が親に請求するのは給付総額の4割に過ぎず，6割は免除しているということである。

　そして，実際に支払われた返済総額は，強制執行庁による徴収額（3億8,700SEK）も含めて，約13億8,400万SEKである。これは親が支払うべき返済額の98.9％である。この割合を徴収率とみなして，2000年代の各年の徴収率を算出すると，ほとんどは90％を超えており，とりわけ2000年代後半

6）給付額や返済額等の金額については，前掲注5）のほか，社会保険事務所のウェブサイトに掲載の統計データによる（http://www.forsakringskassan.se/statistik/barnochfamilj/underhallsstod）。

以降はほぼ100％の徴収率となっている。

　また，親からの返済総額が手当の給付総額に占める割合を償還率として，2000年代の各年の償還率を算出すると，年によって差があるものの償還率が50％を超えた年はなく，最も高いのが2004年の49.5％で，最も低いのが2011年の40.5％である。つまり，養育費補助手当の5割から6割程度は税金からの支出という状況である。

4 まとめ

　以上のように，スウェーデンでは立替払い手当と称される，養育費補助手当が支給されている。ただし，その償還率をみると親による返還より税金による充当のほうが多く，みかたによっては，政府による養育費の給付ともいえる。そのすると，親が支払えない養育費を国が肩代わりしていることになるが，とくにその点を問題視する議論は起こっていないようである。手当の歴史も古く，ひとり親世帯の子どもの手当として，社会に定着しているものとみられる。

　このようなスウェーデンの養育費制度が子どもの権利保障の点で優れているのは言うまでもないが，日本でその導入を検討するとなると，親の養育費を税金でまかなうことへの反発も予想される。前述の実績でみたとおり，スウェーデンの制度では親の返還義務については寛大に扱い，広範に支払いを免除しながら，支払える親からはほぼ100％を徴収している。このことは手当に対する人びとの公正観を維持するうえで重要であり，日本で導入を検討する際には，この点は見逃せないポイントといえる。

（下夷美幸・東北大学大学院文学研究科教授）

第5章 制度の運用と展望——諸外国の制度・取組に学ぶ　～養育費～

SECTION 5　韓国における養育費制度

1 基本的な仕組み

　韓国においては，養育費につき，OECDの一部の国にみられるような国による立替払い制度，あるいは行政機関による養育費の取決めの支援・履行確保制度は設けられていない。

　現行制度のもとでは，離婚に際して離婚後における子の養育に関する事項として養育費に係る取決めをしなければ，離婚をすることができない。養育費に係る取決めは，夫婦間の協議によるのが原則であり，当該協議が子の福祉に反する場合，協議が不調・不能の場合または裁判離婚の場合には，家庭法院が定めることとなっている（韓国民法837条，836条の2。以下，条数のみを示すものは，韓国民法の条文である）。

　他方，2009年の民法および家事訴訟法の各改正により，養育費支払義務の履行確保のための関連規定が整備されたものの，養育費の支払がきちんとなされていないのが現状である。そこで，現在，国による養育費の立替払い制度や養育費に係る事務を担当する機関の設置などを内容とする法律案がいくつか国会に提出され，審議に入っている。

　本稿においては，本書の趣旨に鑑み，韓国における養育費支払の実情(2)，養育費支払義務の履行確保のための制度(3)，韓国の養育費算定基準表(4)について概観する。

2 韓国における養育費支払いの実情

　2011年，韓国女性政策研究院は，「協議離婚制度の運用実態および改善方案」を公表した。この調査は，法院の関係者および協議離婚意思確認を申請した当事者を対象として行われたものであるが，前者については271事例，後者については509事例の回答があったとされる。調査対象が限定されているため，調査結果を一般化することができないという前提で紹介

すると，離婚後，母を養育権者[1]と定めたのが64％を占め，父を養育権者と定めたのは34％であった。

　子を養育しない父母の一方は，養育親に対し，養育費支払義務を負うが，その実態に関する調査として，2011年に韓国の女性家族部が公表した「児童養育費の履行確保のための法・制度の研究」がある。この研究の中には，2007年から女性家族部が運営している「片親家族の養育費履行確保のための無料法律救助事業[2]」を利用して養育費支払請求または養育費の強制執行手続を申し立てた者を対象として行った，養育費の実態に関する調査が含まれている。母集団684名のうち，485名（男性11名・女性474名）から回答があったとされているので，この調査結果も一般化することはできないものと思われるが，最近の調査である上，韓国の実情を垣間見ることはできる資料と思われるので，同調査の結果を紹介する。

　まず，非養育親に養育費の支払を命じる審判または判決があったにもかかわらず，一度も養育費の支払を受けたことがないと答えたのは，173名（39.3％）にのぼることが判明した。そして，裁判により定められた養育費の額は，30万ウォン以下が53％と最も多く，次いで31～50万ウォン以下が31.5％であり（表1），回答者の67.3％が養育費の額に満足しなかったと回答している。養育費の支払形態については，定期金支払が42.4％（118件）と最も多かったが，他方において，最初は定期金支払であったが，その支払がなくなったと回答したのも29.1％（81件）であった（表2）。また，養育費が支払われていない理由としては，支払義務者の故意による不払が49.8％（143件）が最も多く，連絡が取れないが18.8％（54件），経済的無能力が17.8％（51件）の順であった（表3）。

【表1】養育費の額

20万以下	21万～30万以下	31万～50万以下	50万超過	無回答
11.8％	41.2％	31.5％	2.9％	12.6％

（単位：ウォン）

1）「養育権者」とは，日本法のいう「監護権者」に相当する概念である。韓国法の下においても，離婚後，親権者とは別に監護権者を定めることができる。
2）この事業は，子の養育に関する紛争を解決するための経済的能力がないひとり親家族又は祖父母孫家族の養育費支払請求や認知請求等を支援するための事業である。

【表2】養育費の支払形態

一括払い	毎月の定期金	不定期	定期から不定期に変更	定期から不払
16件	118件	45件	18件	81件
5.8%	42.4%	16.2%	6.5%	29.1%

【表3】養育費の不払の理由

経済的無能力	故意の不払	連絡不能	脅迫等による放棄	子の保護のための放棄	その他
51件	143件	54件	12件	3件	24件
17.8%	49.8%	18.8%	4.2%	1.0%	8.4%

　前述のように，上記の調査結果はその対象の限定性から一般化できないものではあるが，その結果から垣間見えるものは，父よりも経済的に劣悪な状況にある母が子を養育するケースが多いにもかかわらず，養育費の額が低い上，支払の形態も，不定期支払・定期支払から不定期支払への変更・定期払いから不払いの占める割合が全体の51.8%にのぼっており，養育費の安定的な確保ができないのが現状であるといえる。

3 養育費の履行確保のための制度

(1) 民法上の履行確保制度

　2007年の民法改正により，離婚の際には，養育者・養育費の負担方法等を含む，子の養育に関する事項等についての協議書等の提出が義務化されたが，協議内容の履行を確保するための規定が設けられておらず，その実効性が疑問視されていた。そこで，2009年の民法改正により，家庭法院が上記の協議を確認したときは養育費負担調書を作成しなければならず，同調書には執行力が付与され，調停調書，審判書または判決正本がなくても，協議書だけで強制執行をすることが可能となった（836条の2第5項）。

(2) 家事訴訟法上の履行確保制度

　ア　罰則の強化

　養育費支払義務者がその支払を怠った場合，権利者は，家庭法院に履行

命令（韓国家事訴訟法64条）を申し立てることができる。履行命令が発せられたにもかかわらず，正当な事由なく同命令に違反したときは，職権でまたは権利者の申立てにより1,000万ウォン以下の過料に処せられる（同法67条1項）。養育費の定期的な支払を命じられた者が正当な事由なく3回以上その義務を履行しなかったときは，家庭法院は，権利者の申立てにより，30日の範囲内で養育費支払義務者に対する拘留を命じることができる（同法68条1項1号）。

　イ　直接支払命令制度

　養育費を定期的に支払わなければならない養育費支払義務者が正当な事由なく2回以上養育費を支払わなかった場合には，執行権原を有する権利者の申立てにより，支払義務者に対して給与支払債務を負担する所得税源泉徴収義務者（使用者）に対し，養育費を義務者の給与から控除して直接権利者に支払うよう求めることのできる養育費直接支払命令制度（韓国家事訴訟法63条の2）が新設された。所得税源泉徴収義務者が正当な事由なく直接支払命令に違反したときは，1,000万ウォン以下の過料に処せられる（同法67条1項）。なお，所得税源泉徴収義務者は，養育費支払義務者の勤め先の変更など主たる所得源につき変更事由が生じたときは，その事由が発生した日から1週以内に家庭法院にその変更の事実を通知する義務を有するが，義務違反に対する罰則はない。

　ウ　担保提供命令・一時金支払制度

　家庭法院は，養育費を定期金で支払うよう命じる場合において，その履行を確保するために，支払義務者に対し，相当な担保を供するよう命じることができ（韓国家事訴訟法63条の3第1項），養育費支払義務者が正当な事由なく養育費支払義務を履行しないときも，申立てにより，相当な担保を供するよう命じることができる（同条2項）。この担保提供命令制度は，養育費支払義務者が自営業者である場合には，直接支払命令制度が意味をなさないために新設されたものである[3]。養育費支払義務者が担保を供すべき期間内に担保を供しない場合には，家庭法院は，権利者の申立てにより，養育費の全部または一部を一時金として支払うよう命じることができ

3）　金疇壽・金相瑢『親族・相続法〔第10版〕』212頁（法文社，2011）。

る（同法63条の3第4項）。この命令を受けた者が正当な事由なく30日以内にその義務を履行しないときは，家庭法院は，権利者の申立てにより，30日の範囲内で養育費支払義務者に対する拘留を命じることができる（同法68条1項3号）。

エ　財産明示・財産照会制度

家庭法院は，未成年の子の養育費請求事件において特に必要と認めるときは，職権で又は当事者の申請により，その財産を明示することを命じることができ（韓国家事訴訟法48条の2），財産を明示せず，又は明示された財産では事件の解決が困難と認めるときは，職権で又は当事者の申請により，当事者名義の財産を照会することができる（同法48条の3）。この財産明示・財産紹介制度は，財産分与と扶養料請求事件においても適用される。

財産明示申請は，養育費等の事件が係属している家庭法院に申請事由を記載した書面により行う（家事訴訟規則95条の2第1項）。財産明示命令を受けた者は，家庭法院の定める相当の期間の間に自己の保有していた財産に加え，㋐財産明示命令が送達される前の2年間に行った不動産の譲渡，㋑同期間内に一定の親族（配偶者，直系血族および4親等以内の傍系血族とその配偶者，配偶者の直系血族とその配偶者）に対してした，権利の移転又は行使に登記・登録もしくは名義変更が必要な不動産以外の財産の譲渡，㋒その他家庭法院の定める事項を明示した財産目録を提出しなければならない（同規則95条の4第1項）。㋐㋑㋒については，譲受人の姓名・住所・住民登録番号も記載しなければならない。このほか，財産目録に記載しなければならない財産の内訳については，同条第2項に列挙されている。家庭法院は，個人の財産と信用情報に関する電算システムを管理する公共機関，金融機関，団体等に当事者名義の財産を照会することができ[4]，財産照会の要請を受けた機関等は正当な事由がなければ，照会を拒否することができない（韓国家事訴訟法48条の3第2項）。財産照会の要請を受けた機関等の長が虚偽の資料を提出し，又は正当な事由なく資料の提出を拒否した場合には，1000万ウォン以下の過料に処せられる（同法67条の3）。

---

[4]　金疇壽・金相瑢『註解民法親族（2）〔第4版〕』119頁（韓国司法行政学会，2010）。

なお，前出の「児童養育費の履行確保のための法・制度の研究」によれば，履行確保のための制度の利用状況は，【表4】のとおりとされる。

【表4】履行確保制度の利用状況

措置なし	過料又は拘留	雇用主に支払請求	担保提供命令申立	一時金支払命令申立	個人的に請求	配偶者の家族に要請
193件	13件	7件	8件	65件	2件	66件
54.5%	3.7%	2.0%	2.3%	18.4%	0.6%	18.6%

4 韓国の養育費算定基準表

2012年5月31日，韓国のソウル家庭法院は，養育費算定基準表を公表した。養育費の算定については，その基準の必要性が指摘されていたが，それを踏まえたものである。

(1) 養育費算定基準表
① 子が都市部に居住する場合

子の年齢	父母の所得						
	～199	200～299	300～399	400～499	500～599	600～699	700以上
0～2	45.2 (18.0～52.5)	59.8 (52.6～66.3)	72.8 (66.4～81.8)	90.8 (81.9～95.9)	101.1 (96.0～105.1)	109.1 (105.2～110.0)	110.9 (110.1～)
3～5	48.2 (21.3～56.9)	65.6 (57.0～75.9)	86.2 (76.0～94.3)	102.4 (94.4～106.8)	111.2 (106.9～116.5)	121.8 (116.6～135.2)	148.6 (135.3～)
6～11	47.2 (16.5～57.6)	68.0 (57.7～77.1)	86.2 (77.2～92.7)	99.2 (92.8～109.0)	118.8 (109.1～124.7)	130.6 (124.8～139.9)	149.3 (140.0～)
12～14	49.9 (28.1～62.0)	74.2 (62.1～81.0)	87.8 (81.1～98.0)	108.5 (98.1～118.1)	127.7 (118.2～136.7)	145.8 (136.8～158.1)	170.5 (158.2～)
15～17	57.6 (30.7～69.0)	80.4 (69.1～90.3)	100.3 (90.4～111.1)	121.9 (111.2～134.0)	146.1 (134.1～157.6)	169.2 (157.7～181.4)	193.6 (181.5～)
18～20	86.3 (28.2～94.7)	103.2 (94.8～114.1)	125.0 (114.2～133.9)	142.9 (134.0～151.8)	160.7 (151.9～179.0)	197.3 (179.1～197.5)	197.8 (197.6～)

(単位：万ウォン)

② 子が農漁村に居住する場合

子の年齢	父母の所得						
	～199	200～299	300～399	400～499	500～599	600～699	700以上
0～2	38.5 (15.3～ 44.7)	51.0 (44.8～ 56.5)	62.1 (56.6～ 69.7)	77.4 (69.8～ 81.8)	86.2 (81.9～ 89.6)	93.1 (89.7～ 93.8)	94.6 (93.9～)
3～5	41.2 (18.2～ 48.5)	55.9 (48.6～ 64.7)	73.5 (64.8～ 80.4)	87.3 (80.5～ 91.0)	94.8 (91.1～ 99.3)	103.9 (99.4～ 115.3)	126.8 (115.4～)
6～11	40.3 (14.1～ 49.1)	58.0 (49.2～ 65.7)	73.5 (65.8～ 79.1)	84.7 (79.2～ 93.0)	101.4 (93.1～ 106.4)	111.4 (106.5～ 119.4)	127.4 (119.5～)
12～14	42.5 (23.9～ 52.8)	63.2 (52.9～ 69.0)	74.9 (69.1～ 83.7)	92.6 (83.8～ 100.7)	108.9 (100.8～ 116.6)	124.3 (116.7～ 134.9)	145.5 (140.0～)
15～17	49.2 (26.2～ 58.9)	68.6 (59.0～ 77.0)	85.5 (77.1～ 94.7)	104.0 (94.8～ 114.3)	124.6 (114.4～ 134.4)	144.3 (134.5～ 154.7)	165.1 (154.8～)
18～20	73.6 (24.0～ 80.8)	88.0 (80.9～ 97.3)	106.6 (97.4～ 114.2)	121.9 (114.3～ 129.4)	137.0 (129.5～ 152.6)	168.3 (152.7～ 168.5)	168.7 (168.6～)

(単位：万ウォン)

(2) 算定方法の概観

　韓国ソウル家庭法院による算定方法の外観は，以下のとおりである。

　まず，養育費算定基準表に従って子の数と年齢，父母の合算所得による標準養育費を決定する。そして，当該事件における子の養育に関する個別具体的な事情を反映して，標準養育費に加減する方法により養育費総額を確定した後，養育親と非養育親の養育費分担比率を決定し，最後に，非養育親が支払うべき養育費を算定（＝養育費総額×非養育親の養育費分担比率）する。養育費算定基準表の所得とは，勤労所得又は営業所得に不動産の賃料収入，利子収入等をすべて合算した純収入総額を指し，税引前の所得を適用するのが原則である。

　子が複数いる場合，たとえば，養育親が2人の子を養育する場合，各子の標準養育費の平均額に1.8をかけて養育費総額を算定するのが原則である。これは，各子の標準養育費に0.9をかけて合算しても同様の結果となる。3人の子を養育する場合，各子の標準養育費の平均額に2.2をかけて

養育費総額を算定するのが原則である。各子の標準養育費に0.733をかけて合算しても、おおよそ同様の結果となる。

非養育親に所得がない場合にも、養育費支払義務を認めるのが原則であるとされる。子の養育は父母の当然の義務であり、とりわけ子の生活のための最小限度の金員は、いかなる場合においても保障されなければならないということがその理由であるとされる。

5 若干のまとめ

以上、韓国における養育費制度について概観してきた。養育費の履行確保のための様々な制度が用意されているが、とりわけ養育費直接支払命令制度や財産明示・照会制度は、養育費の安定的な確保のためのものとして、日本法の参考になるものではないかと思われる。とはいえ、養育費支払確保の問題は、日本と同様に韓国において当事者個人に任されているのが実情であり、養育費支払義務者に経済的能力が皆無である場合には、いかなる手段を用いたとしても、養育費の確保は困難である。

そこで、前述のように、現在韓国国会には、国による養育費の立替払い制度や養育費に係る事務を担当する機関の設置などを内容とする法律案がいくつか国会に提出され、審議に入っている。また、養育費の問題も含めた、離婚時の父母教育を義務化する民法改正案も提出されている。

上記のような韓国の動きから看取できるのは、養育費の問題ひいては協議離婚の過程に国が積極的に介入しようとする点であるといえる。各国の背景事情はそれぞれ異なるものであることを考えれば、容易く比較することはできないが、離婚後の子の養育に関する事項も含め、すべてを当事者の協議に任せている日本の協議離婚制度についても、再検討の時期にきているといえるのではなかろうか。

（金亮完・山梨学院大学大学院法務研究科准教授）

あ と が き

　ここでは，最後に，本書を振り返り，改めて本書の意図したところや込められた思いについて触れる。

　第1章では，「面会交流と養育費にかかる民法の一部改正の経緯と概要」と題して，面会交流と養育費にかかる民法766条の一部改正の背景と経緯，面会交流の実情と支援ニーズ，養育費に関する実情と今後の課題を取り上げて，総論的なスタンスで，家族関係の総合支援センターの設置，面会交流や養育費の履行確保やその実現のための工夫，協議離婚と子に関する合意形成の実質化，養育費と面会交流や子育て支援などについて課題の分析と展望を試みている。

　第2章では，2013年1月から施行された家事事件手続法のもとでの面会交流と養育費の実務や運用のポイントや留意点について，きわめて丁寧で子細な解説が加えられている。たとえば，第1の「家庭裁判所における面会交流及び養育費をめぐる事件の実務」では，家庭裁判所において面会交流をめぐる基本的なスタンス，面会交流調停事件の運営，事情聴取の方法，面会交流を禁止または制限すべき事由の有無，面会交流の実施に向けた調整のあり方，調査官による調査，子の意思の把握と考慮，子の意向調査と子の心情調査，調査官の活用場面と活用方法，調停案の提示と調停条項の作成，審判移行後の審理の在り方，夫婦間調整事件での面会交流の取決め，離婚調停での面会交流の取扱い，養育費の取決めの実情や算定方法，調停振興の枠組み，特別事情の事情聴取と裏付け資料の提出，調停条項の作成，養育費審判事件の審理などにつき，実際の手続の流れに沿った分かりやすい解説が施されている。

　第2の「弁護士からみた面会交流実務の実情と留意点」では，面会交流についての紛争がどのように起こり，どのような特徴があるかに触れつつ，事件数や紛争内容が変化しつつあるなかでの弁護士実務の変容を明らかにしている。父母の離婚の前後，段階に応じて，弁護士としてどのように働きかけ，家庭裁判所の調査官などとどう協働するか，子どもの手続代理人にまで，事例をあげながら懇切丁寧な実務への示唆を提供している。

あとがき

　第3の「弁護士からみた養育費実務の実情と課題」では，全国母子世帯等の調査の結果などを参考に，実情や問題点を探り，養育費の法的根拠や請求方法，不請求や低額合意，合意不履行の場合の請求方法，公正証書と調停調書の比較，定期金債権と一括払い，養子縁組と養育費，父子関係の不存在と養育費，祖父母などの義務，養育費の始期，養育費の終期と未成熟子，養育費と面会交流との関係，養育費の金額の算定方法と算定表の基本的仕組み，収入の認定方法，児童扶養手当や実家からの援助，住居費用，算定表の問題点，増減額請求から，取立て・強制執行にいたるまで実に詳細で実務に役に立つ解説が施されている。

　第4の「弁護士からみた親権者・監護者の指定・変更の実務の実情」では，親権者・監護者の指定・変更の実情，民法766条の改正と家事事件手続法の制定による実務への影響，親権者・監護者の指定・変更の基準と判断要素，子連れ別居と親権者・監護者の指定，第三者の監護者の指定，親権・監護権の分属，保全，調停・審判，離婚訴訟での付帯処分等の手続選択などを解説したのちに，相談対応，事件受任，調停等の各段階での弁護士の活動などについて事例を素材にしながら要領よくまとめられており，実務に対する有益な示唆を与えている。

　第3章は，面会交流と養育費についての民間及び行政における支援の現場から，その実際と課題について取り上げる。第1では，「FPICによる面会交流援助」ということで，公益社団法人家庭問題情報センター（FPIC）における具体的な援助の流れ，ペアレンティング，子どもの心の代理人，実施場面への関与，自立への展望，面会交流の合意形成及び実施の際の留意事項，子どもの意見，意向を聞く者の責任，面会交流におけるルールの必要性，援助の困難事例，推奨事例など具体的な事例をあげながら，今後への展望として，ニーズに対応した援助の多様化と役割分担，ステップファミリーと面会交流，面会交流への公的援助の期待など熱い内容になっている。

　第2では，「養育費相談支援センターの取組」として，養育費確保の実情と相談態勢，養育費相談支援センターにおける相談内容，2011年に実施されたアンケート調査の結果，相談内容の特徴と問題点として，請求手続に関する相談，再婚に関する相談，養育費算定に関する相談，履行確保・

強制執行，調停・審判に関する相談など基本的な制度や仕組みに対する理解や説明が不足していて，算定表や養育費が低いとの不満が強かったことが明らかにされている。当事者支援の在り方として，ニーズの掘り起こしと養育費確保に関する制度的整備が必要だと説いている。

第3に，行政支援の動向として，東京都ひとり親家庭支援センター「はあと」の取組が紹介されている。東京都のひとり親家庭の概要，ひとり親家庭への行政的支援策，離婚家庭が抱える問題点，養育費・面会交流の実態，東京都による面会交流支援事業開始の経緯と現状，国による面会交流支援の事業化，東京都の面会交流支援事業の実施方法，交流頻度の見直し，DVや児童虐待など困難事例への支援ニーズ，インテークを行うセンター相談員の実感，支援件数が少ない理由や背景，援助実施団体としてのFPICとの連携，行政の当事者支援と司法・民間支援とのすみ分けと課題や他の自治体への波及，親教育，専門機関の連携，コア人材の育成，全国的な情報共有とネットワークなどに触れている。

第4章および第5章は，「諸外国の制度・取組に学ぶ」と題して，欧米先進諸国での面会交流や養育費についての制度改革や工夫について検討している。アジアでは，2007年に協議離婚制度を改革して，子の養育や面会交流・養育費について取決めを必要とした韓国の紹介もある。

第4章では，面会交流についての先進的な取組や考え方を紹介する。第1は，「アメリカにおける面会交流支援」として，主として，カルフォルニア州ロサンゼルス郡での家庭裁判所サービスや民間機関との連携した面会交流支援の取組が紹介されている。離婚に伴って養育計画を作成・合意するための支援，「父母と子どもが一緒に（PACT）」という父母教育プログラム，面会交流を実施するための支援，監視付き面会交流や中立的面会交流支援の実際がよくわかる。第2では，「イギリスにおける交流権と子ども交流センター」と題して，イングランド・ウェールズでの離婚と面会交流をめぐる紛争の状況，子どもの交流権の概要，交流をめぐる離婚手続の概要，特別手続と子どもの処遇，非同居親との交流の実施体制，子ども交流センター全国協会の概要，全国協会と地方の組織と活動，支援を受ける交流，監督の下での交流，間接交流，交流への付添い，情報提供交流，引渡し支援などが細かく紹介されている。

あとがき

　第3は,「フランスにおける面会交流制度」であり,フランスにおける面会交流の法的枠組み,フレンドリー・ペアレント・ルール,刑事罰による強制,面会交流センターによる面会交流援助等が紹介される。援助主体の多くは非営利社団,被援助者は父が約8割で,頻度としては月2回が無償又は低廉でサービスが提供されているという。第4では,「ドイツにおける面会交流制度」が取り上げられている。1998年の親子関係改正法で,父母双方との交流が子の福祉に必要であることを宣言し,子の権利としても位置付けた。面会交流に関するドイツ民法の規定,家庭裁判所の交流決定の権限,交流保護,交流権者の範囲,児童ならびに少年援助法による交流支援,家事事件・非訟事件手続法の交流に関する規定,民間団体による交流支援実務の実際,交流保護の裁判例などドイツの最新の状況が解説されている。第5では,「韓国における面会交流制度」として,面会交流の立法趣旨,改正までの経緯,現行の面会交流の概要と運用,面会交流の決定方法,制限や排除,親教育プログラムやキャンプの実施等,2007年の協議離婚制度の改革と子の問題に対する合意形成支援と当事者支援がコンパクトに紹介されている。

　第5章では,海外での養育費の決定や履行確保をめぐるさまざまな新しい取組と工夫が紹介されている。第1の「アメリカにおける養育費制度」では,行政による養育費確保制度が整備されており,非監護親の所在の捜索,養育費命令には原則的に司法手続が必要であるが,州によっては行政手続でも得ることが可能なこと,養育費算定のガイドライン,給与天引き,連邦や州の所得税還付金との相殺,免許やパスポートの発行停止など様々な工夫が紹介されている。第2の「イギリスにおける養育費制度」では,2012年12月から,これまでの養育費事務所から,新たな養育費サービスへの移行について取り上げる。養育費サービスの算定は,非監護親の所得の一定割合とする所得パーセント方式で,口座振替,給与天引き,銀行口座の差押え,運転免許の停止,収監などの各種の手続が利用できる。しかし,最近は,当事者による合意形成に向けた家族支援の推進を打ち出している。

　第3の「オーストラリアにおける養育費制度」は,養育費制度は社会福祉省が運営し,養育費は所得シェア方式で決定し,監護親と非監護親の両方を養育費の支払者とみなし,正確な子育て費用を反映させ,面会交流を

従来よりも考慮する,新たな家族扶養責任を考慮することにした。養育費の徴収は,社会福祉省が義務者から徴収して権利者に送金するサービスも提供している。給与からの天引き,銀行口座からの引落し,社会保障給付や税金の還付金の差押えなどの強制的手段をとることもできる。第4の「スウェーデンにおける養育費制度」では,養育費が支払われないと「立替払い手当」を社会保険事務所から支給する制度,非同居親の養育費支払義務を追求する制度の双方があり,前者を「スカンジナビアモデル」,後者を「アングロサクソンモデル」という。養育費補助手当は,立替払い手当の反面,税金による養育費の肩代わりに近く,ひとり親世帯への子ども手当としての性格も併せ持っている。

第5の「韓国における養育費制度」は,2007年の民法改正により,協議離婚で,未成年の子のいる夫婦は,養育者や養育費・面会交流について協議書または審判書正本の提出が義務付けられ,さらに,2009年の民法改正及び家事訴訟法の改正により,養育費支払い確保のための規定が整備された。ここでも,韓国での養育費支払いの実情,養育費負担調書の作成等の民法上の履行確保制度,履行命令,過料の制裁,拘留,養育費直接支払い命令制度,担保提供命令制度,財産開示,財産照会制度などの家事訴訟法上の履行確保制度が新設された。また,養育費の算定基準表も2012年5月から活用されている。

以上のように,本書では,面会交流と養育費に関する理論,実務,諸外国での制度改革や取組状況について,最新かつ最高の水準での叙述,解説が施されている。例えば,弁護士の実務からみても,依頼者からの相談対応,相手方との交渉や協議,調停や審判,離婚訴訟の付帯申立て,保全処分,取立てや執行などに至る各段階や手続においても,きわめて詳細かつ懇切丁寧な紹介や実務上の示唆が盛り込まれている。

本書は,面会交流と養育費に関しては,裁判官や弁護士等の狭い意味での法曹のみならず,調停委員,司法書士,行政書士等の法実務に携わる人,法曹を志そうとする法科大学院や学部学生のみなさんにも,必読書と言ってもよいかといささか自負している。面会交流と養育費に関する理論・実

あとがき

務的な必携の書と言ってもよいであろう。面会交流や養育費の問題は，社会や家族の急速な変化に伴って，変動しやすく，常に内容や水準を維持するために，頻繁な改訂が必要である。是非，このようなニーズに応えて，本書が多くの読者のみなさまに末永く読み継がれるとすれば，それこそ望外の幸せである。

2013年4月

早稲田大学法学学術院教授

棚　村　政　行

面会交流と養育費の実務と展望
子どもの幸せのために

定価：本体3,100円（税別）

平成25年5月29日　初版発行

編著者　棚　村　政　行

発行者　尾　中　哲　夫

発行所　日本加除出版株式会社
本　　社　郵便番号 171-8516
　　　　　東京都豊島区南長崎3丁目16番6号
　　　　　ＴＥＬ（03）3953-5757（代表）
　　　　　　　　（03）3952-5759（編集）
　　　　　ＦＡＸ（03）3951-8911
　　　　　ＵＲＬ　http://www.kajo.co.jp/

営業部　郵便番号 171-8516
　　　　東京都豊島区南長崎3丁目16番6号
　　　　ＴＥＬ（03）3953-5642
　　　　ＦＡＸ（03）3953-2061

組版・印刷　㈱郁文　／　製本　㈱川島製本所

落丁本・乱丁本は本社でお取替えいたします。
ⓒ 2013
Printed in Japan
ISBN978-4-8178-4083-7 C2032 ¥3100E

JCOPY　〈(社)出版者著作権管理機構　委託出版物〉

本書を無断で複写複製（電子化を含む）することは、著作権法上の例外を除き、禁じられています。複写される場合は、そのつど事前に(社)出版者著作権管理機構（JCOPY）の許諾を得てください。
また本書を代行業者等の第三者に依頼してスキャンやデジタル化することは、たとえ個人や家庭内での利用であっても一切認められておりません。

〈JCOPY〉　ＨＰ：http://www.jcopy.or.jp/、e-mail：info@jcopy.or.jp
電話：03-3513-6969、ＦＡＸ：03-3513-6979

子どもの権利や子どもの視点から、
新たな法分野を創造

子どもと法

早稲田大学法学学術院教授　棚村政行　著

2012年10月刊　A5判　392頁　定価3,570円　ISBN978-4-8178-4022-6
(商品番号：40286　略号：子法)

- 大人を中心に構成されてきた既存の法制度や社会システムを見直し、「子ども法」「子ども法学」として考察。
- 実際に起こった事例や裁判例を素材として、「法制度が具体的にどのように問題解決のために機能しているか」「法にはどんな限界があるか」を明らかにする。

「外から見えにくい」法律や制度の実情を
裁判・行政・民間のエキスパートが解説

子どものための法律と実務
裁判・行政・社会の協働と子どもの未来

元・東京高等裁判所長官　安倍嘉人
東京家庭裁判所長　西岡清一郎　監修
(※肩書きは執筆当時のものです。)

2013年1月刊　A5判　452頁　定価4,410円　ISBN978-4-8178-4052-3
(商品番号：40492　略号：子裁)

- 子どもをめぐる問題事象ごとに、どのような仕組みが用意されているかを「複合的に捉えた」一冊。
- この一冊で、「家事紛争」「児童虐待」「少年事件」等の相談を受けた際の対処法がわかる。

日本加除出版

〒171-8516　東京都豊島区南長崎3丁目16番6号
営業部　TEL(03)3953-5642　FAX(03)3953-2061
http://www.kajo.co.jp/　　　　(価格は税込)